JN452339

이 책을 보지 않고는

절대 비대면강사 하지마라

공저 최재용 김경아 김민경 김현정 손윤숙
감수 김진선

미디어북

이 책을 보지 않고는

절대 비대면강사 하지마라

초판인쇄 2021년 04월 15일
초판발행 2021년 04월 23일

공저자 최재용 김경아 김민경 김현정 손윤숙
감수 김진선

발행인 정상훈
디자인 신아름
펴낸곳 미디어북

서울특별시 관악구 봉천로 472
코업레지던스 B1층 102호 고시계사

대 표 02-817-2400 팩 스 02-817-8998
考試界 · 고시계사 · 미디어북 02-817-0418~9
www.gosi-law.com
E-mail : goshigye@chollian.net

판매처 미디어북 · 고시계사
주문전화 817-2400
주문팩스 817-8998

파본은 바꿔드립니다. 본서의 무단복제행위를 금합니다.
저자와 협의하여 인지는 생략합니다.

정가 20,000원 ISBN 979-11-89888-17-6 13000

미디어북은 고시계사 자매회사입니다

비대면강의를

시작하는 이들을 위해

Preface

'코로나19, 팬데믹.' 아무도 원하지 않았어도 혹은 의도하지 않았는데도 이 두 단어가 만들어 놓은 세상은 그 이전의 세상과 비교할 수 없을 정도로 많은 것들을 송두리째 바꿔 놓으면서 대면은 자구책으로 비대면으로 전환해 활동을 이어나가기 시작했다.

그러다보니 강의 현장도 큰 변화를 겪어야 했다. 코로나19가 발생하고 나서 강의 현장에 섰던 강사들은 말 그대로 맨붕에 빠질 수밖에 없었다. 그렇다고 마냥 손 놓고 코로나19가 빨리 지나가기만을 바라고 있을 수는 없었다. 그래서 자구책으로 고민하면서 새롭게 시작된 것이 바로 '비대면 강의'이다. '비대면 강의'는 강사들의 막힌 숨통을 순식간에 열어 놓으면서 오히려 대면 강의에 못지않은 활동을 펼칠 수 있는 새로운 장을 마련해 주었다.

이렇게 시작된 '비대면 강의'는 대면 강의 때 보다 더 활발한 움직임을 보이면서 비록 교육뿐만 아니라 다양한 분야에서의 시도가 이어지며 빠르게 발전을 거듭하고 있다. '비대면 강의'를 성공적으로 이끌기 위해서는 다양한 플랫폼을 능숙하게 다룰 수 있는 스킬이 전재돼야 한다.

대면 강의에서는 강의에 집중해 강사가 갖고 있는 전문지식을 전달하는데 전력을 다했지만 '비대면 강의'는 이런 전문지식은 기본이고 여기에 주어진 시간 안에 수강생과 강사의 원활한 소통과 효과적인 학습효과를 올리기 위해 다양한 플랫폼을 사용해야만 한다.

이 책은 '비대면 강의' 현장에서 강사가 기본적으로 갖춰야 할 기술들을 중점적으로 담고 있다. 물론 이 책에 담겨진 플랫폼만이 '비대면 강의'에 필요한 전부는 아니지만 강의 시 소통과 만족도를 높이기 위해 꼭 알아야 할 것들이다.

「이 책을 보지 않고는 절대 비대면 강사 하지마라」는 방송과도 같은 '비대면 강의' 시 강사가 갖춰야 점으로 최재용, 김경아, 김민경, 김현정, 손윤숙 5인의 비대면 전문 강사가 집필을 맡아 5개 채프터로 구성했다.

1채프터는 비대면 강의 잘하는 법으로 비대면 명강사 되는 법과 비대면 강사 자격증 취득 방법 등을 담고 있다.

2채프터는 비대면 강의 잘하는 결정적 기술로 방송과 같은 비대면 강의, 강의 교안, 강의 준비, 잘 나가는 프로강사의 결정적 차이, 강사의 아우라 등을 담고 있다.

3채프터는 강의력의 결정타 강사 스피치로 강사의 목소리, 스피치, 수강생을 내 편으로 만드는 질문기법, 리액션 등을 담고 있다.

4채프터는 비대면 강의 및 회의 시 갖춰야 할 기본 소프트웨어로 카카오톡 및 오픈채팅방 만들기, 미러링 시스템, 줌 활용법, 웹엑스 활용법, 구글미트 등이다.

5채프터는 비대면 교수법 소통과 협업 툴로 멘티미터, 패들렛, 온라인롤링페이퍼, 네이버오피스, 구글드라이브, 스프레드시트, 프레젠테이션, 잼보드, 캔바, 미리캔버스, 망고보드, 네이버 밴드라이브, 그 외 다양한 온라인 소통 및 협업 도구 툴을 PC 버전과 스마트폰 버전으로 소개하고 있다.

'비대면 강의'는 삶의 새로운 전환점을 마련한 계기가 되면서 죽어있던 강의 현장에 활력을 불어 넣고 있어 강사들은 너도나도 '비대면 강의' 준비로 바쁘다. 화면을 통해 청중을 만나야 하기에 다른 강사들보다 눈에 띄기 위해서는 이 책에 소개된 것들을 능수능란하게 다룰 수 있어야 한다.

강사들에게 있어서 '비대면 강의'는 코로나19도 막아내지 못한 유일한 소통과 목적달성의 창구이다. 누가 더 많이 그리고 얼마나 기술적·효과적으로 활용하느냐에 따라 '비대면 강의'의 성공과 실패가 갈라진다.

이 책의 5인의 저자들 역시 코로나19로 모든 강의가 줄줄이 취소되면서 설 곳이 없었던 강사들이었다. 그러나 이제는 '비대면 강의'를 통해 이전보다 더 활발한 강의활동을 하고 있다.

또한 여기저기서 쏟아져 나오는 비대면 강사들 속에서 살아남기 위해서는 자신만의 강의 콘텐츠가 있어야 하겠지만 콘텐츠가 있어도 이를 전달하는 과정에서 소통이 안 되고 진행과정이 미흡하다면 눈길을 사로잡을 수 없다.

「이 책을 보지 않고는 절대 비대면 강사 하지마라」를 통해 더 연구하고 연습하고 따라하면서 비대면 시대에 걸 맞는 강사로 거듭날 수 있다면 그 이상 바랄 것이 없을 듯싶다. 그 길만이 비대면 강사로 살아남을 수 있는 유일한 방법이 될 것이다.

2021년 4월

국제비대면협회 회장 최 재 용

공저자 소개

최 재 용

과학기술정보통신부 인가 사단법인 4차 산업혁명연구원 이사장이며 국제비대면교육협회 회장으로 헌법재판연구원, 농촌진흥청, 경남농업기술원, 경기도청 등 정부기관과 지방자치단체에서 비대면교수법 강의를 하고 있다.

(mdkorea@naver.com)

김 경 아

전 MBC교통 캐스터이자 아나운서로 활동 중이며, 오산대학교 소셜마케팅 외래교수 유튜브강사협회대표로 대학과 공공기관 아카데미에서 미디어 강의와 전문 강사양성을 하고 있다.

(mbc57boon@naver.com)

김 민 경

에듀컴퍼니 대표, 국제비대면교육협회 이사 및 국제라이브커머스 광주 전남지회장, CNN2 방송 기획이사, 온라인 회의 총괄책임을 역임하며 전국으로 소상공 온라인마케팅과 유튜브, 라이브커머스, SNS 전문강사육성과 함께 SNS강의 및 컨설팅 활동을 하고 있다. (tvq114@naver.com)

김 현 정

에듀클래스(주) 대표로 국제비대면교육협회 이사와 CNN21방송 교육이사, 지식서비스산업전문진흥원 사무부국장을 역임, 비대면스킬업 전문교육, 유튜브, 스마트폰 활용 SNS마케팅교육, 지문진로적성컨설턴트양성 등의 강의를 진행하고 있다. (ggabig@naver.com)

SNS마케팅, 유튜브크리에이터 양성, 스마트폰활용지도사, 온라인 비대면강사 스킬업 강의와 SNS, 유튜브 컨설팅을 진행하고 있으며 온라인디지털연구회 책임연구원, CNN21방송 기획국장을 역임하고 있다. (jenuse@naver.com)

손 윤 숙

감수자 **김 진 선**

'i-MBC 하나더 TV 매거진' 발행인, 세종대학교 세종CEO 문학포럼 지도교수를 거쳐 현재 한국소셜미디어진흥원 부원장, 파이낸스투데이 전문위원이며 이사, 중소기업연합통신 교육국장, 한국소셜미디어전문가협회 감사, SNS스토리저널 대표로서 전국을 대상으로 북 감수와 뉴스크리에이터 과정을 진행하고 있다.

Contents

Chapter 3

강의력의 결정타 '강사 스피치'

Chapter 5 만족도 높은 비대면 교수법 '소통과 협업 툴'

Chapter 1

비대면 강의 잘하는 법

최재용

1 비대면 강의 명강사가 되는 법

1) 강의시간 공지 알리고 또 알리라

비대면 강의는 스마트폰과 노트북으로 집이나 직장 등에서 접속하는 경우가 많다. 오프라인 강의장으로 가는 것이 아니기 때문에 강의시간 공지를 더욱 세밀하게 해야 한다. 서울대학교에서도 비대면 강의를 줌 플랫폼으로 하고 있는데 지난번 서울대학교에서 진행된 임철일 교수의 '비대면수업의 효과적인 수업방안' 강의내용을 살펴보면 서울대 학생들에게도 강의시간 공지를 알리고 또 알린다고 한다.

필자의 경우도 비대면 강사 양성교육을 하면서 강조하는 부분이 강의공지를 수업시작 하루 전에 카카오톡, 문자, 이메일 등으로 동시에 알리고 수업 시작하는 날 오전에도 '오늘 밤 10에서 줌 수업이 있습니다. 늦지 않게 10분전에 입장하세요'라고 공지하고 수업시작 30분전에 줌 URL을 카카오톡, 문자, 이메일로 보낸다.

이렇게 해도 수업이 시작됐는데 URL을 못 받았다고 전화 연락이 오는 경우가 종종 있다. 그래서 100명 정도의 인원이 모이는 비대면 강의의 경우 보조로 도와주시는 보조강사가 있으면 도움 된다.

보조로 도와주시는 분은 화면공유가 잘되는지, 강사가 마이크가 잘 켜져 있는지, 또한 수강생들의 마이크를 모두 음소거로 바꿔주는 역할을 해야 한다.

[그림1] 알리고 또 알리라

[그림2] 비대면 수업의 효과적인 운영방안 강의 보기

스마트폰에서 네이버 사이트를 열고 하단의 녹색 동그라미 누르고 렌즈 누르고 하단에 QR/바코드 누르고 QR코드 스캔하면 상단에 URL이 뜬다. 이것을 누르면 서울대 임철일 교수의 1시간짜리 특강을 들을 수 있다.

2) 수강생들이 실제로 강의현장에 있는 것처럼 실재감을 느끼게 하라

'온라인 학습자가 인식하는 실재감이 자기조절 효능감과 주도적 참여를 매개로 성취도와 만족도에 미치는 영향'(저자 임지은, 이민혜, 대구교육대학교)이라는 학술논문에 의하면 코로나-19로 인해 2020학년도 1학기 전면 온라인 강의를 수강 중인 대학생 204명을 대상으로 교수 실재감과 사회적 실재감, 자기조절 효능감, 주도적 참여, 인지된 학업성취도와 만족도를 조사했으며 변인들 간의 관계를 검증하기 위해 경로분석을 실시했다.

그 결과 첫째, 교수실재감은 성취도와 만족도를 예측했으나 사회적 실재감은 지각된 성취도만 정적으로 예측하는 것으로 나타났다. 보다 구체적으로 교수 실재감 중 설계와 조직의 학습 성과에 대한 직접효과가 가장 두드러졌으며 사회적 실재감 하위구인 중에는 정서적 표현만이 성취도를 유의미하게 예측했다.

둘째, 교수 실재감과 사회적 실재감 모두 매개변인인 자기조절효능감과 주도적 참여를 정적으로 예측하는 것으로 나타났다.

셋째, 실재감과 학습효과 간의 관계에서 자기조절 효능감의 매개효과는 유의한 것으로 확인됐으나 주도적 참여의 매개효과는 통계적으로 유의하지 않은 것으로 나타났다.

결과를 통해 온라인 학습자의 교수 실재감과 사회적 실재감의 효과적인 학습에 대한 직접적 영향력을 재확인할 수 있었다. 온라인 수업과 같이 학습자의 학습자율권과 통제권이 강화된 상황에서는 학습자가 스스로의 학습을 조절할 수 있다고 믿는 신념이 능동적 동기요인으로써 중요하게 작동하는 것을 발견했다.

이때 학습자의 교수 실재감과 사회적 실재감이 능동적 동기를 촉진시킴으로써 학습 성과를 높이는 잠재적 동기 기제를 파악할 수 있었다.

[그림3] 실재감을 느끼게 하라

비대면 강의 시 수강생들에게 실재 교수자와 학습자가 같은 공간에 함께 있는 것을 느낄 수 있게 하려면 교수자의 얼굴도 모니터에 크게 나오도록 하고 학습자들도 웹 카메라 위치를 조절해 모니터에 크게 나오도록 해서 서로의 얼굴을 볼 수 있어야 수강생들이 실재감을 느낄 수 있다.

대학생들 대상으로 비대면 강의를 하다보면 화장을 안했다는 이유 등으로 줌 수업 시 비디오를 꺼 놓는 경우가 많다. 그래서 비대면 수업을 하다가 대면수업으로 만나서 시험을 보면 수업에 집중하지 않았기 때문에 이해도가 떨어지는 경우가 많았다.

3) 15분마다 집중하게 하는 무엇인가를 하라

비대면 수업 시 수강생들은 15분 정도 경과하면 집중력이 현격히 떨어진다. 교수자는 15분이 넘었다 싶으면 수강생들로 하여금 줌 채팅창에 글을 쓰게 하거나 수강생들에게 마이크를 키게 해 질문을 하면 집중력이 높아진다.

필자가 얼마 전 농촌진흥원에서 전국의 농촌지도사 300명을 대상으로 비대면 강의를 진행했던 경험을 돌이켜보면 15분마다 수강생 300명에게 질문을 하고 채팅창에 의견을 적게 했다. 예를들면 다음과 같다.

(질문) 농업인 대상 비대면 교육 시 효율적인 비대면 플랫폼은?
(답변) 농업인들이 줌은 쉽게 적응하지 못해서 네이버 밴드로 비대면 강의를 하는데 쌍방향 소통이 아니라서 강사도 힘들고 수강생도 힘들어 합니다.

300명의 수강생 중 100명의 수강생들이 자신들이 근무하는 지역의 상황을 공유하면서 의견을 나눴다. 이럴 때 교수자는 수강생들의 이름을 호명하면서 맞장구 쳐 주는 게 중요하다.

"네, 함양군 농업기술센터의 정용호 님 좋은 의견 감사합니다. 가장 먼저 답을 주셔서 베스킨라빈스 상품권 보내드립니다. 010-2332-8617 최재용으로 카톡 주세요"라고 했더니 그 시간 이후 수강생들은 더욱 더 적극적으로 수업에 참여했고 강의평가는 5점 만점에 만점을 받았다.

그때 수강했던 수강생들이 지금도 전국적으로 비대면 강의와 농업인 대상 라이브커머스 강의요청을 하고 있다.

다음 그림처럼 패들렛으로 수강생들의 수강소감을 받았고 대형 모니터에 수강소감이 뜨자 교육담당자는 "교육효과가 좋았다. 앞으로도 계속 강연의뢰를 하겠다"고 말했다.

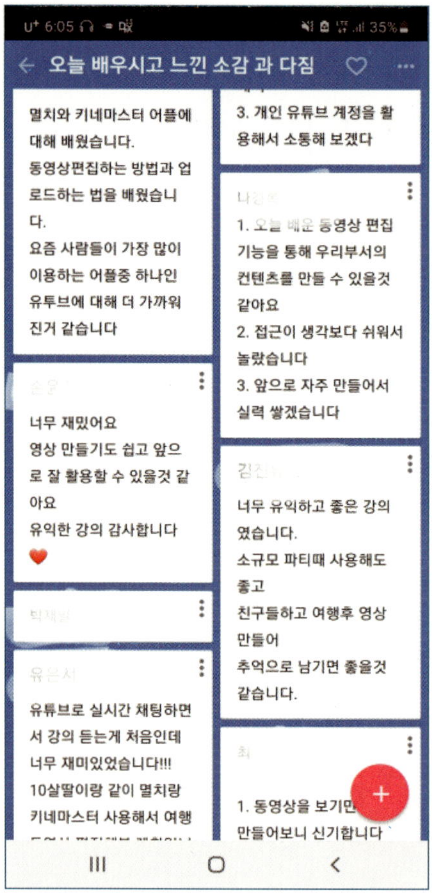

[그림4] 패들렛으로 받은 수강생들 소감

4) 쉬는 시간, 시작 시간, 끝나는 시간을 철저하게 지켜라

대면 강의보다 비대면 강의를 수강할 때 피로도가 더 높다. 그래서 비대면 강의를 2시간 동안 연속으로 하는 것은 무리이며 45분 정도 수업을 하고 10분 이상 쉬는 것이 가장 이상적이다.

줌 강의 오픈은 최소 20분전에 하고 마이크 및 비디오 테스트도 해보고 화면공유도 미리 잘되는지 확인해야 한다. 그리고 노트북으로 강의하면서 스마트폰으로 화면공유가 잘되는지 수강생 입장에서 모니터링 하는 것이 좋다.

정확한 시간에 강의를 시작하고 다른 스케줄이 있는 수강생들을 위해 정확한 시간에 마무리 하는 것이 중요하다. 비대면 강의에서도 명강사는 '시간엄수' 가 생명이다.

또한 수강생들에게 집중할 수 있게 하고 재미있는 강의를 위해서 중간 중간에 강의와 관련된 퀴즈를 통해서 베스킨라빈스 아이스크림 쿠폰이나 스타벅스 쿠폰을 준비해 증정하는 것도 꿀 팁 중의 하나다.

또한 강의자가 컨설팅이나 상담이 가능하다면 수강생 중에서 "퀴즈를 맞춘 분에게 15만원 상당의 최재용 교수 30분 무료컨설팅권을 드립니다"라고 해서 나중에 컨설팅을 해주고 단골고객으로 확보할 수도 있다.

강의 파워포인트 맨 마지막에는 "최재용과 함께 하는 커뮤니티에 가입해보세요" 라고 공지하고 네이버 카페 www.mdkorea.net, 전화번호 010-2332-8617, 이메일 mdkorea@naver.com, 카카오톡 레벨업아카데미 오픈채팅방 https://open.kakao.com/o/gLzsU7ab 등을 알려준다.

[그림5] 최재용 레벨업아카데미 오픈채팅방 QR코드

또한 “오픈채팅방에 오시면 ‘나도 해볼까?! 유튜브’ 전자책을 드립니다”라고 해서 수강생들을 내가 운영하는 커뮤니티로 모으고 그들과 관계를 맺고 고정 고객으로 만드는 전략이 필요하다.

[그림6] 최재용 저서 ‘나도 해볼까?! 유튜브’

2 비대면 강사 자격증 취득은?

2020년 어떤 정부기관에서 비대면 강의를 요청하면서 비대면 강의와 관련된 자격증을 보유하고 있는지 질문을 받은 적이 있다. 기관에서는 관련된 자격증이 있는 강사를 우대하기 때문에 국제비대면교육협회와 한국소셜미디어전문가협회 공동으로 교육부를 자격주무부처로 하는 ‘비대면 강사 민간자격증’을 만들게 됐다.

코로나 19가 당분간 지속된다면 향후 비대면 관련 강의 분야가 큰 발전과 콘텐츠의 다양화가 있을 듯 싶다. 이를 준비하고자 하는 강사라면 당연히 비대면 강사 자격증을 취득할 것을 적극 추천한다.

비록 민간자격증이지만 자격증이 없는 강사와 자격증을 갖춘 강사와는 차이가 크다. 그만큼 자격증이라는 것이 어느 정도 그 분야의 전문성을 입증하고 있기 때문이다.

앞으로도 협회에서는 자격증 관련 시험과 강사 양성 과정을 지속할 예정이니 관심이 있거나 이 분야에 종사자 혹은 종사 예정자들은 눈여겨봐야 할 것이다.

[그림7] 최재용 비대면 강사 자격증

다음은 파이낸스투데이(http://www.fntoday.co.kr)에 보도 됐던 기사 내용이다.

한국소셜미디어전문가협회, '제1회 비대면강사 민간자격시험' 시행

- 오는 21일(일), 자격 주무부처 교육부, 온라인 시험으로 실시 -

코로나19로 인해 생활 대부분이 비대면으로 이뤄지는 추세이다. 특히 강사 직업을 갖고 있는 많은 이들의 강의가 줄지어 취소됨으로써 생계에 위협을 느끼고 있는 실정이다. 이에 적합한 대응방침이 필요함에 따라 '비대면 강의'는 선택이 아닌 필수가 됐다.

한국소셜미디어전문가협회(회장 최재용)는 오는 21일(일) 코로나19 시대에 반드시 필요한 '제1회 비대면 강사 자격시험'을 마련해 온라인으로 첫 시험을 실시할 예정이다.

한국소셜미디어전문가협회의 '비대면 강사 자격증'은 자격 주무부처인 교육부의 검토승인을 거쳐 최근 한국직업능력개발원에 정식으로 등록된 민간자격증이다(등록번호 2021-000758).

비대면강사 자격증은 점점 심화되어가는 비대면 사회 환경에서 수강자에게 강의 내용을 비대면 방식으로 전달하기 위해 온라인 시스템이나 소프트웨어 프로그램을 활용해 실시간 화상강의, 영상녹화강의 등의 온라인 원격강의를 전문적으로 수행하는 일을 하는 사람에게 매우 유용하고 반드시 필요한 자격증이다.

최재용 회장은 "코로나 팬데믹 사태로 촉발된 사회 전반의 언택트 경향은 향후 강의, 교육, 회의 등 다양한 분야에도 확대돼 시간이 갈수록 비대면 방식의 온라인 소통전문가에 대한 수요가 급증할 것으로 예상됩니다"라고 전망했다.

또한 "최근 공공기관이나 기업, 교육기관 등에서 소속 직원이나 관계자를 대상으로 한 비대면 교육이 늘어남에 따라 비대면 강의에 대한 전문자격증 요구도 늘고 있는 추세입니다. 현재 교육관계자들을 대상으로 한 비대면 교수법에 대한 강의요청이 많으며 해외에서 직장생활이나 사업을 하고 있는 교민들 까지도 관심을 보이고 있습니다"라고 필요성을 강조했다.

이러한 시대 흐름을 고려해 이번에 실시하는 제1회 비대면 강사 자격시험은 온라인 강의를 위한 실질적인 기본지식과 실기능력을 배양하는 내용으로 처음으로 치러지는 시험이다. 협회에서는 비대면강사 자격증 취득을 위한 교육과정도 운영하고 있다.

비대면 강사 자격증은 언택트 시대에 강사뿐만 아니라 온라인 소통역량을 강화하고자 하는 많은 분야의 사람들에게 새로운 기회를 제공할 것으로 전망된다.

자세한 사항은 네이버 검색 창에서 한국소셜미디어전문가협회를 검색해 문의하면 된다.

제1회 비대면 강사 자격시험 시행 공고

한국소셜미디어전문가협회가 주관하는 「비대면강사」 민간자격시험 시행을 다음과 같이 공고합니다.

2021년 2월 13일

한국소셜미디어전문가협회 회장

※한국소셜미디어전문가협회 : 서울시 관악구 신림로 59길 23(삼모스포렉스 12층)

1. 시험일정

자격명	구 분	원서접수기간	시험장소	시험일시	합격자 발표
비대면강사 (민간자격등록번호) 제2021-000758호	필기시험	2021년 2.13(토) ~ 2.20(토)	온라인 (인터넷)	2021년 2.21(일) 19:00 -20:30	2021년 2.27(토) 까지
	실기시험				

2. 시험과목, 시험시간

가. 시험과목

자격명	필기시험	실기시험	비 고
비대면강사	온라인강의 준비 - 줌 활용, 온라인 교재 만들기 등	온라인강의 시연 - 영상 제작, 편집	1. 필기시험 - 주관식, 객관식, 단답식 문제 (5문제 / 100점) 2. 실기시험 - 실기 및 결과물 제출 (1문제 / 100점)

나. 시험시간

1. 필기시험: 30분
2. 실기시험: 60분

다. 준비물 : 신분증, 노트북(PC), 스마트폰, 필기도구

3. 응시자격 : 제한 없음

4. 시험방법 및 합격자 결정

가. 시험방법 : 필기시험, 실기시험으로 구분하여 시행

나. 합격자 결정기준

ㅇ 필기시험 : 100점 만점 60점 이상

ㅇ 실기시험 : 100점 만점 60점 이상

※ 필기시험, 실기시험 각각 60점 이상 취득 시 합격

5. 응시원서 접수

가. 접수기간 : 2021. 2. 13(토) ~ 2021. 2. 20(토)

나. 접수방법 : 당 협회에서 지정한 방법으로 접수

ㅇ 공고문에 첨부된 '응시원서'와 '개인정보제공동의서' 파일을 다운받아 작성한 후 이메일로 접수

– 이메일 제목 : (성명) 제1회 비대면 강사 응시원서

– 이메일 주소 : kym505000@daum.net

※ 문의 : 전화번호 (010–3255–8879)

다. 응시원서 접수 완료 후 접수내용 변경

ㅇ 응시원서 접수기간 내 취소 후 재 접수 가능

※ 응시원서 접수기간 종료 이후 취소 및 변경 불가

라. 검정료 : 100,000원 (응시료, 자격증발급수수료 포함)

ㅇ 입금계좌번호 : 국민은행 536802–04–074607 김영모(협회)

※ 응시자와 입금자의 명의가 동일인이어야 함.

마. 응시료 환불

○ 응시원서 접수기간 내 취소 신청자는 100% 환불하고, 응시원서 접수기간 종료 이후에는 취소 및 환불 불가

6. 합격자 발표 및 자격증 발급

가. 합격자 발표

○ 발표일자 : 2021. 2. 27(토) 까지

○ 발표방법 : 한국소셜미디어전문가협회 홈페이지(http://ksmpa.modoo.at) 또는 한국소셜디어진흥원 카페(http://www.mdkorea.net) 공고

나. 자격증 발급

민간자격 발급기관인 한국소셜미디어전문가협회가 합격자에 대한 최종 확인과정을 거쳐「비대면강사」자격증을 발급한다.

7. 응시자 유의사항

가. 응시원서 접수기간 종료 이후 검정료는 반환되지 아니하며 제출 서류의 허위작성, 위·변조 시 해당시험은 무효처리 됩니다.

나. 응시자는 시험 시행 전까지 시험장소를 확인하여야 하며 시험일 입실 시간까지 신분증(주민등록증, 운전면허증, 공무원증만 허용), 노트북(PC), 스마트폰, 필기도구를 소지해야 합니다.

다. 시험 종료 후 감독위원의 답안지 제출 지시에 불응한 채 계속 답안을 작성하는 경우 당해 시험은 무효처리하고 부정행위자로 간주될 수 있으니 유의하시기 바랍니다. 끝.

※ 코로나로 당분간 시험장소를 특정하지 않고 온라인(인터넷)으로 실시함

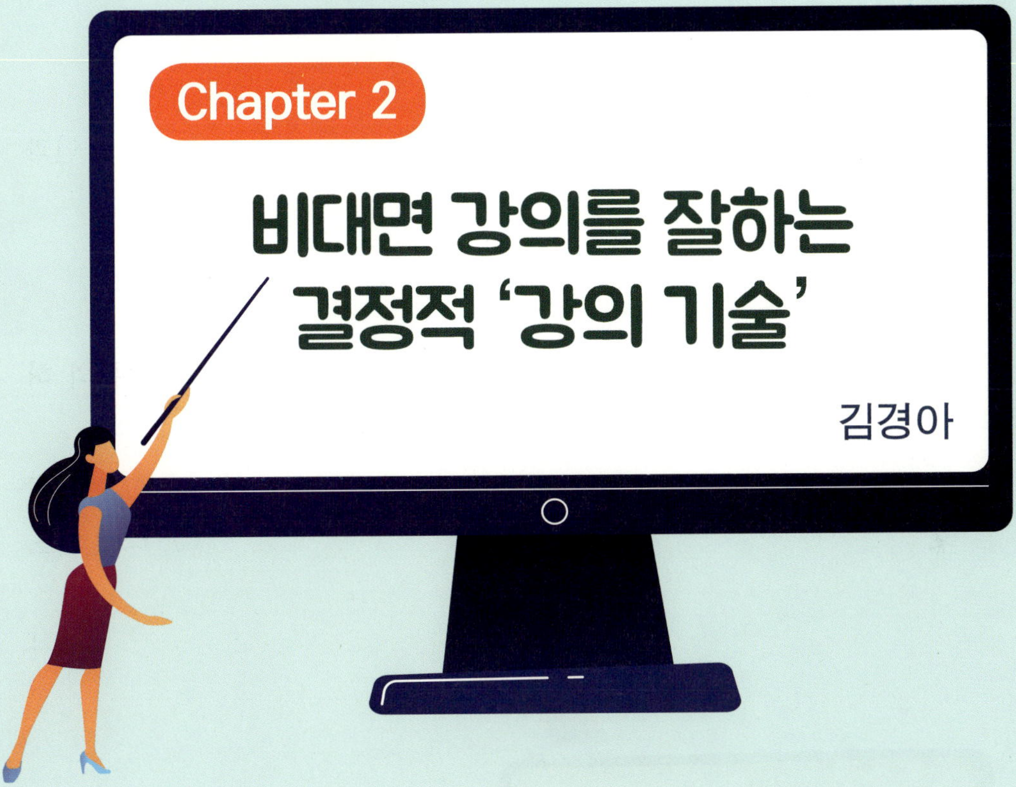

Chapter 2

비대면 강의를 잘하는 결정적 '강의 기술'

김경아

오랜만에 명강사를 만났다. 6시간 청강을 하면서 내내 웃음이 터졌고 수강생들의 마음을 쥐락펴락 마음을 다 읽고 있는 것처럼 소통하는 강사의 강의가 끝나고 저절로 박수가 나오고 앵콜을 외치고 싶을 정도였다.

그 강사의 강의를 더 듣고 싶어서 사이버대학교에 30분 분량의 영상 강의를 추천한 적이 있다. 그런데 녹화를 마친 후 사이버대학교에서 연락이 왔다. 그 강사의 영상은 도저히 편집도 못하고 쓸 수가 없어서 다른 강사를 추천해 달라는 얘기였다.

"네? 그럴 리가요? 그 분은 수강생을 들었다 놓았다 하는 소통의 귀재신데요."

물론 대면 강의에서 강의는 뛰어났다. 하지만 카메라 앞에서의 강사는 혼자 멋쩍어 하며 말을 잘 못하는 사람에 불과했다. 강의 실력뿐만 아니라 수강생들과 소통의 왕이라 불릴 만큼 커뮤니케이션에도 능한 그 강사는 왜 강의 촬영을 하면서 그 분의 실력을 발휘하지 못한 것일까?

많은 강사들이 비대면 강의에서 강의 실력을 발휘하지 못하고 "비대면 강의는 나랑 맞지 않아"라며 포기한다. 반대로 "비대면 강의야 말로 내 체질이야"라고 말하는 강사도 있다. 앞으로 비대면 온라인 강의는 선택이 아닌 필수가 된 이상 비대면 강의가 두려운 강사들에게는 이 책을 통해 온라인 강의의 강자로 다시 성장하기를, 온라인 강의가 체질인 강사들에게는 강의 실력을 더 높이는 기회가 되기를 바란다.

1 방송과 같은 비대면 강의

방송은 전파를 통해 영상이 전달되는 것이다. 방송은 PD가 기획하고, 작가가 글을 쓰고, 카메라맨이 촬영을 하고, 무대감독이 세트를 준비하고, 아나운서는 방송을 하도록 역할 분담이 잘 돼 있다. 비대면 강의도 카메라를 통해 강의 영상이 온라인으로 전해지는 방송과도 같은 것이다.

그런데 강사는 강의를 기획하고, 강의 내용을 만들고, 카메라를 설치하고, 강의 장소나 배경 화면을 세팅하고, 강의를 하고, 이 모든 것들을 혼자서 다 해낸다. 1인 미디어는 크리에이터 혼자 제작하는 것처럼 강사는 1인 방송 크리에이터와 같다.

그렇다면 카메라를 통해 전달되는 나의 강의 방송이 어떻게 하면 효과적으로 전달될 수 있을까? 사각의 프레임 안에 보이는 것들을 어떻게 하면 잘 연출해서 가장 효과적으로 전달할 수 있을까?

비대면 강의가 시작되면서 강사는 더 준비할 것이 많아졌다. 비대면 프로그램을 활용할 수 있어야 하고, 비대면용 강의안을 제작해야 하고, 비대면 이기에 체크할 것들이 더 늘어났다. 비대면으로 카메라나 웹 캠을 보고 실시간 강의를 하는 것은 생방송에 출연해 얘기를 하는 것과 크게 다르지 않다. 강의라는 방송을 온라인으로 송출하기 위한 비대면 강사가 좋은 강의를 만들어 내기 위해 준비할 것들을 지금부터 시작해 본다.

2 수강생을 내 편으로 만드는 '인상 깊은 오프닝'

강사가 수강생을 만나고 처음 시작하는 오프닝에서 강의의 전체적인 느낌이 정해진다. 성공적인 강의를 원한다면 '인상 깊은 오프닝'을 준비해야 한다. 오프닝이 강의 전체에서 차지하는 비중은 얼마 안 되지만 청중과 첫 만남이 시작되는 시간이기 때문이다.

수강생의 호감을 사는 오프닝을 어떻게 하는 것이 좋을까? 먼저 '수강생을 칭찬'하는 것이다. 예를 들면 "이 강의를 들으러 오신 여러분은 대단한 분들이십니다. 비대면 강의가 필요하다는 것을 미리 알고 있고, 배우기 위해 강의 신청을 하는 행동력이 있고, 그만큼 교육에 대한 책임감이 있는 분이라는 생각이 들어서 제가 더 잘해야겠다는 생각이 듭니다. 이 강의를 통해서 여러분은 분명 발전할 기회가 되실 거라 확신합니다"라고 말이다.

강사와 수강생과의 관계 형성을 위해 긍정적인 모습, 자신감 있는 태도, 겸손한 모습 등 강사는 보이고 싶은 첫인상을 생각하고 있을 것이다. 이 때 수강생을 향한 칭찬과 감사의 말을 해서 수강생을 먼저 높여주고 함께 강의에 대한 자신감을 나타낸다.

수강생은 좋은 강사로부터 유익한 강의를 듣고 싶어 한다. 그러기 때문에 강의 분야와 관련돼 학력이나 경력, 업적, 경험을 언급해 강사에 대한 신뢰도를 갖게 하고 시작해야 한다. 해마다 이 강의 처에서 고정적으로 강의를 한다던 가 수강생과 관련된 강사의 인연이나 공통점을 언급해 동질감을 불러일으키는 것도 좋은 방법이고 유머를 활용하면 경계심을 허무는데 도움이 된다. 이 유머가 자연스럽게 강의의 주제와 이어진다면 더 좋은 오프닝이 된다. 강의의 시작이 흥미롭다면 수강생은 강의 내내 강사에게 집중할 것이다.

3 센스 있는 비대면 강사를 만드는 '아이스 브레이킹'

수강생과 소통의 문을 여는 것은 '아이스 브레이킹'이다. 말 그대로 처음 만난 사람과의 어색한 분위기를 깨뜨리는 것을 아이스 브레이킹이라고 한다. 아이스 브레이킹을 하다보면 어느 순간 수강생들의 눈빛이 달라지는 것을 볼 수 있다. 어디에서 나의 강의를 수강할지 모를 수강생에게 나의 강의에서 무엇을 얻을 수 있을 거라는 기대감이 생기는 순간 아이스 브레이킹은 성공이다.

아이스 브레이킹을 이제 강사는 비대면 강의에서도 적용한다. 비대면으로 아이스 브레이킹을 할 때 강사는 대면 아이스 브레이킹을 하는 것처럼 몸을 적극적으로 움직이며 수강자들도 함께 움직이도록 하는 아날로그적인 방법을 쓸 수도 있다. 강사는 새로운 아이스 브레이킹 방법을 끊임없이 아이디어를 내서 개발하고 만들어가야한다. 여기서 아이스 브레이킹을 돕는 예시를 몇 가지 들어 본다.

1) PPT 퀴즈

'퀴즈'는 가장 전통적이면서 빠른 시간에 강의의 분위기를 재밌게 만들 수 있는 아이스 브레이킹의 한 방법이다. 강사가 직접 퀴즈용 PPT를 준비한다. 진짜가 무엇인지를 맞추는 진진가 퀴즈나 넌센스 퀴즈, 초성 맞추기, 그림 맞추기 등 대면 강의에서의 퀴즈를 비대면으로 가져와서 활용해보라. 카훗이나 퀴즈앤 같은 온라인 퀴즈 프로그램을 활용하는 것도 좋은 방법이다.

2) 입모양 보고 맞추기

강사가 어떤 단어나 사자성어를 소리 내지 않고 말하면 입모양을 보고 맞추도록 한다. 비대면 강의일수록 강사와 눈을 맞추거나 얼굴을 볼 수 있는 시간이 많지 않다. 강사의 얼굴을 제대로 보여주면서 수강생들의 시선을 강사에게 집중 시킬 수 있는 좋은 기회가 될 것이다.

3) ASMR을 활용한 소리맞추기

미리 준비한 소리를 들려주고 어떤 소리인지 맞추는 게임이다. ASMR(autonomous sensory meridian response)은 자율감각 쾌락반응으로 뇌를 자극해 심리적인 안정을 유도하는 소리, 바람 부는 소리, 연필로 글씨 쓰는 소리, 바스락거리는 소리를 들으면 이 소리가 트리거(trigger)로 작용해 팅글(tingle, 기분 좋게 소름 돋는 느낌)을 느끼게 한다. 이렇게 ASMR 소리만을 미리 준비 해 들려주고 어떤 소리인지 알아 맞추도록 해본다. 힐링이 되는 소리를 들려준다는 장점도 있고 무엇보다 소리에 집중하는 강의를 만들 수 있다.

4) 숨은 그림 찾기

숨은 그림 찾기는 집중력을 높이는 효과적인 방법이다. PPT에 숨은 그림을 보여주고 주석 기능을 활용해 찾은 그림을 표시하도록 한다. 인원이 많을 경우 소회의실로 나눠 소회의실 마다 같은 그림을 주고 빨리 찾기 대결을 하면 분위기를 띄울 수 있다.

5) "오늘 나는 ○○○" 감정 표현하기

온라인 플랫폼의 주석기능을 활용해 나의 감정을 그림으로 그리는 아이스 브레이킹을 사용해 보자. 강사는 미리 템플릿을 만들어 수강자들이 직접 자신의 기분을 그림으로 그리도록 한다. 그리고 "오늘 나의 감정은 어떠하다"라고 말할 때 "그래서 이 강의가 필요하다"라고 강의의 필요성을 언급하는 강사의 센스를 더해본다.

아이스 브레이킹의 내용을 준비할 때에는 게임으로 끝나는 것이 아니라 강의와의 연관성도 고려한다. 입모양을 보고 단어를 맞추는 게임에서의 단어 선정은 강의 내용 중에 핵심 단어를 정하거나 ASMR 소리를 정할 때도 강의 내용과 연관되는 소리를 준비하는 것이다. 강의를 통해 무엇을 배울 수 있을지 미리 귀띔해주는 시간으로 아이스 브레이킹을 활용한다.

예시에서 보여주는 그림은 PPT를 활용해 '지금 내 기분은?' 이라는 템플릿을 만든 것이다. 줌으로 화면공유를 하고 주석기능을 활용해 수강생들에게 지금의 상태나 기분을 이야기하고 기분을 표현하는 얼굴 표정을 그려보라고 한다. 이 중에 눈에 띄는 그림을 그린 사람의 마이크를 켜고 그림에 대한 설명을 듣는다. 수강생들의 참여를 불러일으키고 동시에 소통을 하는 아이스 브레이킹 방법이다.

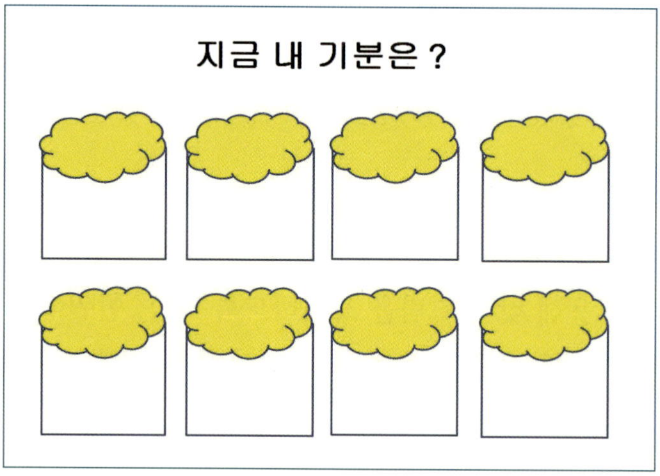

[그림1] 아이스 브레이킹 템플릿

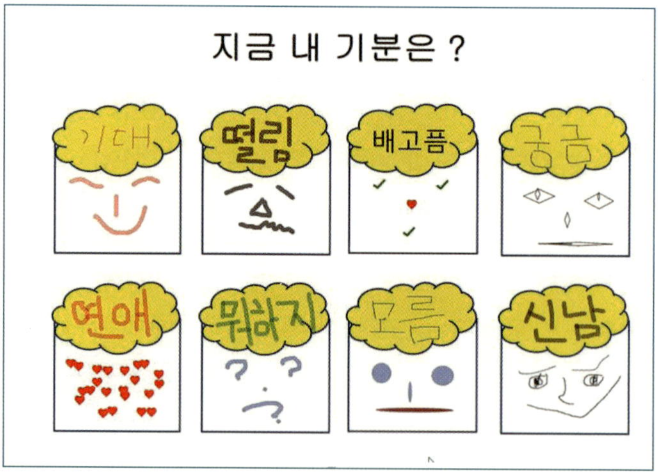

[그림2] 아이스 브레이킹

4 "나 떨고 있니?" 강사의 긴장감은 이렇게 풀어요!

17년 동안 생방송을 했고 매일의 강의가 생방송과 같은 필자는 지금도 강의를 할 때마다 내 가슴은 미친 듯이 쿵쾅거리고 떨린다. 이 떨림은 피로함이 아니라 어느 순간부터 첫사랑을 만나는 기분 좋은 기대감과 설렘이 됐다. 생방송도 강의도 내가 살아 움직이는 증거임을 그래서 이 떨림은 내게 꼭 필요한 것! 생방송 직전, 강의 직전 나는 거울을 본다. 거울 속의 나는 웃고 있다. 그리고 오늘도 잘해낼 것을 확신한다. 강의라는 생방송이 시작되고 나는 심장의 살아있음을 느끼면서 오늘의 강의를 진행한다. 수강생들의 눈빛과 나의 눈이 만나고 수강생들의 움직임 하나하나에 나의 표정과 행동이 같이 반응한다. 바로 이것이 '교감'이다. 수강생들과 통했다. 그리고 강의는 성공적이었다.

강사이면서 불안에 시달리는 경우를 종종 본다. 첫 강의가 기억나는가? 한 시간 강의에 PPT 60장을 준비했는데 20분 만에 PPT의 마지막 장을 넘겨야 했던 경험, 준비하지 못한 질문에 대답하지 못해 쩔쩔맸던 경험, 강의 얼마나 잘하나 보자라는 느낌으로 나를 노려보고 있는 수강생 한명 때문에 긴장했던 경험 등 강사에게 예기치 못한 불안 요소들은 언제 어디서든 발생할 수 있다. 국민 MC인 유재석 씨도 개그맨 초창기에 불안함에 긴장해서 눈을 맞추지도 못하고 말도 버벅 거렸고 지금도 매 순간 긴장으로 촬영에 임한다고 한다.

초보 강사인 경우 더욱 이 긴장의 상황은 극복하기 어려운데 발표불안의 극복은 결국은 발표 불안에 대한 이해와 스스로 불안을 인정하고 조절하는 마인드 컨트롤에서 해답을 찾을 수 있다. 내가 무언가를 이뤘던 성취의 쾌감을 떠올린 다던가, 가장 편안한 상태의 나를 시간을 충분히 두고 생각하는 것 또는 나에게 가장 친근한 물건을 소지하는 것으로 발표에 대한 불안을 줄일 수 있다.

편안한 촉감이 느껴지는 물건을 갖고 다닌 다던가, 긴장감을 줄이는 아로마 향을 사용하는 것도 추천하는 긴장감 완화의 한 방법이다. 또 발표불안은 익숙하지 않은 상황에서 더욱 두드러지기 때문에 낯선 강의 장소에 갈 경우 여유 있게 도착해서 장소에 익숙해지도록 한다. 또한 강의 장소에 비치된 PC 또는 노트북으로 사용해야 될 경우 컴퓨터나 빔 프로젝트 같은 장비사용의 미숙함으로 강의에 집중하지 못하는 상황이 생기지 않도록 충분히 적응의 시간을 갖고 준비하는 것도 필요하다.

모든 강사에게 매순간 모든 강의가 다 만족스러울 수는 없다. '나는 강사'라는 직업은 강의를 통해 수강생 앞에서 강사로서의 사명을 위해 최선을 다해야 한다. 그리고 무조건 잘해야 한다. 나의 떨림도 차라리 당당하게 인정하고 그 순간 할 수 있는 최선을 다하면 된다. 그리고 나서 꼭 해야 할 일이 있다. 훌륭하게 해 낸 나를 다독이는 것. "나는 강사. 잘했어!"라고.

5 나는 교안 테러리스트 or 교안 패셔니스트?

한 수강생이 지난 강의에서 PPT 테러를 당했다고 한다. PPT 테러라는 어감의 느낌이 왔다. 깨알 같은 글씨로 가득 채워진 논문 같은 압도적인 PPT를 본 기억이 있는가? 보는 것만으로 눈이 피로하고 글자를 읽다가 지치게 만드는 PPT를 내세우는 강사들이 있다. 자신이 알고 있는 지식들을 모두 글씨로 담고 심지어 그것을 읽고 있는 강사는 최악이다. 그런데 그 교안이 그대로 비대면 강의로 온다고 생각해 보자. 수강생은 모니터를 쳐다보지도 않을 것이다. 비대면 강사들의 PPT는 그렇다면 어떻게 구성해야 하는가?

1) 트렌디한 PPT 템플릿을 활용하라

PPT를 잘 만드는 방법을 모르겠다고 하는 분들에게는 전문 디자이너들이 만들어 놓은 PPT 템플릿을 활용해 강의안을 만들어 보자. 디자인 템플릿을 제공받아 쓸 수도 있고 미리캔버스, 망고보드, 캔바 같은 사이트에는 무료로 사용할 수 있는 감각적인 템플릿들이 다양하게 있다. 직접 디자인 감각이 있는 PPT를 만들 수 있다면 좋지만 디자인 되어 있는 템플릿들을 찾아 적극 활용해 보는 것도 좋은 방법이다.

2) 교안을 업그레이드 하는 이미지를 활용하라

열 마디의 말보다 한 장의 그림이나 영상으로 효과가 극대화되는 경우가 있다. 강의 교안에 맞는 고품질의 이미지가 필요할 때 많은 강사들이 포털 사이트에서 이미지를 검색해 다운로드 하거나 캡처해서 사용하곤 하는데 저작권 위반에 걸려서 손해배상을 해야 하는 경우가 발생할 수 있다. 저작권 걱정 없이 무료로 이미지를 다운 받아 사용할 수 있는 이미지와 동영상 사이트 중에 유용한 사이트를 소개한다.

(1) Pixabay

'Pixabay'는 사진과 일러스트, 비디오, 음악까지 제공한다. 자유롭게 상업적 용도로도 사용할 수 있다. 강의에 사진과 동영상을 활용할 수도 있고 배경화면이나 유튜브 썸네일로도 사용하기 좋은 사진과 영상들이 다양하게 있다. 필요한 사진과 연관된 단어를 영어와 한국어로도 타이핑해서 검색할 수 있다.

[그림3] 픽사베이

[그림4] 활용하기 좋은 픽사베이 그림

[그림5] 활용하기 좋은 픽사베이 그림

[그림6] 활용하기 좋은 픽사베이 그림

[그림7] 활용하기 좋은 픽사베이 그림

(2) Unsplash

'Unsplash'는 고품질 사진을 다운로드할 수 있다. Forbes 등의 해외 매체들도 최고의 사진 사이트로 극찬하는 곳이다. 작품 같은 풍경사진이 많이 담긴 사이트로 상업용으로 출처 표기 없이 사용이 가능하다.

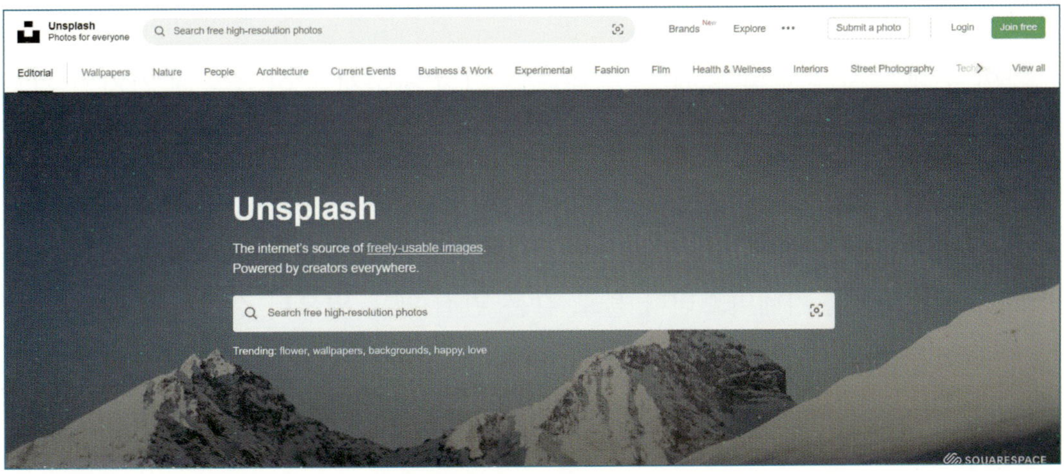

[그림8] Unsplash 메인화면

(3) Freepik

'Freepik'에서는 사진 이미지뿐만 아니라 일러스트, 아이콘, 문서템플릿 등 다양한 콘텐츠를 다운로드할 수 있다. PPT의 바탕화면으로 사용할 수 있는 템플릿이 감각적이고 아이콘도 다양하게 있다. 사용은 무료지만 저작권 표기를 따로 해야 한다.

[그림9] Freepik 메인화면

3) 동영상 편집은 기본이다

강의 중에 영상을 보여줄 때 영상 링크를 걸어 찾아서 보여 주는데 갑자기 광고가 나온다거나 긴 영상을 플레이하면서 강사가 보여주고자 하는 부분을 찾고 있다면 어떤 느낌인가? '곰믹스'는 영상 편집을 위한 무료프로그램으로 기본적인 영상 편집이 가능하고 사용하기에 편리하다. 프리미어 같은 전문 편집 프로그램을 사용하지 않아도 된다. 키네마스터나 블로 같은 편집 앱도 있으니 강사라면 간단한 동영상 편집은 배워서 영상을 효과적으로 활용하자.

6 잘 들리세요? 잘 보이나요? 잠시만요!

비대면 강의 중에 인터넷이 끊어지는 것은 방송사고와 마찬가지다. 강의 전 인터넷은 기본적으로 체크하고 강의에 접속하는 수강생들을 파악한다. 강의가 시작되면 강사가 말하기 시작한다.

"잘 들리세요?"

"제 목소리 들라니요?"

강사도 수강생도 끄덕끄덕 할 것이다. 거의 모든 사람에게 목소리가 잘 들리는데 그 중에 한 두 명이 '안 들리네요'라고 채팅창에 글을 남기거나 안 들린다는 표시를 한다. 그런데 이런 경우 수강생의 오디오에 문제가 있는 경우가 대부분이다.

강사는 강의 전 오디오 확인을 당연히 했을 것이다. 그런데 강의가 시작되고 오디오 확인을 재차 하기 위해 할 수 있는 말이 이 말 밖에 없을까? 사실 "여러분 안녕하세요?"라고 인사를 건네기만 해도 수강자들의 반응을 보면 오디오 연결이 잘 됐는지 알 수 있는데 "여러분 안녕하세요?"라고 인사를 하고 또 물어 본다.

"제 목소리 잘 들리세요?"

그렇게 5분 정도의 시간이 흘러간다. 수강생들에게 이 강의는 "잘 들리세요?"로 시작하는 강의로 일차적인 인식이 됐다. 그리고 강사는 강의 PPT를 공유하면서 또

말하기 시작한다,

"이제 제가 화면공유를 하겠습니다. 잠시만요."

"PPT가 어디 있더라? 찾았다. 공유할게요. 왜 이렇게 시간이 걸리지? 잠시만요…."

"아! 됐다. PPT 잘 보이나요?"

"PPT 공유가 잘 되었나요?"

강사는 궁금하다. 내가 공유한 화면이 제대로 보이고 있는지 확인하고 싶고 그래서 물어보는 것은 어찌 보면 당연하다. 그런데 결국 이것을 물어보는 것과 공유하면서의 과정을 일일이 다 말하는 강사의 느낌은 수강자의 입장에서 어떠한가? 누가 보더라도 서툴고 노련하지 못한 느낌을 주고 있다. 강사는 강의를 하면서 PPT 공유하면서, 넘기면서, 수강생들 분위기 보면서, 마우스를 움직이느라 바쁘다. 하지만 이런 말은 어떠한가?

"오늘 준비한 강의안은 비대면 강의법을 배우고 싶은 강사들을 위해 결정적인 자료들만 모아왔거든요. 오늘 저의 강의를 듣는 여러분에게만 특별히 공개하는 것이니까 최대한 여러분들의 것으로 만드시기를 바라겠습니다."

강의가 시작됐는데 이번에는 강사가 이런 말을 한다.

"아, 제가 오늘 또 옆길로 새고 있어요!"

"이 얘기를 하려고 한 게 아닌데 삼천포로 빠졌어요. 다시 본론으로 돌아갈게요."

"방금 하려던 얘기를 잊어버렸어요. 생각나면 얘기할게요."

일상생활에서 허다하게 일어나는 일이고 누구나 그럴 수 있는 상황이라 이해할 수 있지만 시간과 에너지와 돈을 들여서 강의를 듣는 수강생의 입장에서는 강사가 좀 더 준비를 철저히 해주기를 그리고 정해진 시간에 최대한의 것을 보여주기를 바라지 않을까?

7 아직도 '강의 계획서' 작성하지 않고 강의 하나요?

나는 강의 준비를 어디까지 하는 강사인가? 강의 요청을 받았을 때 강사는 무엇을 준비해야 할까? 많은 강사들이 강의 준비를 파워포인트로 교안을 만드는 것으로 생각한다. 물론 강의의 내용이 담긴 파워포인트의 내용은 중요하다. 하지만 강사로서 콘텐츠를 확장하면서 강의 분야를 넓히고 새로운 것에 대한 강의를 계속해 나가고 싶은 강사라면 강의 계획서를 먼저 작성해 볼 것을 권유한다.

새로운 강의를 개발할 때는 일반적으로 분석, 설계, 개발, 실시, 평가의 단계를 거친다. 강의 의뢰를 받았을 때에는 강의 수요자에 대한 분석이 먼저 이뤄져야 한다. 주제만 주고 '알아서 해주세요'라는 강의 보다 강의를 통해 얻고자 하는 것이 무엇인지를 의뢰자와 충분히 이야기를 나눠야 한다.

그 후에 수강생의 강의 목표에 맞게 강의 설계를 한다. 강의 목표에 맞춰 설계가 이뤄지기 때문에 목표에 도달할 가능성이 높아진다. 이 강의 설계가 명확히 돼 있으면 강의에 필요한 정보와 관련 자료를 찾는데 드는 시간과 비용을 줄일 수 있다. 또한 완벽한 준비가 돼 있는 강의 설계는 강사로서 자신감을 갖게 한다.

강의 계획서는 건축의 설계도와 같다고 생각하면 된다. 강의에 대한 요구 사항을 파악했다면 아래에 강의 계획서의 폼을 참고해서 자신만의 강의 계획서를 세워 본다. 강의를 하는 주제와 목표가 명확히 설정 된 강의는 만족도가 높을 수밖에 없다.

강의계획서

<table>
<tr><td>일 자</td><td></td><td>장 소</td><td></td><td>대 상</td><td></td></tr>
<tr><td>강좌명</td><td></td><td>차 시</td><td></td><td>학생수</td><td></td></tr>
<tr><td>강의주제</td><td colspan="3"></td><td>강사명</td><td></td></tr>
<tr><td>강의목표</td><td colspan="5"></td></tr>
<tr><td rowspan="2">강의자료
및 학습자료</td><td>강사</td><td></td><td rowspan="2">활용 가능
비대면 플랫폼</td><td rowspan="2" colspan="2"></td></tr>
<tr><td>수강생</td><td></td></tr>
</table>

<table>
<tr><td>단 계</td><td>학습
요소</td><td>교수·학습 활동</td><td>시간
(분)</td><td>자료 및 지도상의
유의점</td></tr>
<tr><td>도 입</td><td></td><td></td><td></td><td></td></tr>
<tr><td rowspan="2">전 개</td><td rowspan="2"></td><td></td><td rowspan="2"></td><td rowspan="2"></td></tr>
<tr><td></td></tr>
<tr><td>정리
및
마무리</td><td></td><td></td><td></td><td></td></tr>
</table>

[표1] 강의계획서

강의 계획서 없이 강의를 하는 강사도 있다. 강의를 "그날의 느낌에 따라 떠오르는 것을 강의한다"라고 말하는 강사가 있다. 물론 강사의 그날의 느낌도 중요하다. 하지만 강의 계획서 없이 생각나는 대로 강의하는 강사는 마치 집을 짓는데 설계도 없이 짓는 것과 같다.

그런가 하면 드라마의 대본처럼 강의에서 할 말을 준비하고 외우고 영상의 길이와 진행에 따른 시간을 초 단위까지 완벽한 큐시트를 준비해서 강의를 하는 강사도 있다. 강의 계획은 준비한 만큼 강사에게 자신감을 더해준다. 강의를 나의 것으로 만드는 시간 그것은 강의의 기본단계인 강의 계획서 작성부터 시작된다.

8 잘 나가는 프로강사의 결정적 차이

비대면 시대에도 강사들은 점점 더 늘어나고 있다. 강사가 예전에는 전문적인 분야의 직업이었다면 지금은 청년층부터 시작해서 은퇴한 시니어에 이르기까지 자신만의 경험과 노하우를 소그룹으로 모여 나누고 알려주는 사람도 선생님 또는 강사로 칭한다. 점점 더 강사가 되기를 희망하는 사람들이 늘어가고 있는데 과연 이들 중에 어떤 사람들이 프로강사로 강사 시장에서 살아남을 것인가?

1) 비대면 강의를 내 것으로 만들기

비대면 강의 시대는 최근 코로나19 이후에 벌어진 일이다. 사이버대학이나 특별한 경우가 아니고서야 강의 영상을 촬영하거나 비대면으로 온라인 툴을 이용해 강의를 하는 경우는 드문 일이었지만 이제는 비대면 강의와 대면강의는 같은 선상에 있게 됐다.

그렇다면 이 시기에 강사로서 설 곳이 없어진 사람과 강의가 더 늘어난 사람과의 결정적 차이는 비대면 강의를 할 수 있느냐 없느냐의 차이이다. 화상 회의 프로그램

'줌'을 만든 회사가 비대면 강의나 비대면 회의 수요가 급증하면서 급성장한 회사가 된 것처럼 이 시기에 급성장한 강사들은 비대면 강의 프로그램 사용을 먼저 공부하고 연습하고 준비한 강사들이다.

비대면 강의가 다양화 되면서 이제는 지역의 차이도 없어졌다. 서울에서 비대면 강의를 열면 전국뿐만 아니라 해외에 있는 사람들까지도 함께 배움에 참여할 수 있게 됐다. 블로그나 인스타그램, 유튜브 등 SNS를 활용해 내 강의를 홍보하고 단체톡 방에서 수강생들을 모으고 그 안에서 만들어진 네트워킹을 활용해 서로의 재능을 강의로 나눈다. 오프라인 강의를 할 수 없는 상황에서 온라인 비대면 강의로 더욱 바빠진 강사들은 새로운 것을 배우는 데에 주저하지 않을 뿐만 아니라 오히려 먼저 배우고 행동한다.

2) 내 체면에 그 강사료가 뭔 말이냐구?

프로강사들은 모든 강의에 최선을 다한다. 강사료는 기업·기관·센터마다 차이가 있다. 비슷한 내용으로 강의를 하는데 강의를 주관하는 곳이 어딘가에 따라 강사료가 다르다. 그렇다면 강사인 나는 강의료를 많이 주는 곳에서는 강의를 더 잘하고 강사료를 적게 주는 곳에서는 받은 만큼만 하고 올 것인가? 드러내 놓고 "여기는 강사료가 어쩌고저쩌고…. 나 같은 강사가 올 곳이 아닌데 특별히 왔다"는 얘기를 드러내 놓고 하는 강사들을 본다. 그런 생각을 할 거면 차라리 오지 말지.

필자는 아는 강사의 부탁으로 초등학생 대상 크리에이터 강의를 평소 받는 것의 5분의 1도 안 되는 강사료를 받고 강의를 하게 됐다. 솔직히 속으로는 고민을 했다. 나의 가치를 떨어뜨리는 것은 아닐까? 하겠다고 얘기해 놓고 후회하는 마음으로 가득 찬 상태에서 초등학생들을 만났는데 강의가 시작되고 이 고민은 사라졌다.

내가 어디에서 이 초등학생들을 만날 수 있을 것인가? 모니터 화면으로도 느껴지는 초롱초롱한 눈을 한 호기심어린 초등학생들을 만나는 것이 나에게는 또 다른 기회였다. '이 아이들이 기대하는 만큼 강사인 나는 채워 줘야겠다'는 생각으로 아이들을 만났고 강의를 했다. 그런데 비대면 강의 중간에 접속해서 강의를 들었던 센터 담당 선생님이 나의 강의를 듣고 다른 강의 처에 추천을 해줬다. 이번 강의를 하지 않았더라면 아이들의 순수함을 가까이 느낄 수도 없었을 것이고 또 다른 강의와 연결되지도 않았을 것이다.

강사료는 여러 가지 변수가 많아 언급하기 조심스러운 부분 중에 하나이다. 마음이 불편할 정도의 강사료를 받는 경우도 있는 것이 현실이다. 하지만 성공한 프로강사들 중에 초기에는 재능 기부나 무료 강의로 시작한 경우도 많이 있다. 재능 기부에서 가치를 인정받는 프로 강사가 되는 것은 단숨에 되는 것이 아니라 한 계단씩 올라간다고 생각하자.

3) 강사는 네트워킹

강사는 '네트워킹'이다. 프로강사들의 강의 처 발굴에 대해 인터뷰를 하다 보면 한 번 강의를 간 곳에서 연결돼 또 다른 강의를 하게 된 경우가 대부분이다. 어떤 강의라도 그 순간에 최선을 다하는 것, 그 모습을 보고 수강생으로 있던 누군가가 나를 추천하고 새로운 곳에 가서 강의를 하면 그것이 나의 네트워킹이 된다.

또 다른 네트워킹은 강사들끼리의 네트워킹이다. 강사들이 팀을 이뤄 전문분야를 세분화해 강의 커리큘럼을 만들어 강의 제안을 한다면 다양하고 깊이 있는 내용을 만들 수 있을 것이다. 공통분모를 가진 강사들끼리 협회를 만들어서 활동하거나 민간자격증을 등록해 발급하는 것도 네트워킹으로 이뤄진 강사 협업의 좋은 결과이다. 적극적으로 협업하고 네트워킹을 만드는 것은 강사로서의 계단을 만들어가는 일과 같다.

4) 평생을 자기계발하며 사는 강사라니

프로강사는 끊임없이 '자기계발'을 한다. 비대면 강의법 책을 쓰면서 비대면 강의 프로그램에 대해 모르는 것이 없다고 자부하지만 지금 이 순간에도 또 다른 비대면 강의를 위한 도구와 프로그램들이 개발되고 있을 것이다. 지금 이 책을 손에 들고 비대면 강사에 대해 공부하고 있는 강사는 앞서서 행동하는 강사 중 한 분 일거라 확신한다.

새로운 것이 나오면 또 공부하고, 경험하고, 내 것으로 만들어야 한다. 자기계발을 위해서 다른 강사들의 강의를 듣고 모니터링하면서 배운다. 새로운 콘텐츠에 대한 강의나 특강을 계속 들으면서 시대가 필요로 하는 강의가 무엇인지 찾아내고 배운 것들은 빠르게 나의 것으로 만든다.

비대면 강의에서 수강생으로 만난 강사와 인연이 돼서 지금은 같이 협업하는 강사가 됐는데 그 강사는 이미 프로강사이면서도 끊임없이 배움의 끈을 놓지 않고 있다. 강사라는 직업을 갖고 있는 한 계속 배우고 자기계발을 하는 강사로의 삶을 살아야 한다.

5) 잘나가는 강사의 결정적 비밀

강사들이 제일 부러워하는 강사는 한 해의 스케줄이 연 초에 이미 모두 꽉 차 있는 강사 즉 강의가 많은 강사일 것이다. 강사의 스케줄을 보면 이미 억대 연봉이 그려지는 강사들도 많이 있다. 강사는 공개채용 같은 채용의 형태로 직업을 갖게 되는 경우는 거의 없다. 기업이나 기관에 채용된 후에 교육부서 또는 강의 업무를 담당하는 경우가 있기는 하지만 대부분의 강사는 고용의 형태로 보면 프리랜서이기 때문에 일하기 싫으면 쉴 수 있다는 장점이 있고 반면에 일하고 싶을 때에 못할 수 있는 단점도 있다. 그래서 강사는 자신이 강의 할 강의 처를 찾아내고 강의를 개발하고 제안하는 일을 지속적으로 해야 한다. 네트워킹으로 이뤄지는 강의만을 기다리는 것이 아니라 적극적으로 강의 처를 발굴하는 자세가 필요하다.

강사의 홍보 수단인 블로그, 인스타그램, 카페, 강사 밴드 등 다양한 채널을 활용해서 1차적으로 무료 강의를 열어본다. 그리고 무료강의에서 최선을 다하고 결정적인 열쇠는 더 깊이 있는 다음 강의로 유료 강의를 제안해 본다. 무료 강의를 들으러 나에게 시간을 내서 찾아 온 사람에게 도움이 될 만한 제안을 한다면 수강생은 유료 강의를 신청하게 될 것이다.

그리고 유료 강의를 신청한 수강자에게 블로그 포스팅을 할 경우 강의료의 얼마를 할인해주는 이벤트를 한다. 수강자는 강의료 할인을 받아서 좋고 강사 입장에서는 홍보가 되니 서로에게 좋은 조건이 된다. 이러한 형태의 블로그 오프라인 연결 강의가 이제는 온라인으로 바뀌었다. 비대면으로 옮겨오면서 공간의 제약 없이 많은 수강생들을 한꺼번에 모을 수 있게 됐고 수강자에게 강의료를 적게 받더라도 수강자 인원이 많아지니 결국 강사의 입장에서는 수익을 창출하기에 좋은 기회가 된다. 강의 처 발굴을 온라인 무료 강의로부터 시작해 보자.

'만원의 행복 특강(포스팅 할 경우 무료)' 이렇게 비대면 강의를 시작한 한 강사는 1개월 만에 회원 수 몇 백 명이 가입한 오픈채팅방을 운영하면서 만원의 행복 강의를 열 때마나 수 십 명 이상이 강의를 신청하는 인기강사가 됐다. 비대면 강사이기에 가능한, 잘나가는 프로강사의 결정적인 방법을 이 책의 독자들을 위해서 공개했다. 강의 처는 내가 찾아 나서기에 따라 열린다. 비대면 시대를 맞이한 강의 처 개발로 프로강사의 입지를 더욱 굳건히 하자.

프로강사가 된다는 것은 쉽지 않은 일이고 아무나 되고 싶다고 해서 프로강사가 될 수도 없다. 프로강사의 기본은 새로운 것을 배우는데 주저하지 않으며 어떤 순간에도 최선을 다해 네트워킹을 만들고 자기계발의 노력을 멈추지 않는다. 자기만의 방식으로 열정적으로 노력한다. 치열한 강사 시장에서 성장하고 나를 지켜내는 것은 바로 강사인 나 자신이 할 일이다.

9 수많은 사람 중에서도 뽑어져 나오는 '강사의 아우라'

비대면 강의는 인원수에 대한 공간적 제약이 거의 없기 때문에 많은 사람에게 동시에 강의할 수 있는 것이 최대 장점이다. 비대면 강의에 100명이 넘는 인원이 수강생으로 참여하는 강의를 수강한 적이 있다. 줌을 켜고 기다리면서 한 화면 당 49명이 나오는 줌 화면을 옆으로 넘기고 있었다. 아직 강의를 시작하기 전 100명이 넘는 사람 중에 누가 강사인지 알아낼 수 있을까? 신기하게도 바로 알아낼 수 있었다. 어떤 점이 그 사람을 강사로 지목하게 만들었을까?

생각해 볼 수 있는 것은 강사의 배경화면이 강의 내용 또는 기관을 유추할만하게 만든 화면이나 마이크가 켜져 있거나 등일 것이다. 그러나 이런 것들을 자세히 보기도 전에 강사에게는 누가 보더라도 강사의 아우라가 느껴졌다. 그렇다면 비대면 강의에서도 드러나는 강사의 아우라는 무엇이었을지 강사라면 갖고 싶은 아우라를 살펴보자.

1) 강사의 '표정'이다

수강생들은 강의를 기다리면서 무언가를 준비하느라 오히려 바빠 보였다. 차를 마시기도 하고, 노트에 무엇을 쓰기도 하고, 컴퓨터를 바라보며 어딘가에 집중하는 듯도 보였고, 얼굴이 반쪽만 보이는 사람도 있었고, 누군가와 얘기를 하는 듯 한 사람, 아주 편한 자세로 핸드폰을 들고 통화를 하는 사람도 있었다.

그런데 단 한 사람만이 여유 있는 표정으로 입가에 미소를 살짝 머금고 움직임은 거의 없었다. 강의 직전까지 강의안을 확인한다거나 준비에 바빠 보인다거나 다른 행동을 하는 것이 아니라 강의가 시작되기를 느긋한 마음으로 준비하고 있다는 것이 표정에서 느껴졌고 100여명의 사람 중에 그런 표정을 한 이는 단 한 사람이었다.

사각 프레임 속에서 100여명의 사람들의 행동과 표정은 다 달랐다. 다른 강사들이 진행하는 비대면 강의에 참여해서 강사가 누구인지 찾아내기를 해보면 쉽게 이해가 될 것이다. 표정 하나로 아우라를 만들 수 있다니….

아우라는 바로 분위기이다. 표정으로 만드는 강사의 분위기는 온라인으로 접속되고 강사의 얼굴이 화면에 나오는 순간부터 강사는 표정으로 아우라를 만들어야 한다.

2) 강사의 '의상'이다

대면 강의에서 강사는 전신이 노출되기 때문에 의상에 신경을 써야 한다. 그런데 비대면 강의에서 강사는 상반신만 화면에 나온다. 하의는 뭘 입고 있는지 보이지 않기 때문에 대면 강의에 비해서 의상에 신경을 덜 써도 된다고 생각할 수 있다.

또는 강의 내내 수강생들을 봐야 하는 대면 강의 보다 화면에는 잠깐만 나오는 대면 강의이니 편한 옷차림으로 강의를 할 수도 있다. 하지만 아우라가 느껴졌던 강사가 입고 있던 의상은 신경 쓴 느낌의 정장 상의를 입고 있었다. 아마도 하의 또한 상의와 어울리는 정장을 입고 있을 거라는 확신이 들었다. 정장을 입고 있을 때와 운동복을 입고 있을 때는 마음가짐과 태도 그리고 언어까지 달라지는 것을 느낀 적이 있을 것이다.

비대면 강의를 할 때 어떤 의상을 입을 것인가? 의상을 선택할 때 상의를 중심으로 선택하는 편이 좋겠다. 아나운서들이 뉴스를 진행할 때의 의상을 떠올려보면 상의에 포인트가 있거나 색감 자체로 분위기를 낼 수 있는 의상을 선택한 것을 알 수 있다.

마찬가지로 비대면 강사에게서 느껴졌던 아우라의 결정적인 증거를 찾은 셈이다. 강사가 강의 직전에 갖는 여유 있는 표정을 거울을 보고 연습해 보자. 나는 아우라가 느껴지는 강사의 표정을 하고 있는가, 아니면 강의 준비를 제대로 하지 못해 초조한 표정을 하고 있는가? 준비와 표정까지 아우라를 풍길 준비가 됐다면 옷은 가장 쉬운 소품 중에 하나이다. 강사다운 복장 특히 상의에 신경 쓴 옷을 준비한다.

강사의 아우라를 단지 표정과 의상이 전부라고 말할 수는 없다. 강의가 시작되고 진행되는 동안 아우라를 가진 강사는 점점 그 빛을 드러낼 것이다. 하지만 아직 강사가 입을 떼지도 않은 상태이고 카메라에 얼굴만 비치고 있는 상황에서 수강생들에게 보이는 첫인상의 아우라에 대해서 알아봤다.

미국 다트머스 대학의 심리·뇌 과학 전문 왈렌(Paul J Whalen) 교수는 "편도체가 눈으로 첫인상을 판단하는 데 걸리는 시간은 0.017초"라고 얘기했다. 어쩌면 비대면 강의이기 때문에 더욱 첫인상이 중요해졌을 수도 있다. 나의 모습이 카메라를 통해 준비하고 있는 수강생들에게 보이는 첫 순간, 강사만의 누구도 흉내 낼 수 없는 아우라를 만들어 보자.

10 결코 쉽지 않은 비대면 강의 정말 하시려구요?

강의는 종합예술과도 같다. 강사라는 한 사람이 만들어 내는 교육적인 내용을 담은 예술이다. 강사가 지식과 정보를 전달만 한다면 수강생들은 지루해하며 여기저기서 하품을 하고 있을지도 모른다. 강의에는 맥락을 이어가면서 재미와 흥미가 되는 요소들을 넣어야 한다. 강사는 똑같은 주제와 똑같은 말의 반복이 아니라 끝도 없이 새로운 아이디어를 내고 공부를 해야 한다.

강사가 수강생들을 끌고 가는 능력과 이를 위해 준비하는 과정과 현장강의까지 과정을 보면 때로는 방송 교양 프로그램의 PD처럼, 때로는 개그콘서트의 개그맨처럼, 때로는 대본에 충실한 연기자처럼 그런데 이 모든 것을 혼자 해 나가는 종합예술인과도 같다. 그런데 비대면 강의는 이 모든 것을 혼자 스스로 해 나가면서 수강생들과 직접 강의실에서 만나는 것이 아닌 사각 프레임 안에서라는 한계를 갖고 있다.

비대면 강의는 화면을 통해 수강생들을 만나기 때문에 지방강의나 장거리 강의에 비해 이동 시간이 대폭 줄어서 강의가 편해졌다고 말하는 사람이 있다. 하지만 비대면 강의를 해본 사람은 비대면 강의에 훨씬 더 많은 준비가 필요하고 오프라인 강의의 두 배 이상의 내용을 준비해야 한다는 것을 알 것이다.

비대면 강사는 준비할 것도 많고 배워야 할 것도 많아 강의하기가 어렵다. 그런데도 비대면 강사를 정말 하려고 하는가? 하지만 확실하게 말할 수 있는 건 지금의 시대가 필요로 하는 부분이 비대면 강사라는 것이다. 비대면 강의로도 대면 강의 못지않은 강의 효과를 줄 수 있는 강사를 원한다는 것이다. 똑같은 강의를 평생 반복해도 괜찮다는 마음을 갖고 있는 강사는 결코 비대면 강사로는 맞지 않다.

끊임없이 생각하고, 계획하고, 구체화하고, 행동할 수 있는 마음가짐을 가진 사람이 비대면 강의를 할 수 있고 앞으로 펼쳐질 비대면 강사 시장에서 리더가 돼 선두로 나아가게 될 것이다. 이것이 어렵다고 생각되는 사람은 지금 이 책을 덮어도 좋다. 하지만 비대면 강의법을 배우고 강사로서의 역량을 높이고 싶은 사람, 이 시대가 원하는 강사가 되고 싶은 사람은 이 책에서 얘기하는 것들을 완전히 나의 것으로 만들기를 바란다.

Chapter 3

강의력의 결정타 '강사 스피치'

김경아

강사가 말을 잘하는 건 당연하다고? 그렇다 말로 풀어내 지식과 경험을 전달하는 강사가 말을 잘해야 하는 건 당연하다. 그런데 강사는 말을 다 잘하는가? 말을 잘한다는 것은 여러 방향으로 생각할 수 있다.

1 강사님 목소리가 좋아서 강의가 더 좋아요!

스피치의 기본은 '호흡과 발성과 발음'이다. 강사는 말하는 직업인만큼 말하기 위한 기초가 탄탄해야 한다. 말하는 것이 힘들어 보이는 강사, 성대가 약해서 말하는 게 힘들다고 생각하는 강사는 기초 공사를 지금부터 다시 시작해야 한다.

아나운서 아카데미에서 아나운서들을 교육할 때에 가장 많은 시간을 들이는 것은 기본기이다. 지금까지 강의를 잘한다고 생각했던 강사의 목소리를 떠올려보자. 듣기 좋은 소리와 듣기 싫은 소리가 떠오를 것이다. 단순이 목소리가 '좋다 나쁘다'로만 생각할 것은 아니고 목소리 즉 음색은 다양한 종류의 색으로 생각하면 된다. 나의 목소리가 열정이 넘치는 빨간색일 수도 있고, 신비로운 분위기의 보라색일 수도, 청량감이 넘치는 파란색이거나 담담한 갈색일 수도 있다.

그런데 목소리 훈련을 한다는 것은 각자가 가진 음색을 다른 색으로 바꿔서 목소리를 좋게 만드는 것이 아니라 목소리의 색이 잘 발현 되도록 만드는 것이다. 사람마다 가진 음색은 타고 나는 것인데 이왕이면 푸르죽죽한 색보다는 새파란 색으로 칙칙한 색이었다면 선명하고 환한 색으로 그 색을 갈고 닦아 좋은 색으로 발현하게 만드는 것이 '목소리 트레이닝'의 핵심이다.

1) '복식호흡'을 쉽게 완성하는 법

먼저 '복식호흡'이 필요하다. 말 그대로 배로 하는 복식호흡이 필요한 이유는 복식호흡을 해야 소리에 힘이 생기고 감정 전달의 깊이가 생긴다. 사람의 배는 고무풍선과 같아서 공기를 들이마시면 배가 나오고 공기를 내뱉으면 바람 빠진 풍선처럼 배가 들어가게 된다. 복식 호흡을 연습하는 쉬운 방법은 편한 자세로 누워서 배 위에 손을 올리고 호흡을 해 보는 것이다. 배 위에 올린 나의 손이 오르락내리락 하는 것을 느낄 수 있을 것이다. 그렇다면 복식호흡을 제대로 하고 있는 것이다.

그런데 이번에는 앉아서 배 위에 손을 올리고 호흡을 해보자. 누워서 할 때만큼 나의 배가 움직이지 않을 것이다. 앉아서도 누워 있을 때처럼 편안해지도록 호흡을 연습하는 것이 복식호흡의 핵심이다. 어깨에 힘을 빼고 손을 배위에 올려놓고 호흡을 배꼽 밑까지 끌어온다고 생각하고 호흡을 연습한다.

※ 복식호흡 연습법(4-4-4 연습법 / 8-8-8 연습법)

4초 동안 숨을 최대한 들이 마신다.
4초 동안 숨을 참는다.
4초 동안 숨을 남김없이 내뱉는다.

8초 동안 숨을 최대한 들이 마신다.
8초 동안 숨을 참는다.
8초 동안 숨을 남김없이 내뱉는다.

2) 발성 연습하는 법

우리 몸에서 소리를 내는 기관을 성대라고 한다. 우리 몸에 있던 공기가 성대를 통과하면서 진동시켜서 소리를 내게 되는데 이것이 발성이다. 내 목에 손을 대고 '아' 하고 소리를 내어보자. 목에서 떨리는 부분이 있을 것인데 그 부분이 성대이다. 목에 손을 대고 '도레미파솔라시도' 계이름 중에 높은 도의 음으로 '아'소리를 내어보자. 성대가 어떻게 움직이는지 미세한 떨림을 느껴본다.

이번에는 반대로 낮은 도의 음으로 '아' 소리를 내어보자. 성대가 어떻게 움직이는가? 나의 성대의 움직임을 느껴보자. 내 소리의 높낮이에 따라 부지런히 움직이고 있다. 지나치게 목에 힘을 줘 발성할 경우 성대에 무리가 오고 심하면 성대 결절 등의 증상도 나타나게 된다.

발성할 때는 성대가 있는 목에 힘을 줘 소리를 내는 것이 아니라 배에 힘을 줘야 하고 성대는 공기가 통과하도록 편안한 상태를 만들어야 발성이 잘 이뤄진다. 성대를 통과한 소리는 후두, 구강, 비강을 통과하면서 실제 소리가 되는데 이를 공명이라고 한다.

※ 발성연습법

복식호흡을 하면서 최대한 길게 '아'하고 소리를 낸다. 가장 편안한 음높이로, 다음으로 가장 높은 음높이로, 마지막으로 가장 낮은 음높이로 5번 반복한다.

3) 발음 연습법

정확한 발음은 정확한 입모양과 혀의 위치에서 나온다. 발음이 잘 안된다고 하는 사람들의 대부분은 정확하지 않은 입모양과 혀의 위치에서 비롯된다. 우리나라의 'ㄹ' 발음과 영어에서의 'L' 발음은 혀의 위치에서 차이가 있다. 혀의 위치에 따라 완전히 다른 발음이 된다. 입모양은 '아'의 입모양을 하고 '어'를 발음해보자. 쉽지 않다.

발음연습은 '아이에오우'를 배를 탕탕 튀는 듯한 느낌으로 스타카토로 끊어서 발음 연습을 한다. '아에이오우'는 쉬운 발음이면서 쉽지 않은 발음이다. 발음 연습은 반드시 거울을 보고 하기를 권유한다. 거울을 보고 '아에이오우'를 발음할 때 나의 입모양을 자세히 보라. 사람들이 특히 발음을 잘 못하는 것이 '오'와 '우'인데 오와 우는 윗입술을 움직이면서 소리를 내야 한다. 유난히 말하는 모습이 답답하게 느껴지는 사람들은 윗입술을 움직이지 않고 입을 옆으로만 벌려서 사용하는 경우가 대부분이다. '아에이오우'를 '도미솔도' 음높이를 달리하면서 큰소리로 발음해 본다.

운동을 시작할 때와 마칠 때 스트레칭을 먼저 하는 것처럼 말할 때 목을 가다듬는 기본에 대해서 알아봤다. 이 기본적인 목소리 연습은 하루아침에 내 목소리를 변화시키기 위해서가 아니라 걷는 운동을 하듯이 꾸준히 기초체력을 만든다고 생각하고 만들어 가야한다.

고대 그리스의 웅변가로 알려진 데모스테네스는 태어날 때부터 말을 더듬고, 호흡기가 약해 말을 오래할 수 없는 사람이었다. 그는 웅변가가 되기로 결심하고는 머리와 수염을 깎고 지하실에서 말하는 연습을 했다고 한다. 발음을 정확하게 하기 위해서 입에 조약돌을 물고 연습했고, 호흡을 길게 늘이기 위해 운동을 격하게 해서 숨이 차오르는 순간 낭독 연습을 했다. 또 커다란 거울 앞에서 말하면서 행동을 바르게 하는 연습을 했다. 데모스테네스는 긴장을 하면 무의식적으로 한쪽 어깨가 올라가는 습관이 있었는데 이것을 고치기 위해서 천장에 칼을 매달아 놓았다. 말을 하다가 어깨가 올라가면 칼날이 어깨를 베도록 한 것이다.

스피치의 기본은 꾸준한 연습이다. 하루아침에 목소리가 좋아지고 스피치를 잘하게 되는 일은 결코 일어나지 않는다. 비대면 강의에서의 목소리의 역할은 대면 강의보다 더욱 중요해졌다. 기초를 꾸준히 가다듬어 내용도 좋지만 듣기에도 좋은 강의를 하는 비대면 강사가 되기를 바란다.

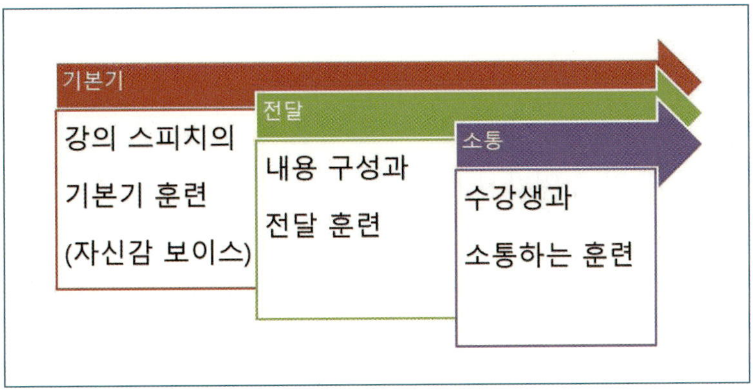

[그림1] 강사스피치의 3단계

4) 비대면 강의에 맞는 목소리 톤 만들기

목소리의 높낮이를 톤(Tone)이라고 한다. '도레미파솔라시도'의 계이름처럼 소리의 높낮이로 생각하면 된다. 이 톤은 목소리의 볼륨(Volume)과는 차이가 있다. 톤은 목소리의 높고 낮음이고 볼륨은 목소리의 크고 작음이다. 일반적으로 선호하는 목소리 톤은 남자는 낮은 도와 미 사이에서 얘기할 때 여자는 미에서 솔 사이의 높이로 얘기할 때이다.

목소리의 톤에 대해서 가장 먼저 얘기하고 싶은 것은 자신에게 가장 편한 톤을 찾는 것이다. 말을 오래 못하고 목이 잘 쉬는 사람은 성대에 무리가 가는 톤으로 말하기 때문이다. 가장 편하게 말할 수 있는 톤을 찾는 것이 좋은 목소리 찾기의 기본이 된다.

그렇다면 비대면 강의에서 목소리의 톤은 어떠해야 할까? 비대면 강의의 내용과 대상에 따라 톤의 조절이 필요하다. 그런데 대부분 비대면 강의는 조용한 곳에서 강의를 하다 보니 대체로 톤이 낮거나 목소리의 크기도 작게 얘기하는 경우가 있다. 사람의 목소리는 주변의 소음이 커질수록 커지고 조용할수록 목소리의 크기도 작게 내는 것이 일반적이다.

하지만 비대면 강사는 공간에 따라 좌우 된다기보다 강의의 내용과 대상에 맞는 톤으로 말해야 하고 무엇보다 혼자 중얼거리는 톤은 절대 금물이다. 강사는 혼자 얘기하고 있지만 강의를 듣는 사람은 여럿이다. 내 앞에 있는 것은 카메라와 PPT 뿐이지만 100명이 내 앞에 있다고 생각하고 자신감 있는 나의 톤을 찾아야 한다.

톤을 지나치게 높이면 듣는 사람이 피곤할 수 있다. 톤은 조금 높이고 목소리의 크기도 마이크에 의지하는 것이 아니라 본래 가진 성량 자체를 키워 말하는 것이 좋다. 라디오 방송의 DJ로 얘기하자면 심야 방송의 DJ가 아니라 정오 방송의 DJ처럼 활발한 느낌으로 목소리에서부터 에너지를 뿜어내자.

5) 강사 스피치의 속도는?

지금의 시대는 모든 것이 빨라졌다. 특히 말이 빨라졌다. 조선시대의 말보다 지금의 말이 빨라졌고 2000년 이후의 말은 점점 더 빨라지고 있다. 말을 알아듣지 못할 정도로 지나치게 빠른 것은 당연히 좋지 않은 습관이다. 말을 할 때 '빠르게 한다'라기 보다 '속도감이 있게 말한다'라고 생각하면 이해가 빠를 것이다.

사람마다 말의 속도 차이는 있지만 말의 속도가 느리면 대체로 지루한 느낌이 든다. 모르는 것에 대한 설명을 이해시키기 위해 속도를 조절해 천천히 얘기하는 것과 말을 전체적으로 느리게 하는 것과는 차이가 있다. 강사의 말은 속도감 있게 하되 내용 전달을 위한 속도는 빠르지 않게 충분히 시간을 두고 이해가 된 다음에 단계별로 진행을 하는 것이 좋다.

비대면 강의에서 강사는 특히 내용을 정확하게 전달하기 위해 말의 속도를 조절할 필요가 있다. 수강자의 오디오 상태가 잘 갖춰지지 않은 경우가 대부분이고 전달에서의 시간차도 발생하기 때문에 또박또박 전달한다는 느낌으로 전달하는 것이 효과적이다. 정리하면 강사 스피치의 속도는 속도감은 있게 하되 전달력 있게 말하는 것이다.

특히 지양해야 될 것은 '음…, 아…, 에…, 저…'처럼 말을 시작하기에 앞서 붙는 불필요한 단어들이다. 말의 시작에 이런 불필요한 말을 습관적으로 하는 사람은 본인이 정작 이런 말을 많이 하는지 모르고 있는 경우가 있다. 때로는 말할 때 시간을 끌기 위해서나 생각하는 시간을 벌기위해서 '음…'과 같은 말을 이용할 필요도 있다. 그런데 이것이 습관이라면 고쳐야 한다.

고무줄을 늘였다가 놓았을 때의 느낌을 떠올려보라고 얘기하고 싶다. 말의 속도가 고무줄을 늘인 것처럼 늘일 수도 있고 늘인 고무줄은 놓았을 때처럼 튕겨져 나가는 속도로도 얘기할 수 있다. 고무줄을 당겼다가 놓듯이 늘어지지 않게 말하고 불필요한 말들로 시간을 빼앗기는 일이 없도록 강사는 말의 습관을 점검할 필요가 있다.

6) 강사의 말에 강조를 더하는 법

중요한 내용은 밑줄을 긋거나 별표를 그린다거나 형광펜으로 표시해서 기억에 남도록 하는 방법은 누구나 사용하는 방법이다. 그렇다면 강사가 말할 때 중요한 부분의 대한 강조는 어떻게 할 수 있을까? 말의 강조 기법을 정리하면 다음과 같다.

말의 속도의 조절 = 느리거나 빠르게
톤의 조절 = 높이거나 낮춤
크기의 조절 = 크거나 아주 작게
Pause = 강조하고자 하는 말 앞에 pause를 둬 집중하게 하는 강조 기법

강조하고 싶은 말을 기술적으로 표현하자면 일반적으로 속도는 느리게 톤은 높여서 목소리는 크게 얘기할 것이다. 그리고 중요한 부분의 앞에서 포즈를 둬 시선을 집중시키는 방법도 강조의 좋은 기법이다. 반대로 중요한 부분을 안 들릴 정도로 작게 얘기한 후에 "중요한 부분이라 일부러 작게 얘기 했어요"라고 역으로 표현하는 재치 있는 진행도 좋다. 강사 스피치가 처음부터 끝까지 일정한 톤으로만 이어지는 것보다 강조할 때 확실히 강조의 표현을 쓰고 빠르게 지나갈 부분을 빠르게 지나가는 강의 전체 스피치에 대한 완급이 필요하다.

2 찰떡같이 알아듣게 하는 강사 스피치

1) 쉽게 말하라

강사는 내가 아는 지식을 전달하기도 하고 가치를 전달하기도 한다. 즉 전달이 목적이다. 그런데 강의를 듣고 나도 잘 모르겠고 오히려 듣고 나면 더 어렵고 헷갈리게 되는 강의가 있다. 말할 때도 어려운 것을 쉽게 잘 풀어 얘기하는 사람이 있는가 하면 쉬운 것도 어렵게 말하는 사람이 있다. 강사가 강의의 목적을 이루기 위해서는 수강자가 초등학생이면 초등학생의 언어로, 중장년층이면 중장년의 언어로 말할 수 있어야 한다.

과외 선생님을 구할 때 피해야 할 선생님이 서울대생이라는 얘기를 들어 본 적이 있는가? 서울대생이면 당연히 공부를 잘할 것이고 잘 가르칠 거라고 생각한다. 하지만 다른 쪽으로 생각해 보면 서울대생은 문제를 못 풀고 어려워한 경험 보다 잘 풀었던 경험이 더 많았을 것이기 때문에 과외 선생님으로는 문제를 못 풀어 본 경험이 더 많은 사람, 공부를 못해 보기도 하고 하위권에 있다가 끊임없는 노력으로 상승해 본 사람이 더 좋은 선생님이라는 의견에 공감 가는 부분이 있다.

방송을 보면서 말이 어려워서 이해가 안 된다고 생각한 사람들은 아마 없을 것이다. 방송 언어는 우리나라의 표준어를 사용한다. 성인대상의 강의 수준도 방송 언어의 수준이라고 생각하고 말하면 된다. 수강자가 이해할 수 있는 말로 쉽게 설명할 수 있는 강사가 말을 잘하는 강사이다.

우리가 책을 읽을 때 어려운 주제에 대해 쓴 책인데도 다양한 계층의 사람들이 읽는다면 그 책은 쉬운 언어로 쓰여 있을 것이다. 미래 교육에 대해서 알고 싶을 때 저명한 박사의 논문을 찾아보는 것보다 먼저 미래 교육에 대해 알기 쉽게 쓴 책을 찾아서 읽어보는 것이 더 도움이 된다. 쉬운 말에 반감을 갖고 수준이 낮다고 반응하는 사람은 거의 없을 것이다. 잘 읽혀지는 글이 잘 쓴 글인 것처럼 스피치도 강사 자신을 위한 것이 아니라 수강생을 위한 쉬운 언어로 얘기하는 스피치가 가장 좋은 스피치이다.

2) 짧게 말하라

강사가 쉽게 말하는 것이 쉬운 일은 아니다. 내가 강의하고자 하는 내용을 완벽하게 이해하고 있어야 가능한 일이다. 책의 제목을 알고 있다고 해서 그 책을 읽었다는 착각이 드는 것처럼 대략 내용을 알고 있으면 잘하고 있다고 착각에 빠지게 된다. 완벽한 이해는 물론이고 듣는 사람을 위해서 설명을 생각하다 보면 덧붙일 내용들이 많아지고 그러면 말은 점점 길어진다.

쉬운 말의 특징은 간결하다. 많은 강사들이 말을 시작하면 문장을 제 때에 끊지 못하고 마냥 길게 얘기하기도 한다. ~ 해서, 우리가 ~하기 때문에, ~하고, 더 나아가서 한 문장이 몇 분 동안 이어진다. 자기소개서를 쓸 때에 성장과정 장단점 등 항목별로 500자~700자 정도 쓰는데 이 500자가 한 문장인 경우가 있다. 문장을 '~습니다'로 끊지 못하고 계속되는 접속사로 결국 주어와 서술어가 문맥이 맞지 않는 글이 돼 버리기도 한다. 말도 길어지면 길어질수록 초점이 흐려지는 말이 된다. 문장은 가능하면 짧게 끊어서 얘기하라.

3) 구어체로 말하라

문어체와 구어체는 엄연히 다르다. 대중 앞에서는 격식을 갖춰야 한다는 생각 때문에 문어체로 말하다 보면 부자연스럽고 어색하기 그지없는 강사가 된다. 구어체로 얘기하다 보면 수강생은 강사가 말을 걸어오는 듯한 친근한 느낌을 받게 된다. 특히 사람은 1대 1이라는 생각을 할 때 더 집중하게 된다. 비대면 강의는 수강생의 입장에서는 1:1의 상황이다.

수강생 그 한명과 대화를 한다고 생각하자. 전문 용어를 사용하는 건 어쩔 수 없는 일이지만 어려운 단어사용은 되도록 지양하고 편안한 일상대화를 나눈다고 생각하고 강의를 이끌어 나간다. 평소 대화할 때 잘 쓰지 않는 단어들을 강의에서 쓰지는 않았는지 나의 말을 글로 적어보는 것은 좋은 방법이다.

"비대면 강의와 기존의 방식이 혼재돼 급변하는 현 상황에서 새로운 비대면 프로그램을 선점하고 활용하는 강사의 적극적인 대응이 필요합니다."
→ "요즘은 비대면 강의와 대면 강의법이 모두 쓰이는데요, 그래서 강사는 새로운 비대면 프로그램을 적극적으로 배워야 합니다."

구어체는 대화하는 문체이고 문어체는 글을 위한 문체로 평소에 다른 사람들과 대화하면서 잘 쓰지 않는 단어들은 강의에서도 사용하지 않도록 한다.

4) 예시를 들어라

강의에서 원론적인 얘기가 진행되거나 이해가 안 되는 부분이 있는데 "예를 들어서 제가 이런 경우가 있었어요"라고 강사가 말하면 귀가 솔깃해진다. '예를 들어서'라는 말을 사용하는 이유는 알리고자 하는 주제에 대한 설명이 부족하다고 느낄 때이다. 경험의 에피소드만큼 주장을 뒷받침하는 좋은 자료가 없다. 나의 강의를 들으면 좋다고 아무리 강조해서 말하는 것 보다 나의 강의를 들은 사람이 어떻게 변화됐는지를 예로 들어 주는 것이 훨씬 설득적인 스피치가 된다.

기존에 증명된 사례를 들어서 설명을 뒷받침 하는 것도 좋고 내가 직접 경험한 내용 또는 다른 사람들이 경험한 에피소드를 활용하면서 이야기를 풀어 나가면 더욱 공감 가는 강의가 될 것이다.

3 수강생을 내 편으로 만드는 질문의 기법

강의를 잘하는 강사는 질문을 효과적으로 사용한다. 질문을 함으로써 수강생으로 하여금 주제에 대해 생각하고 호기심을 유발하도록 한다. 그리고 질문은 수강생들과 소통하는 가장 간단하면서도 탁월한 방법이다. 질문을 던져 대화를 나누고 실제로 대화를 나누지 않더라도 수강생은 마음속으로 질문에 대해 답을 하고 있을 것이다. 그렇게 보이는 대화와 보이지 않는 대화를 동시에 시작하는 것이 바로 질문이다.

"오늘 저는 여러분들과 유튜브 크리에이터의 A TO Z를 알아보기 위해 크리에이터란 무엇을 만들어 내는 사람인지 먼저 알아보려 합니다."

강사는 이렇게 혼자 얘기하는 것보다 질문을 던져 본다.

"오늘 저는 여러분들과 유튜브 크리에이터의 A to Z를 알아보려고 합니다. 크리에이터란 무엇을 만들어 내는 사람일까요?"

비대면 강의에서는 수강생이 어떤 자세로 어떤 상황에서 나의 강의를 듣고 있는지 알 수 없다. 강의를 정말 켜놓고만 있고 다른 것을 하는 수강생이 있다고 생각해 보자. 그런 학생이라도 질문을 하면 적어도 그 순간만큼은 대답을 하려고 할 것이다. 그렇다면 강의에서 효과적인 질문은 어떻게 하는 것인지 알아본다.

1) 열린 질문을 하라

수강생들의 다양한 반응을 유도하고 싶고 적극적으로 소통하는 강사가 되고 싶을 것이다. 그렇다면 질문을 할 때 '열린 질문'을 한다. 닫힌 질문은 대답이 '네, 아니오'로 끝나는 질문이고 열린 질문은 다양한 대답이 나올 수 있는 질문이다.

"오늘 날씨 좋지요?", "점심 먹었어요?"

이렇게 물어본다면 '네' 또는 '아니요'라고 대답할 수밖에 없다. 질문을 바꿔보자.

"오늘 같은 날씨에는 뭐가 하고 싶은가요?"

"점심은 뭘 먹고 싶은가요?"라고 질문한다면 다양한 대답이 나올 것이다.

사람마다 다른 답을 할 수 있는 열린 질문으로 마음을 열게 하라.

2) 질문은 쉽게 하라

강사의 질문이 어렵다고 생각해본 적이 있는가? 질문을 듣다가 질문의 요지를 파악하기가 어려워서 "질문의 요점이 무엇인가요?"라고 다시 물어야 하는 질문을 들어본 적이 있는가? 혹은 질문을 위해 설명을 덧붙여야 하는 질문을 받아 본 적이 있는가?

질문이 어려운 경우 수강생이라면 질문에 대답을 하고 싶은 마음이 사라질 것이다. 또는 너무 사적인 질문이어서 답을 공개하고 싶지 않은 질문을 하거나 주변의 시선을 의식해 의견을 말하기가 어려운 민감한 내용의 질문을 던진다면 수강생들은 선뜻 입을 열지 않을 것이다. 강사의 질문은 마음을 열고 소통을 위해서 하는 것이다. 질문은 듣자마자 바로 대답이 나올 수 있는 쉬운 질문을 하는 것이 좋다. 질문도 쉽고 대답도 쉽게 할 수 있는 질문을 선택한다.

3) 비대면 강의니까 대답은 채팅으로 유도

질문은 강의 시간 중에 언제든지 할 수 있다. 질문은 수강생들이 강의를 잘 듣고 있는지 확인하려고 할 때나 강의의 분위기를 환기시키기 위해 좋은 방법이다. 특히 비대면 강의에서는 카메라를 모두 꺼서 수강생들의 얼굴을 볼 수 없는 경우가 있는데 수강생들이 강의를 잘 듣고 있는지 확인하는 방법으로 질문을 던진다.

'대답은 채팅창에 맞으면 1번 틀리면 2번' 이런 방법으로 답을 하도록 유도한다. 채팅창에 1 또는 2라는 숫자가 수강생의 숫자만큼 올라온다면 이 수강생들은 집중을 잘 하고 있다는 증거인 셈이다. 강의 중간 수강생들의 참여도를 확인하기 위해 대답하기 쉬운 질문을 하고 대답도 편하게 할 수 있는 방법을 제시한다.

4) 수강생을 파악할 수 있는 질문을 하라

강사의 강의 주제는 이미 정해져 있는 상태에서 강의의 목표치를 높이려면 수강생들이 원하는 바를 세부적으로 파악할 필요가 있다. 수강생들에게 질문을 하고 손을 들도록 하면 말로 대답을 해야 하는 질문보다 적극적인 참여를 이끌어 낼 수 있다.

"여러분들 중에 ㅇㅇㅇ에 대해 들어 본적이 있는 분 계신가요?"
"들어 본 적이 있는 분들 중에 직접 사용해 보신 분은 있을까요?"
"사용해 보신 분 들 중에 자유롭게 활용할 수 있는 분은 누구이신가요?

이제 손을 드는 수강생들의 숫자를 보면서 기초단계 수준의 강의를 할 것인지 기초는 가볍게 지나가고 단계를 높여 강의를 할 것인지 정하면 된다.

5) 눈빛이 반짝이는 수강생 한명에게 질문하라

강의 중에 유독 눈에 띄는 수강생이 있다. 수강생의 분위기, 태도, 반응 등 강의를 힘이 나게 하는 수강생이 있는가하면 질문을 던졌을 때 갑자기 눈빛이 반짝이는 수강생을 만나기도 한다. 듣고만 있는 강의보다 참여 형 강의를 원하는 수강생이 보인다면 그 수강생을 중심으로 대화를 이끌어간다. 그 한명의 대답으로 웃음이 터져 나올 수 있고 그 한명의 대답으로 강의의 흐름이 바뀔 수도 있다.

정반대로 강의에 전혀 관심이 없어 보이는 수강생에게 강사가 먼저 관심을 보일 수도 있다. 카메라도 오디오도 켜지 않고 이름도 알 수 없는 수강생. 화면의 제일 구석에 있는 수강생 한명에게 질문해 본다. 수강생은 대답을 함으로 이 강의에 참여하고 있다는 생각이 들고 강사를 향해 마음을 열게 될 것이다.

6) 때로는 집중 인터뷰가 효과적이다

질문하는 강사는 곧 수강생과 소통하는 강사이다. 그런데 이 질문을 좀 더 심층적으로 인터뷰 형식으로 참여 형 강의를 이끌어나갈 수도 있다. TV 프로그램이나 강연장에서 게스트 한명이 무대 위로 올라가는 경우를 종종 보았을 것이다. 수강생은 자신과 같다고 생각하는 사람이 등장하는 것 자체로 관심을 불러일으키는 상황이 된다. 강사의 강의도 중요하지만 강의 내용에 대한 수강생의 생각도 궁금하고 수강생의 대답과 행동들에 더 깊이 공감하게 된다.

다양한 상황에 대처할 수 있는 질문을 잘 알고 활용 할 수 있는 것만으로도 강의는 이미 반은 성공한 거나 다름없다. 강사 혼자서 일방적으로 얘기하는 강의가 아닌 소통하는 강의를 위해 수강생을 향해 질문을 시작한다.

강의를 하면서 내 편이 한 명이라도 있는 것만큼 든든한 경우가 또 있을까? 강의할 때 강사에게 항상 든든한 아군이 나타나지는 않는다. 강사가 아군을 만들기 위한 좋은 기회가 바로 질문을 하는 것이다. 사람들은 자신의 손을 거친 무언가를 더 신뢰한다. 질문으로 수강자가 강의에 주도적으로 참여했다는 느낌을 갖게 하자. 질문을 할 때는 위에서 언급한 질문의 방법을 되새겨보기 바란다.

4 강사의 리액션은 방청객처럼 "아하!"

"여러분 4차 혁명이 무엇인가요?"라는 강사의 질문에 수강생들은 4차 혁명에 대해 아는 것들을 하나씩 대답하기 시작한다. 정보통신, 사물인터넷, 빅 데이터, 인공지능 등 알고 있는 4차 혁명에 관한 것들을 얘기할 것이다.

'정보통신 기술(ICT)의 융합으로 이뤄지는 차세대 산업혁명으로 18세기 초기 산업혁명 이후 네 번째로 중요한 산업시대이다. 이 혁명의 핵심은 빅 데이터 분석, 인

공지능, 로봇공학, 사물인터넷, 무인운송수단, 3차원 인쇄, 나노기술과 같은 분야에서 새로운 기술혁신이다.' 이런 정답에 가까운 대답은 사실 잘 나오지 않는다.

그렇다면 대답을 한 수강생들에게 강사는 어떻데 반응 할 것인가? "크리에이터는 어떤 사람인가요?"라며 질문을 던진다. '유튜버? 만드는 사람? 새로운 아이디어를 영상으로 만드는 사람? 예술가?' 등의 질문에 대해 대답을 한 수강생들에게 나는 어떤 반응을 하고 있었는지 생각해 보자.

"아~, 그렇지 크리에이터를 그렇게 생각할 수도 있네요."
"크리에이터에 대한 새로운 생각을 얘기했어요."
"아이디어 좋은데…. 이런 대답은 처음인데 깜짝 놀랐어요."
그리고 "조금 더 덧붙여 얘기하자면" 혹은 "또 다른 방향으로 생각해 본다면 000라고 할 수도 있습니다"라고 반응해 주는 건 어떨까?

"아니 그 대답은 조금 부족하죠?"
"초보 티가 나는 대답이었어요."
"방향이 틀렸잖아요."
"내가 바라는 대답과는 전혀 다른 생각인데요."

강사가 후자처럼 얘기하는 순간 질문에 대한 답은 더 이상 나오지 않고 수강자들은 입을 닫을 것이다. 강사는 질문을 던지고 답을 하는 수강생들에게 최대한의 리액션을 해야 한다. 방송에서 출연자들이 말을 할 때마다 반응하는 전문 방청객 아르바이트가 있다. 그 방청객들은 리 액션을 환호에 가깝게 연습을 한다.

비대면 강의에서의 리액션은 대면 강의에서의 리액션보다 상대방에게 축소되게 느껴진다. 비대면 강의에서 수강생이 대답을 하면 리 액션은 몇 배 이상으로 한다고 생각하자. 고개를 끄덕여도 머리를 위아래로 크게 흔들고 박수를 쳐도 탬버린을 치듯이 박수를 치면서 수강생에게 반응하자. 강사의 리액션은 방청객처럼!

5 문장의 마무리는 다양하게 해보자

문장의 서술어미처리만 다양하게 해도 말은 훨씬 자연스럽게 들린다. 다양하게라고 했지만 우리가 사용하는 서술어미의 종류가 그렇게 많지는 않다. 어미처리를 다양하게 하는 방법은 우선 어미의 선택을 다양하게 하는 것이다. '~습니다' 라고만 끝내는 것보다 '~는데요, ~구요, ~하거든요, ~하네요' 등 여러 가지를 섞어서 말하는 습관을 가져본다. 자신의 강의를 그대로 녹취해서 들어보는 것을 꼭 해보기를 바란다. 몰랐던 자신의 말의 습관을 알아 낼 수 있을 것이다.

6 비언어적인 요소를 사용하라

스피치에 대해 관심이 있는 강사들이라면 '앨버트 메라비언의 법칙(The Law of Mehrabian)'에 관심을 갖기를 바란다. 한 사람이 상대방으로 받는 이미지는 시각이 55%를 차지하고 청각 38%, 언어 7%에 이른다는 법칙으로 커뮤니케이션 이론에서 중요시 되는 이론이다.

여기서 시각적 이미지는 보이는 부분 즉 표정, 자세, 복장과 제스처를 말하고, 청각은 목소리의 색깔이나 톤처럼 들리는 감각을 뜻한다. 언어는 말의 내용을 얘기하는데 이 이론에 의하면 호감, 비호감에 따라 상대방이 하는 말의 내용이 차지하는 비중은 7%로 상당히 미미하다.

하지만 말의 내용과 직접적으로 관계가 없는 비언어적인 요소가 93%나 차지한다는 것이다. 강사는 주제에 대한 내용을 전달하는 사람이기 때문에 언어적인 요소 즉 내용이 물론 중요하다. 여기에 비언어적인 요소를 더한다면 전달의 효과는 배가 될 것이다.

눈빛은 어떻게 할 것인가? 표정은 어떻게 지을 것인가? 자세는 어떻게 할 것인가? 제스처는 어떻게 할 것인가? 비대면 강의에서 제스처를 위해서는 손이 중심이 되는데 그렇다면 중요한 부분의 핵심을 얘기할 때 손의 모양은 어떻게 하는 것이 좋을까? 박수를 친다면 어떻게 치는 것이 신나게 보일까? 긍정의 제스처는 어떤 것일까? 산만하지 않을 정도로 손과 팔을 사용하는 효과적인 방법은 무엇이 있을까?

비언어적인 요소는 아무리 강조해도 지나치지 않는다. "맞아요"라고 말로만 대답하는 것보다 고개를 끄덕이면 긍정의 느낌을 배가 될 것이다. "오늘의 핵심은 세 가지입니다"라고 말로만 하는 것보다 손가락 세 개를 보여준다면 세 가지가 더 강조 될 것이다.

손바닥을 보이면 열린 마음이라는 제스처이다. 주먹을 쥐어 보여 핵심을 강조한다던지, 기도하는 손으로 바람을 말하며 힘을 더한다든지, 중요한 부분이라고 얘기하면서 주먹을 폈다 쥐었다를 반복한다든지, 화면을 통해 나를 바라보고 있는 수강생들에게 비언어적인 요소로 전달할 수 있는 나만의 방법을 개발해 보자.

비언어적인 요소로 소품을 활용해 보는 것도 추천한다. 컵을 실물로 보여주면서 "여기에는 무엇이 담겨 있을까요?"라고 질문을 한다던가, 따뜻함을 표현하기 위해 따뜻함을 느낄 수 있는 물건을 보여 준다던가, A4용지에 중요한 단어를 써서 보여주는 아날로그 적인 방법, 학교 종을 연상하게 하는 작은 종으로 소리를 내기까지 강의의 효과를 더하는 비언어적인 요소의 사용을 위한 강사들의 아이디어와 노력은 쭉 이어져야 한다.

7 강사님 저 좀 봐주세요!

나는 강사이자 동시에 수강자이기도 하다. 그래서 강의를 들을 때 되도록 강사에게 열심히 대답하고 공감하는 눈빛을 보낸다. 그런데 강사가 수강자를 바라보지 않고 외면할 때가 있다. 눈과 눈을 맞추는 것을 '아이콘택트'라고 한다.

방송에서는 카메라와의 아이콘택트는 필수이다. 카메라는 곧 사람의 눈이다. 아나운서들이 카메라를 정면으로 봐야 시청자들은 아나운서가 시청자를 바라보고 있는 것으로 생각하게 된다. 아나운서가 뉴스를 진행하면서 카메라를 보지 않으면 그것은 NG이다. 비대면 강의에서는 어떠한가? 컴퓨터와 연결된 카메라를 정면으로 봐야 수강생들은 강사가 자신을 바라보고 있다고 생각하게 한다. 카메라 렌즈를 똑바로 본다는 것은 그만큼 중요하다.

간혹 비대면 강의에서 정면을 보지 않고 옆모습만을 보이거나 배경 위주로 화면을 구성하는 강사들이 있다. 물론 그것은 강의의 콘셉트일 수도 있고 앞모습 보다는 옆모습에 자신이 있어서 의도적으로 그렇게 할 수도 있다. 하지만 수강자의 입장에서 계속 나와 눈을 마주치는 강사와 눈을 마주치지 않고 PPT 화면만을 바라본다거나 아예 처음부터 옆모습만을 보이는 강사가 있다면 어떤 강사가 수강생과 더 소통이 잘 된다는 느낌을 받을 지를 생각하고 나의 시선을 결정하기 바란다.

대화를 할 때에 사람의 눈을 보고 얘기하는 것은 대화의 기본자세이다. 비대면 강의는 물론 온라인을 통해서라는 차이가 있지만 그러기에 적극적으로 소통하려고 하고 수강생을 바라보고 말하는 것, 카메라를 보고 말하는 것이 중요하다는 것을 꼭 기억하기 바란다.

8 PPT 보다 강사의 얼굴을 자주 보여줘라

비대면 강의에서 강의를 시작하고 초반에는 강사가 인사와 아이스 브레이킹 또는 강의 개요 설명들을 하면서 강사의 얼굴을 보이지만 강의 PPT를 열면서부터는 끝날 때까지 강사의 얼굴이 화면에 보이지 않는 경우가 대부분이다. 비대면 강의 또는 강의 영상 촬영에서 강의처마다 요구하는 바가 차이가 있는데 강의처의 공통된 요구 사항은 강사가 수강자와 소통하면 좋겠다는 것 그리고 강사의 얼굴이 많이 나왔으면 좋겠다는 것이다.

강사가 자신의 얼굴을 보이고 강의하는 데는 여러 가지 방법이 있다. 다음의 비대면 강의 중에서 수강자라면 어떤 화면 구성에서 강사와 소통이 더 잘 된다는 느낌을 받을까?

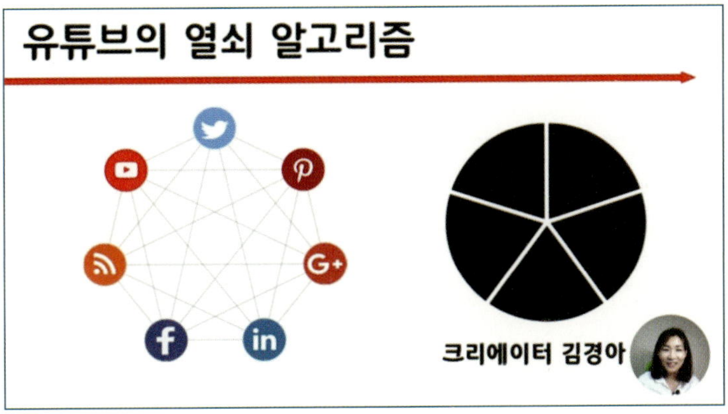

[그림2] 강사의 화면 구성

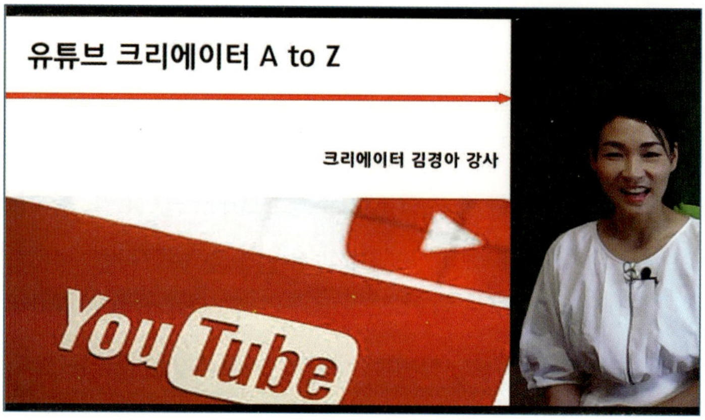

[그림3] 강사의 화면 구성

물론 강의 PPT에 집중을 해야 하는 경우도 있다. 그럴 때는 나의 얼굴을 최소화하거나 PPT 만을 화면에 띄우지만 대부분의 경우 강사는 화면에 자주, 여러 번 등장해서 수강자와 소통한다는 느낌을 주는 것이 좋다. 줌에는 화면 공유 시에 고급 기능을 활용해 강사가 PPT의 앞으로 나타나도록 할 수 있다.

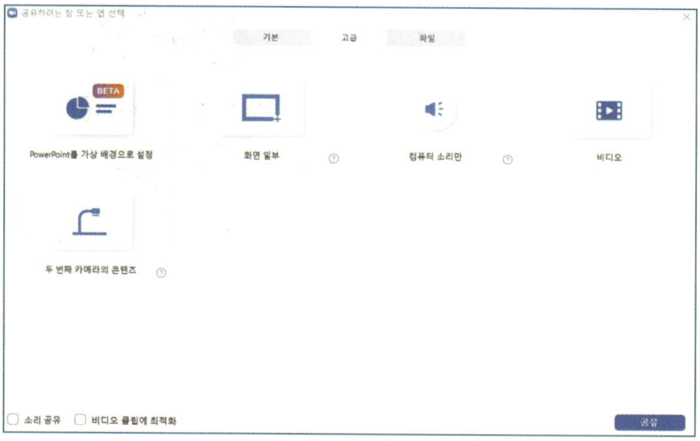

[그림4] 줌 고급기능

줌의 화면공유의 고급 기능 중에 'PowerPoint를 가상배경으로 설정' 탭으로 들어가면 화면에 PPT가 나오고 PPT 위로 강사의 얼굴도 같이 등장한다. 그리고 마우스를 이용해 강사의 위치를 조정할 수 있다. 강의 내용에 따라 강사가 같이 움직이면서 얘기한다면 더 생동감이 느껴지고 강조할 부분으로 강사의 위치를 옮겨서 얘기한다면 수강생들의 기억에 잘 남을 수 있을 것이다.

다음 그림처럼 비대면 강의 시에 이동을 하면서 강의를 하면 어떻게 하는지 방법을 많이 물어본다. 줌의 고급 기능을 적극 활용해 보자.

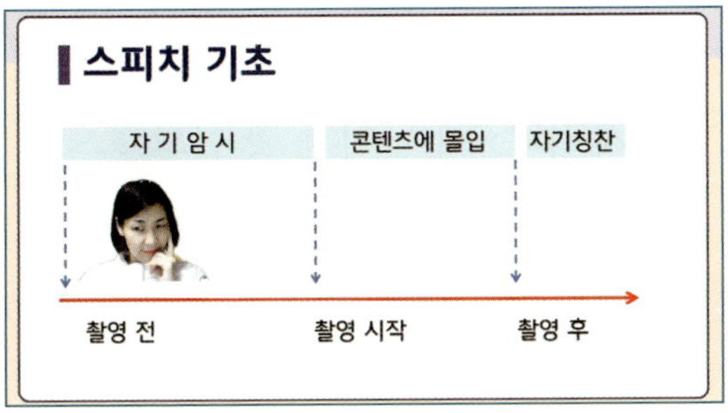

[그림5] 화면이동 1

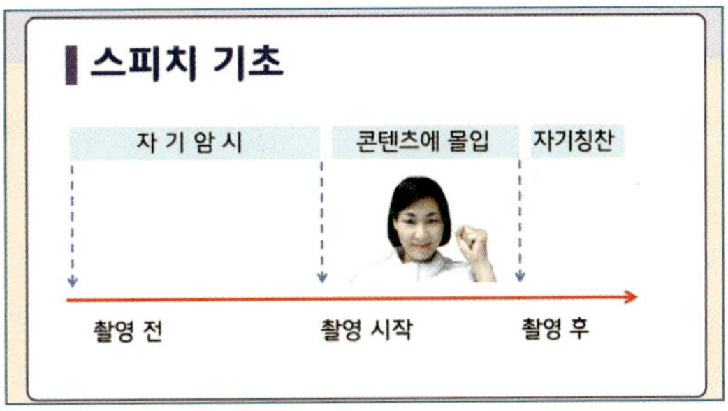

[그림6] 화면이동 2

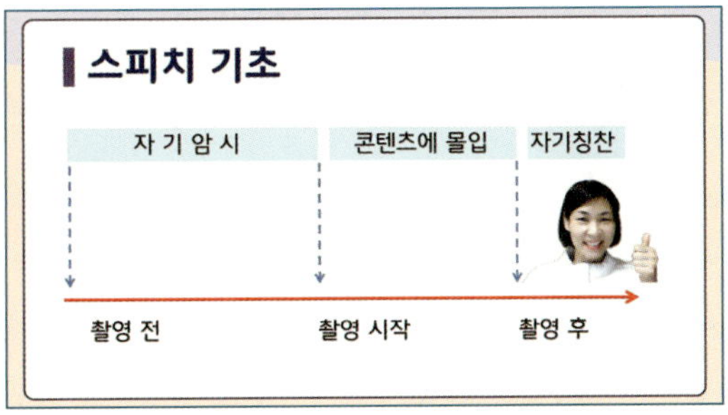

[그림7] 화면이동 3

9 비대면 강사가 절대 하지 말아야 할 것

1) 자신의 프로필에 집착하지 마라

어떤 강사의 프로필을 보면 강의를 했던 강의 처와 강의 내용들이 빼곡히 들어있다. 자세히 내용을 보면 강의 처들을 일일이 다 기록해 놓은 것이다. 강의처가 많았던 것을 알리고 싶은 강사의 마음은 이해가 되지만 그렇게 프로필을 보여주는 데에 집착하는 강사들은 오히려 자신감이 없게 느껴진다.

대표할 만한 강의 처 몇 군데만으로도 충분하다. 수강생들은 강의 처 내용을 일일이 다 살펴 보지 않는다. 그리고 강사 소개를 하는데 너무 많은 시간을 쏟지 말기를 바란다. 강의 시간 50분에 강사소개만 5분 그리고 “제 나이가 몇 살로 보이세요?”와 같은 상투적인 질문은 금물이다.

2) 피드백을 지나치게 내세우지 마라

강의를 하다보면 수강생들에게 감사 인사를 받을 때 강사들은 보람을 느낀다.

“강사님 덕에 비대면 강의라는 새로운 세계를 알게 되어 고맙습니다.”
“드디어 컴맹이 크리에이터가 되다니 꿈만 같아요.”
“강사님 덕에 자신감을 찾고 새로운 내가 되었어요. 인생의 스승입니다.”

강의의 피드백은 강사에게 늘 힘이 되고 간직하고 싶은 내용들이고 그렇게 피드백을 하는 수강생들에게는 고마울 뿐이다. 이 피드백은 강사들의 홍보 자료로 사용하기도 한다. 홍보를 위해 피드백들을 모아 적극 활용하는 강사들도 많이 봤다. 상품을 사고 좋은 후기가 상품의 구매에 결정적인 역할을 하듯이 후기를 모아 활용하는 것은 강사를 선택하는데 중요한 자료가 될 수 있다.

그래서 강사가 블로그에 포스팅을 할 때에 후기 사진을 직접 캡처하거나 후기를 직접 올리도록 수강생들에게 부탁하기도 한다. 하지만 강의 피드백에 지나치게 의존하지는 말자. 나쁜 피드백은 강사 스스로가 소문내고 알리지도 않을 터, 스스로 올린 좋은 피드백은 보이기 위한 것이라는 느낌이 앞서기 때문이다.

3) 혼자 웃고 혼자 울고

강사가 무슨 좋은 일이 있었는지 싱글 벙글 이다. 강사의 표정은 당연히 찡그리거나 무표정보다는 밝은 얼굴이 훨씬 좋다. 그런데 처음에는 기분 좋게 강의를 시작하는 거라고 생각했는데 계속 웃는다. 별로 웃기지 않는데 계속 웃으면서 강의를 진행한다. 그런데 강사가 실수를 하고는 또 웃는다. 이쯤 되면 '그만 웃지' 하는 생각이 든다.

'실수를 한 상황이면 죄송해 하고 실수하지 않도록 진행을 해야 할 텐데 웃음으로 넘기는 건가?', '웃을 시간에 실수를 만회라도 하지' 등 웃음이 지나친 강사를 보며 수강자는 여러 가지 생각을 할 것이다.

반대로 어떤 강사는 본인의 이야기를 하면서 눈물을 흘린다. 물론 강사와 수강자가 하나로 교감돼 같이 웃고 같이 눈물짓는 강의는 최고의 강의이다. 하지만 모든 수강자가 공감하지는 않는다는 데에 함정이 있다. 어떤 수강자는 강의를 통해 배우기 위해 강의에 참석한 것이지 강사의 개인적인 얘기에 빠져 눈물짓는 것을 보고 싶지 않을 수도 있다.

비대면 강의에서 모두가 웃고 모두가 눈물짓는 강사와 수강생의 교감은 대면 강의보다는 쉽지 않다. 비대면 강의를 듣는 사람의 환경과 상황이 다 다르고 변수가 다양하기 때문에 강의 내용과 직접적인 소통이 우선이다. 강사 본인의 감정을 수강자들이 다 공감하고 동의 할 거라는 생각은 버리고 본인이 아닌 수강자의 이야기에 귀를 기울이는 데에 더 초점을 맞춰야 할 것이다.

Chapter 4

비대면 강의 및 회의 시 갖춰야 할 기본 소프트웨어

김민경 김현정 손윤숙

코로나19로 인해 언택트 시대가 더욱 빨리 다가오면서 컴퓨터나 스마트폰을 이용한 강의 및 회의가 많이 늘어나고 있다. 저자는 비대면 시대에 현장에서 강의를 하는 한사람으로서 비대면으로 강의나 회의 주관자가 갖춰야 할 기본 소프트웨어를 설명하고자 한다.

1 컴퓨터 마우스 포인터 장착하기

강의나 회의를 컴퓨터로 활용하면서 컴퓨터의 기본프로그램을 다룰 줄 알아야 참가자들과 소통이 원활해지는데 여기서 가장 필요한 도구로 첫 번째 마우스 포인터를 장착해보겠다.

1) 제어판에서 마우스 선택하기

제어판 

에서 [그림1]과 같이 '하드웨어 및 소리'를 클릭 후 장치 및 프린터에서 '마우스'를 선택한다.

[그림1] 컴퓨터 제어판 화면

2) 포인터 옵션 활성화시키기

[그림2]와 같이 마우스 속성에서 '포인터 옵션'을 클릭해 맨 하단에 있는 '〈Ctrl〉키를 누르면 포인터 위치 표시'를 활성화 시키고 적용한다.

그럼 마우스를 원하는 곳에 갖다 대고 〈Ctrl〉키를 누를 때 마다 그곳에 원형의 포인터가 보여 대상을 찾기 쉬워지는데 이 기능은 특히 시니어들을 교육할 때 필요하다. 비대면 강의나 회의 시 PPT 화면을 공유해 진행할 때 참가자들이 더 쉽게 어디를 봐야 하는지 또는 어디를 찾아야 하는지 쉽게 알려 줄 수 있어 소통이 쉬워진다.

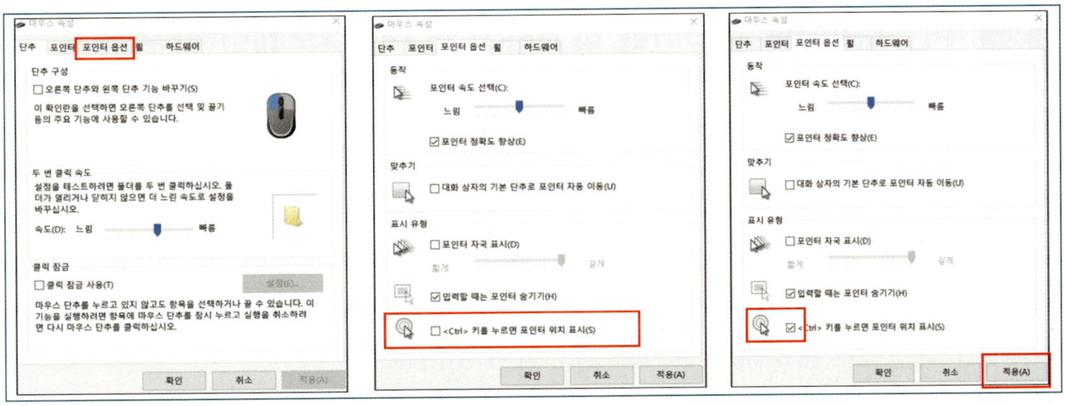

[그림2] 컴퓨터 마우스 속성 화면

3) 다른 방법으로 추가 마우스 옵션 찾기

자신의 컴퓨터에서 제어판을 찾기 어렵다면 다른 방법으로 컴퓨터 하단 작업표시 줄에 위치한 검색 창에 '마우스'를 검색한다. 또는 설정 에서 '장치'를 [그림3]과 같이 선택해 '추가 마우스 옵션'을 찾을 수 있으며 그 다음부터는 [그림2]에서 보여준 과정과 같이 '〈Ctrl〉키를 누르면 포인터 위치 표시'를 활성화 시키고 적용한다.

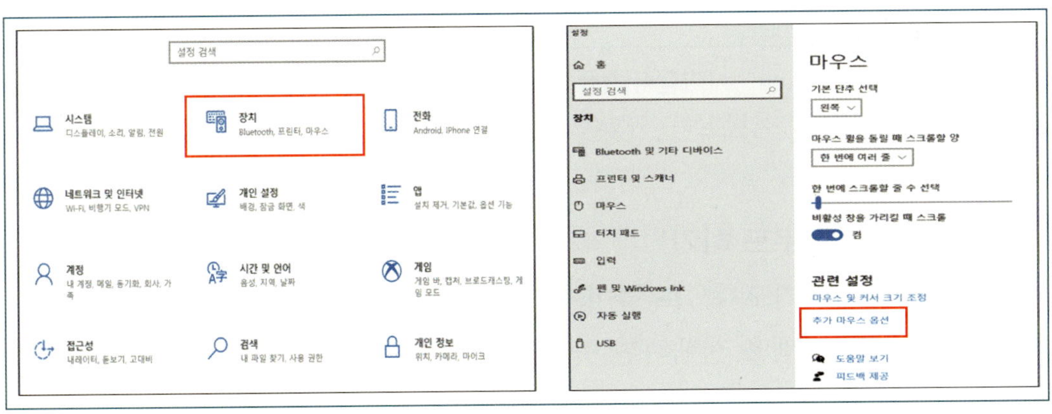

[그림3] 컴퓨터 속성 화면

2 PC 카카오톡 프로그램 설치하기 및 PC 오픈채팅 방 만들기

비대면 강의 및 회의에서 PC 카카오톡은 단체로 회의정보나 다양한 정보를 전달하는데 있어서 꼭 필요하며 기본적으로 화상강의 및 회의 프로그램과 같이 활성화해서 사용하면 편리하다. 저자도 기본 강의나 회의 시 무조건 PC 카카오톡을 로그인해 스마트폰의 정보를 공유하며 오픈채팅 방을 만들어 회의정보(화상회의 ID와 비번) 및 멤버들을 관리하는 도구로 사용하고 있다.

1) PC 카카오톡 프로그램 설치하기

(1) 구글에서 '카카오톡' 검색하기

[그림4]처럼 구글 검색 창에서 '카카오톡'을 검색하고 실행한다.

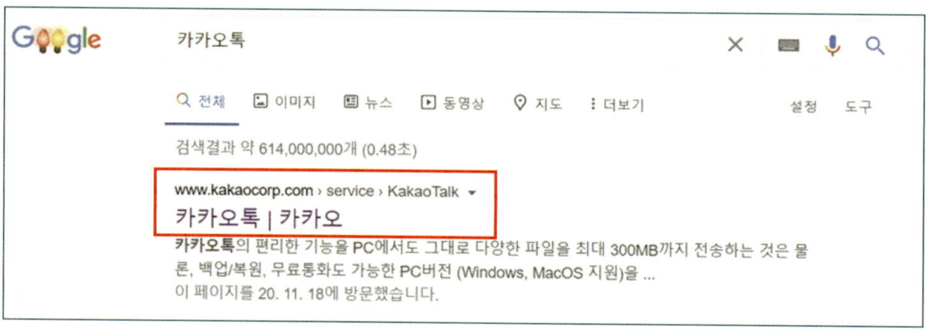

[그림4] 컴퓨터 구글 검색 창 화면

(2) 실행파일 다운로드 하기

[그림5]와 같이 카카오톡으로 들어가 오른쪽 상단 '다운로드'를 클릭해 나의 PC 사양에 맞는 프로그램을 선택하면 아래 왼쪽 하단에 실행파일(.eXe)이 다운로드 됐음을 확인할 수 있다.

[그림5] 컴퓨터 카카오톡 홈페이지 화면

(3) 설치하기

[그림6]과 같이 왼쪽 하단 설치프로그램 다운로드가 완료 되면 '∧'를 클릭 후 '열기'를 하면 바로 '카카오톡 설치를 시작합니다.'라는 설치 시작을 알려주는 화면이 뜨며 하단의 다음을 클릭한다.

[그림6] 컴퓨터 카카오톡 pc프로그램 다운로드 중인 화면

(4) 바로가기 만들기와 시작페이지 설정하기

설치 시 [그림7]과 같이 바로가기 만들기와 시작페이지 설정은 본인에 맞는 구성요소를 선택해서 폴더 선택 후 하단의 다음을 클릭한다.

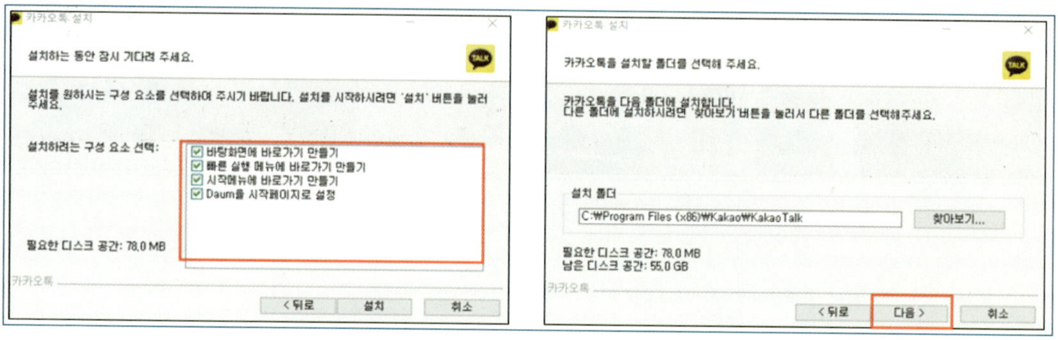

[그림7] 컴퓨터 카카오톡 PC 프로그램 설치 화면

(5) 설치완료하기

[그림8]과 같이 자동으로 설치 프로그램이 돌아가고 완료 되면 마침을 클릭해 설치를 완료하면 된다.

[그림8] 카카오톡 PC프로그램 설치 중 및 완료 화면

(6) 카카오 계정 찾기

PC 카카오톡 로그인시 [그림9]에서 ⑤와 같이 본인인증을 통해 계정을 찾으면 된다.

[그림9] PC 카카오톡 홈 화면에서 카카오계정 찾는 방법

2) PC에서 오픈채팅 방 만드는 방법

(1) 카카오톡 채팅 방에서 새로운 오픈채팅 방 만들기

[그림10]과 같이 자신의 카카오톡 채팅 방을 열어 오른쪽 상단의 오픈채팅 방 '🗪'아이콘을 클릭하고 다음화면에서 '+'를 눌러 새로운 오픈채팅 방을 만든다.

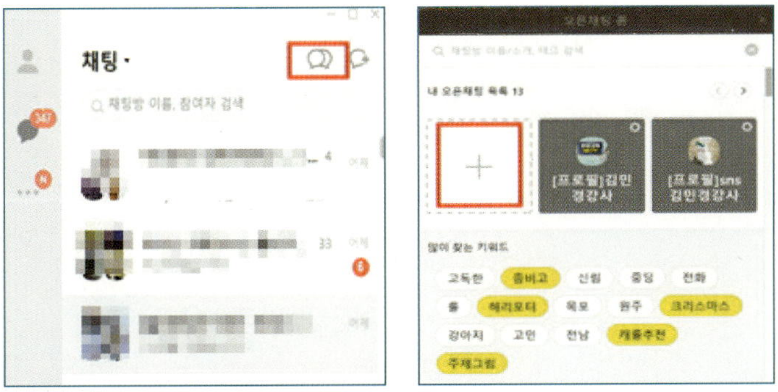

[그림10] PC 카카오톡에서 오픈채팅 방 만들기 선택 화면

(2) 순서대로 오픈채팅 방 개설하기

[그림11]과 같은 순서로 PC 카카오톡에서 오픈채팅 방을 개설한다.

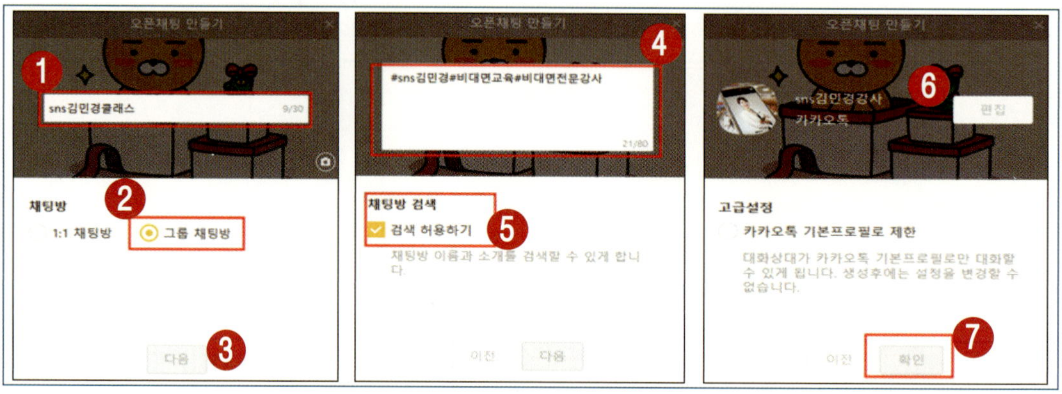

[그림11] PC 카카오톡에서 오픈채팅 방 만들기 과정

(3) 오픈채팅 방 개설 후 링크 복사하기

카카오톡 오픈채팅 방이 개설 되면 [그림12]와 같이 우측 상단의 세줄 표시를 클릭해 '링크 복사'를 통해 참여자들에게 링크를 알려 주고 참여자들이 들어오면 줌 강의실 또는 회의실로 안내하면 된다. 카카오톡의 일반 채팅 방도 유용하지만 오픈채팅 방은 관리자가 관리하기에 더 좋은 장점들이 있어 오픈채팅 방을 추천한다(단, 오픈채팅 방은 10개만 개설이 가능하다).

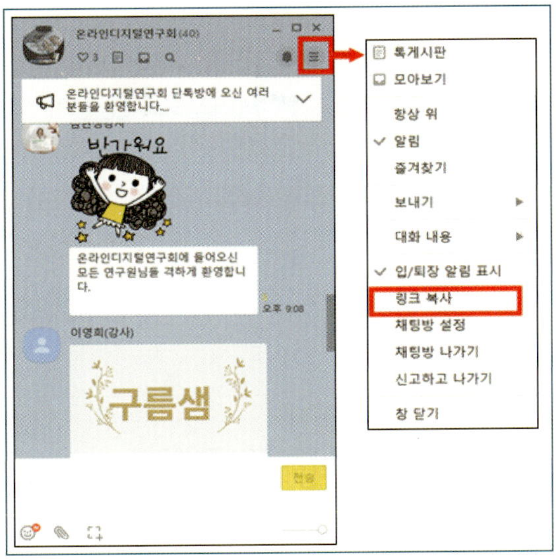

[그림12] PC 카카오톡 오픈채팅 방 개설 후 링크 복사하기

3 미러링 시스템(Mirroring System)

'미러링 시스템(Mirroring System)'이란 인터넷에서 사용자들이 많이 이용하는 서버의 내용을 일정한 시스템에 그대로 복사해 그 정보의 이용자들에게 서비스를 제공해 주는 시스템으로써 화상강의 및 회의에서 가장 필요로 하는 시스템이다.

강의나 회의 때 참가자들의 문제 발생 시 상대방의 내용을 미러링해서 해결해 줄 수 있으며 화면 공유 시 스마트폰의 내용을 그대로 미러링 해서 서로 정보를 공유할 때도 사용할 수 있다. 미러링의 종류로는 팀뷰어, 애니데스크, 크롬원격제어 그리고 줌 안에서 원격제어 방법 등이 있다.

먼저 [표1]을 통해 미러링의 대표 3인방에 대한 장·단점을 비교해본다.

	팀뷰어 PC와 스마트폰 제어프로그램	크롬원격제어 PC제어프로그램	애니데스크 PC와 스마트폰 제어프로그램
공통점	스마트폰은 앱을 설치해야한다.		
PC 프로그램 설치	O	O	X - 웹사이트에서 바로 접속해서 사용
제어가능 영역	- PC에서 PC제어 - PC에서 스마트폰제어 - 스마트폰에서 PC제어	- PC에서 PC제어 - 스마트폰에서 PC제어	- PC에서 PC제어 - PC에서 스마트폰제어 - 스마트폰에서 PC제어
사용료	무료 버전과 유료 버전 - 무료버전(개인용)으로 기본 사용 가능	무료버전	무료 버전과 유료 버전 - 유료 버전이 저렴하다. (1년마다 갱신해야 한다.)

[표1] 미러링 대표 3인방 장·단점 비교표

1) 팀뷰어

(1) PC에서 팀뷰어 설치하기

① PC를 통해 구글이나 네이버에서 '팀뷰어'를 [그림13]과 같이 검색해 팀뷰어로 들어간다.

② 개인용은 무료이며 비상용 목적의 프로그램을 다운로드 한다.

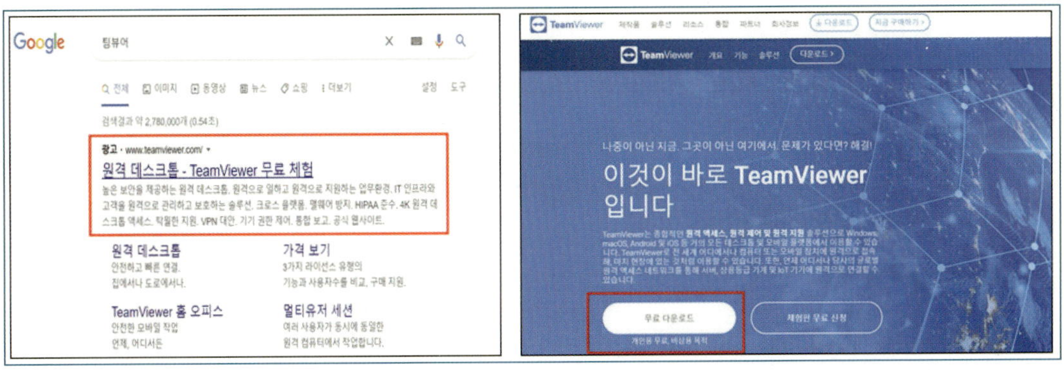

[그림13] 컴퓨터 팀뷰어 검색화면 후 팀뷰어 홈 화면

③ [그림14]와 같이 다운로드하면 왼쪽하단에 실행파일(.eXe)이 다운로드 되고 다운로드가 완료되면 ①의 '∧'를 클릭하고 ② 열기를 선택한다.

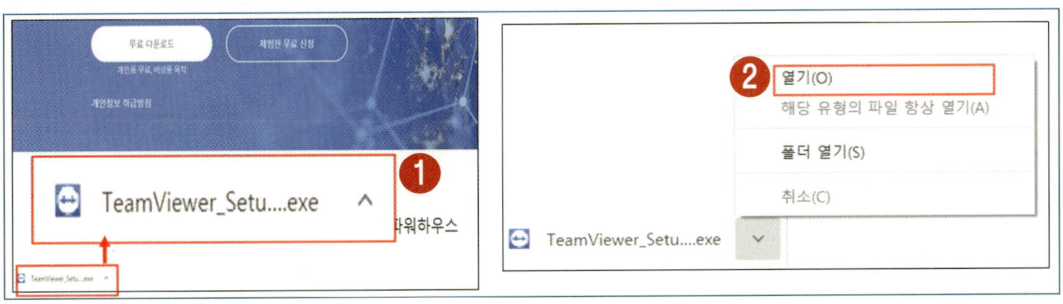

[그림14] 확장프로그램 다운로드 받아서 열기

④ [그림15]에서처럼 '실행'을 클릭하고 '설치'를 선택한 후 '동의-다음'을 클릭하면 [그림16]과 같이 자동 설치된다. 설치가 다 완료되면 두 번째 '아니요, 개인용 TeamViewer로만 필요합니다.'를 클릭하고 종료하면 무료버전을 사용하는 것으로 설치가 마무리 되며 바탕화면에 팀뷰어 아이콘이 형성된다.

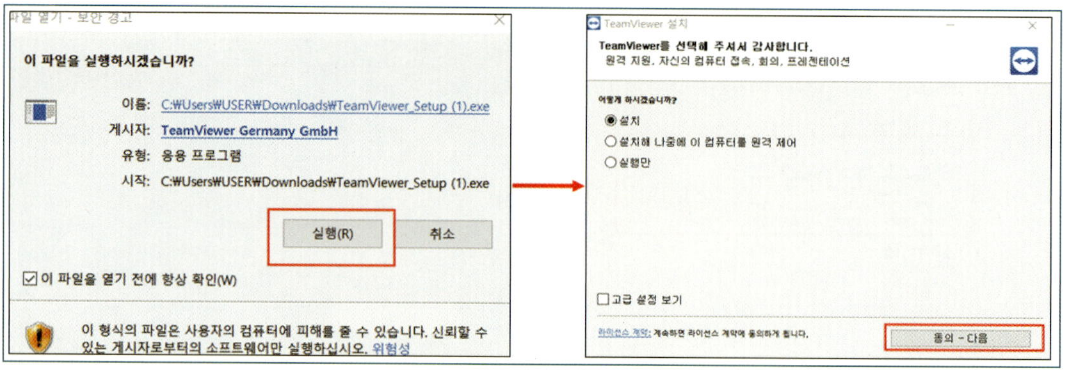

[그림15] 팀뷰어 설치 과정

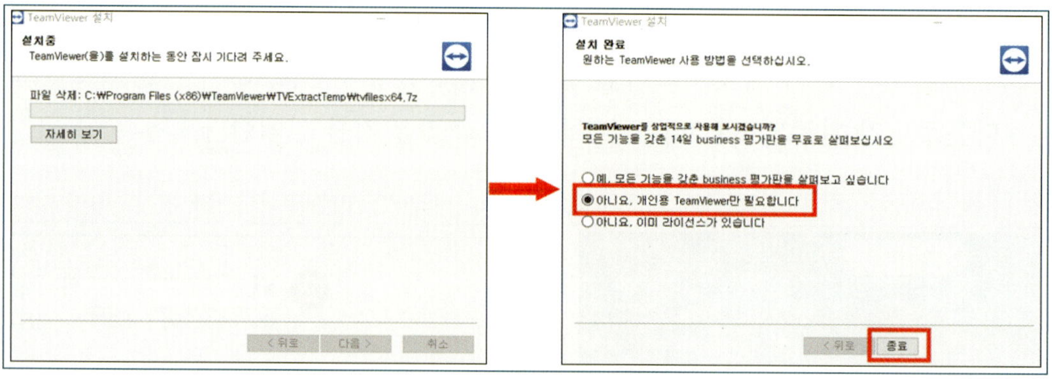

[그림16] 팀뷰어 설치 화면

(2) 스마트폰 팀뷰어퀵서포트 설치하기

스마트폰 제어를 위해서는 구글스토어나 앱스토어 에서 '팀뷰어퀵서포트 '를 설치한다. 설치는 [그림17]과 같은 단계를 거쳐서 권한 허용 활성화까지 해야 사용이 가능하다. 이 과정은 스마트폰의 사양에 따라 권한 허용이 자동으로 되는 경우도 있다.

[그림17] 스마트폰 앱스토어 또는 플레이스토어에서 팀뷰어퀵서포트 설치화면

팀뷰어는 [그림18]과 같이 각 기기마다 고유 ID와 비밀번호를 형성시켜서 그 기기를 인식하도록 돼 있다. [그림18]에서 ②번은 원격제어를 해줄 컴퓨터 ID로 본인의 컴퓨터를 나중에 원격제어 받을 때 불러 줄 ID이다. ③번은 원격제어 받을 사람의 컴퓨터 ID나 스마트폰 팀뷰어퀵서포트 화면의 ID를 넣는 곳이다. PC와 스마트폰에 팀뷰어 프로그램과 앱이 설치되면 원격제어 또는 미러링 할 때 화면은 [그림18]과 같다.

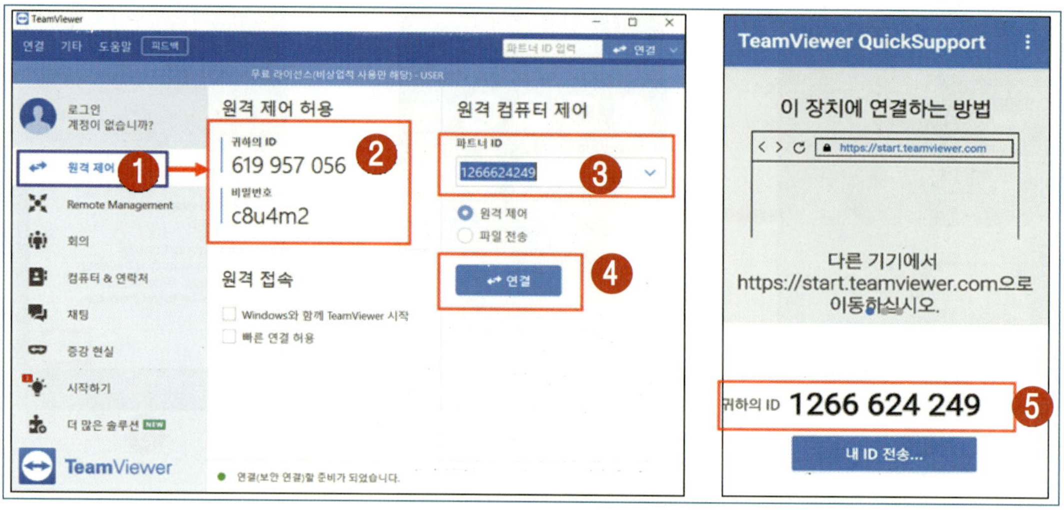

[그림18] 왼쪽 - 원격제어해줄 PC화면, 오른쪽 - 원격제어 받을 스마트폰 팀뷰어퀵서포트 화면

(3) 팀뷰어로 PC에서 스마트폰 미러링 또는 원격제어 하는 방법

ㄱ. 스마트폰에서 팀뷰어퀵서포트를 활성화시키고 [그림18]의 오른쪽 스마트폰 화면을 띄워 ⑤ '귀하의 ID' 숫자 또는 '내 ID 전송하기'로 상대방에게 알려줘야 한다.

ㄴ. [그림18]의 왼쪽 PC화면에서 원격 컴퓨터 제어의 ③ 파트너 ID에 오른쪽 화면 스마트폰의 ⑤ 귀하의 ID를 넣고 ④ 연결을 누른다.

ㄷ. 스마트폰에서 [그림19]와 같이 원격제어를 ① '허용'과 ② 지금시작'을 클릭해 연결을 완성한다. 단 [그림19] 단계는 안드로이드폰과 아이폰이 약간 상이하다.

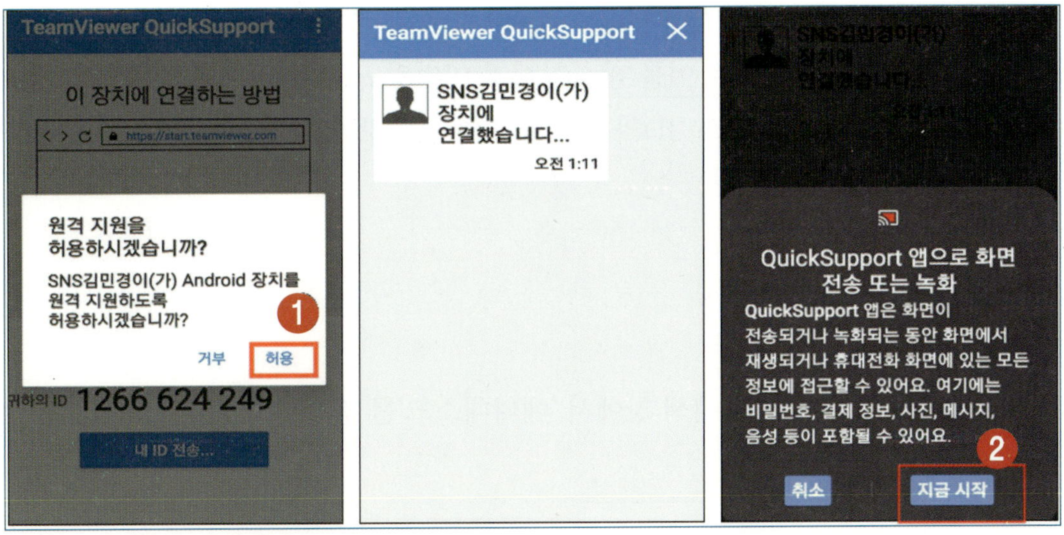

[그림19] 스마트폰에 원격제어 허용 메시지 연결 마지막 단계

ㄹ. PC화면이 [그림20]과 같이 미러링 돼 원격제어가 가능하도록 스마트폰의 화면이 PC에 보인다.

[그림20] PC에서 본 스마트폰이 미러링 된 화면

(4) PC에서 PC 원격제어 방법

앞의 [그림18]과 같이 팀뷰어를 활성화시켜 미러링 또는 원격제어 받을 PC ②에 있는 '원격 제어 허용'에 있는 ID와 비밀번호를 상대방에 알려줬을 때 원격제어가 마무리 된다.

2) 애니데스크

(1) 설치하기

① [그림21]과 같이 구글 검색 창에서 '애니데스크'를 검색한다.

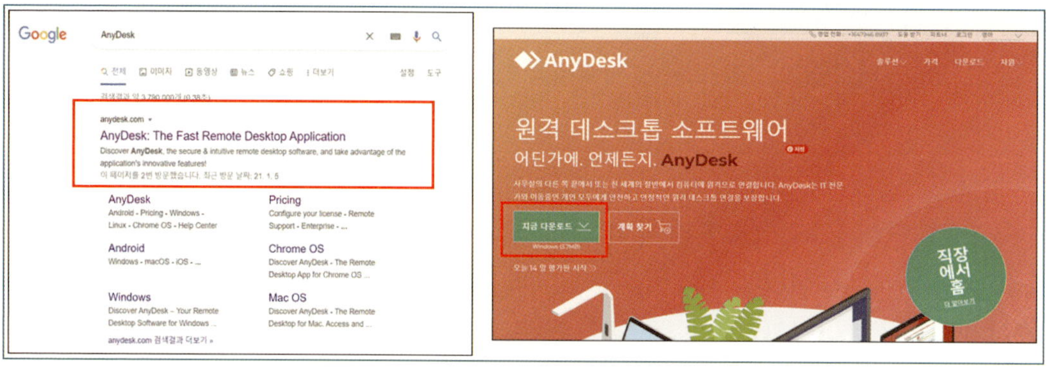

[그림21] 컴퓨터 구글 검색 창과 애니데스크 홈 화면

② [그림22]와 같이 왼쪽 하단에 실행파일(.eXe)이 다운로드 되면 옆에 있는 '∧'를 클릭하고 열기를 선택한다.

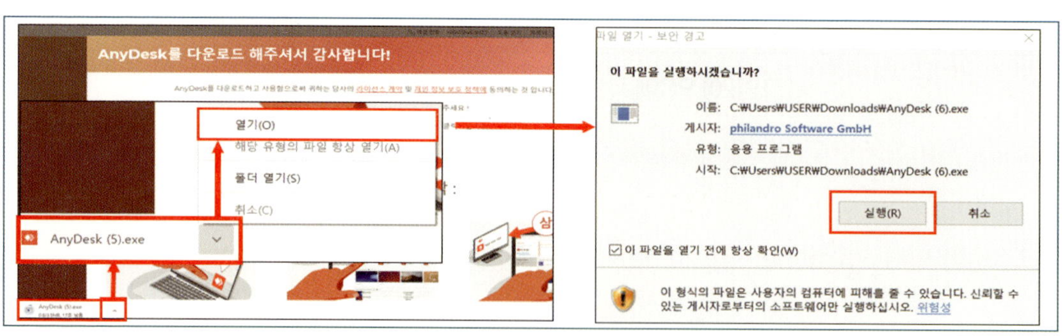

[그림22] 애니데스크 실행하기 화면

③ [그림22] 오른쪽 이미지처럼 실행을 누르면 바로 원격 제어하는 홈 화면이 [그림23]처럼 열리게 돼 바로 사용하면 된다.

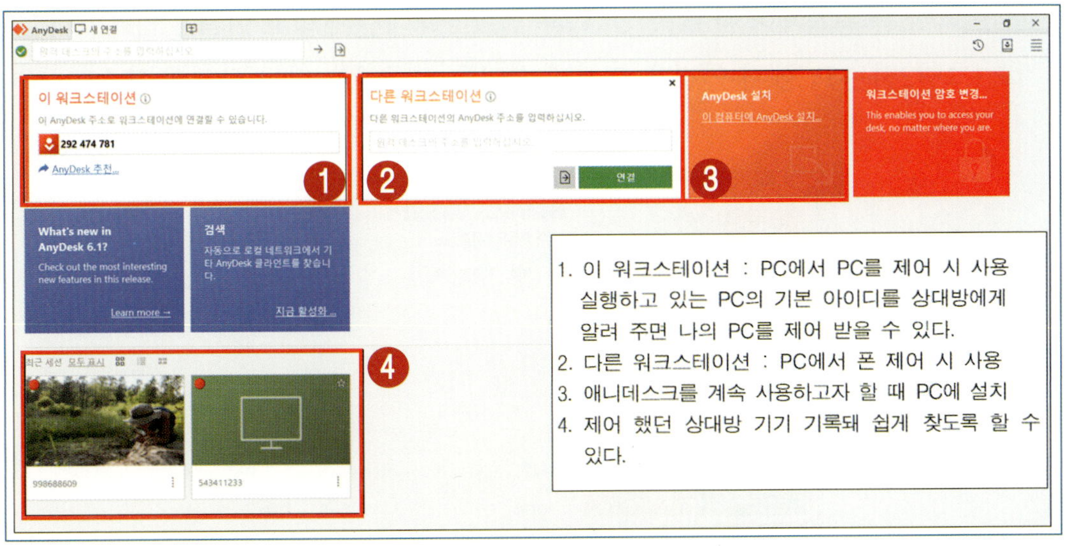

[그림23] PC애니데스크 홈 화면

④ 스마트폰 제어를 위해서는 [그림24]와 같이 구글스토어나 앱스토어 에서 애니데스크를 설치한다.

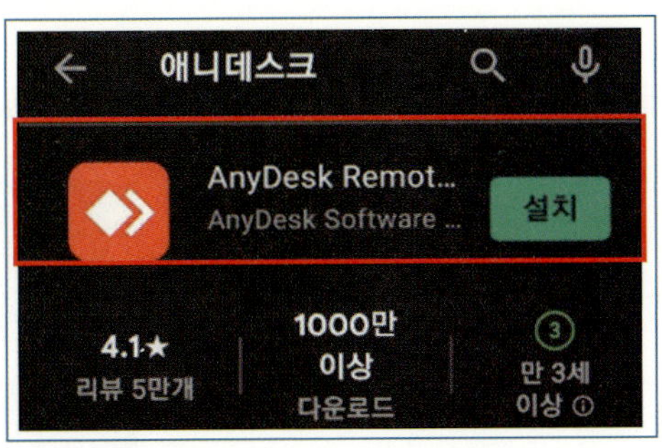

[그림24] 스마트폰 플레이스토어 또는 앱스토어 화면

(2) 애니데스크(Anydesk) 사용 방법

① PC에서 PC제어 방법

ㄱ. 앞의 [그림23]에서 원격제어 받을 PC ① 이 워크스테이션의 숫자인 애니데스크 주소를 원격제어 할 PC인 ② 다른 워크스테이션에 넣고 연결을 클릭한다.

ㄴ. [그림25]는 PC에서 연결을 요청해 승인을 기다리고 있는 상태의 모습이다.

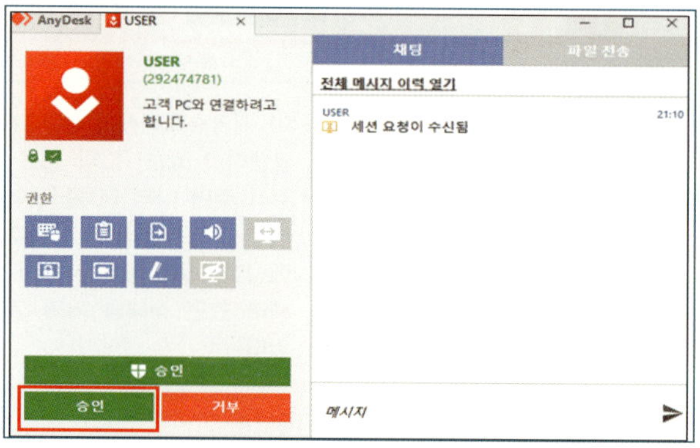

[그림25] 상대방의 승인을 기다리는 상태

② PC에서 스마트폰 제어 방법

ㄱ. [그림26]에서 스마트폰 화면에 제시 되어 있는 내 주소 ③을 원격제어를 해줄 상대방의 PC화면 ② 부분에 넣으면 된다.

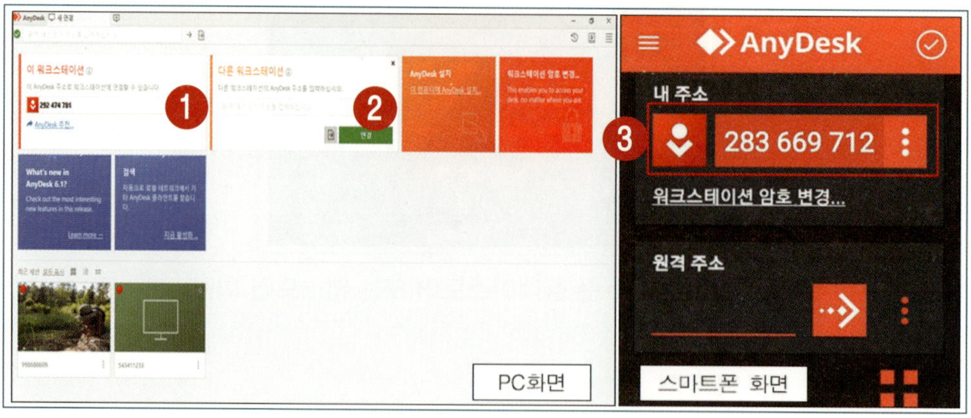

[그림26] 오른쪽-원격제어를 할 상대방의 PC화면, 왼쪽-원격제어 받을 스마트폰 화면

ㄴ. [그림27]은 PC에서 스마트폰 제어 전 스마트폰 상대방의 메시지에 따른 수락하는 과정이다.

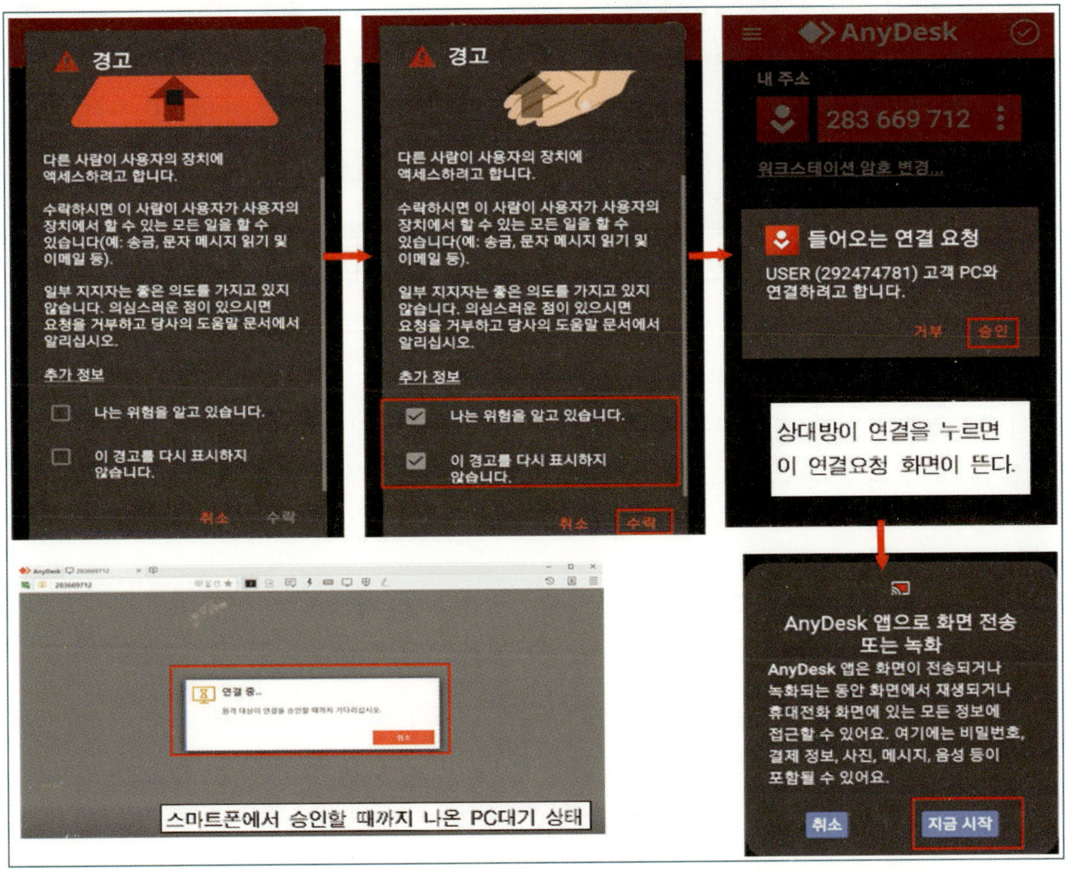

[그림27] 스마트폰 원격제어 승인 시 스마트폰에서 수락 과정 단계 화면

ㄷ. [그림28]은 원격제어 연결이 완료된 PC 화면과 그때의 스마트폰 화면이다.

[그림28] 연결된 PC화면과 미러링 된 스마트폰 화면

이제 PC에서 스마트폰을 원격으로 제어 할 수 있게 된다.

4 회의 및 강의 프로그램

비대면 시대 재택근무와 재택수업이 늘어나면서 화상 프로그램은 우리 일상에 자주 사용하는 프로그램으로 자리매김하게 됐다. 그래서 상황에 따라 다양한 프로그램을 활용할 줄 알아야 한다.

먼저 대표적인 화상 강의 프로그램의 특징을 알아보자. 국내에서 잘 알려진 몇 가지를 선별해서 [표2]와 같이 그 특징을 비교해 보았다.

구 분	줌(zoom)	웹엑스 (webex)	구글 미트	리모트 미팅
PC프로그램 설치 필요	O	O	X	X
호스트 가입 (회의 개설)	O	O	O (구글 계정 가입)	X
참가자 가입 (회의 참가)	X	O	O (구글 계정 가입)	X
소회의실 운영	O (모든 회의, 무료버전 가능 단, 설정에서 설정해야 함)	O (모든 회의, 무료버전 가능 단, 설정에서 설정해야 함)	X	X
원격제어	O	X	X	X
특 징	인지도 높고, 가장 편리, 많은 기능 탑재 협업, 소통 온라인 대면 교육 도구로 편리	전통화상프로그램 중 보안 가장 우수	구글 문서와 드라이브 자동 연동	국내 화상회의 프로그램
무 료	1:1 회의 시간 무제한 그룹 미팅 40분 제한 최대 100명 / 회의 수 무제한	50분 시간 제한 최대 100명 회의 수 무제한	1시간 무제한 최대 100명	최대 30명 14일간 무료 모든 기능 사용
유 료	각 미팅 참여 수 제한 요금제에 따라 상이 100명~1,000명 월 $12.49	각 미팅 참여 수 제한 요금제에 따라 상이 100명~200명 제한 월 $13.50	300시간 제한 참가인원수요금제에 따라 제한 상이 월 $8.0	종량제 : 회의시간 200원/1분 - 회의시간으로 사용금액 책정 정액제 모두 30명 참여 가능 월 $14.58

[표2] 비대면 화상강의 프로그램 비교표

1) PC에서 줌(zoom) 사용

(1) PC에 줌(zoom) 프로그램 설치하기

① 구글에서 '줌(zoom)'을 검색하고 zoom.us에서 다운로드(Download)를 클릭하고 [그림29]와 같이 '회의용 Zoom 클라이언트'를 다운로드 한다.

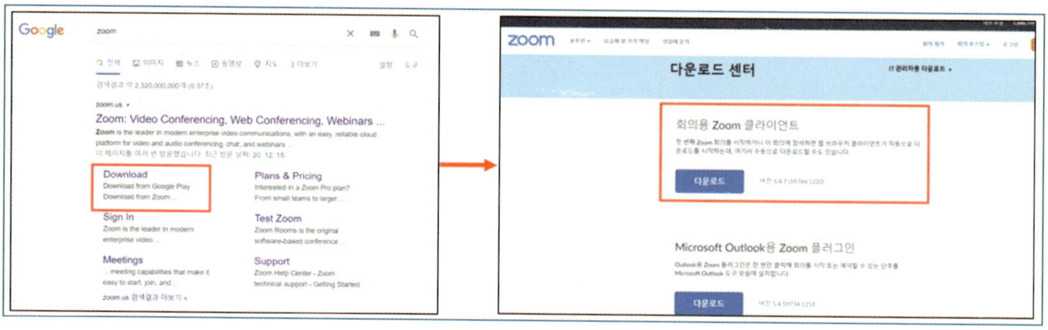

[그림29] 컴퓨터 구글 검색 창과 줌(zoom) 홈 화면

② 프로그램 설치는 [그림30]에서 왼쪽하단 실행파일(.eXe)의 '∧'를 클릭하고 열기를 한다.

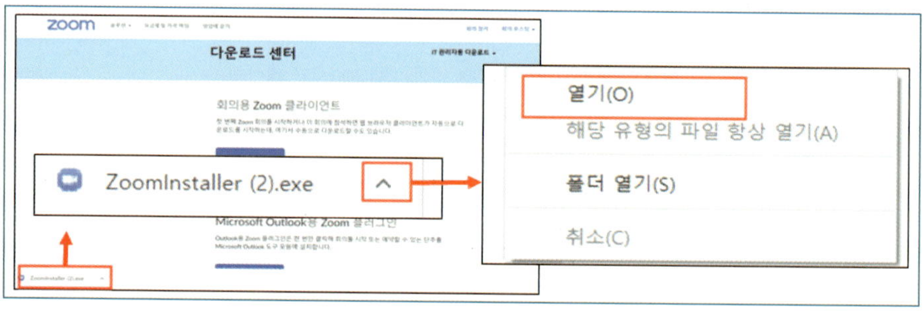

[그림30] 줌(zoom) 프로그램 다운 화면

③ [그림31]과 같이 파일 실행을 하게 되면 줌(zoom) 다운이 완료돼 줌 로그인 화면이 뜨게 된다.

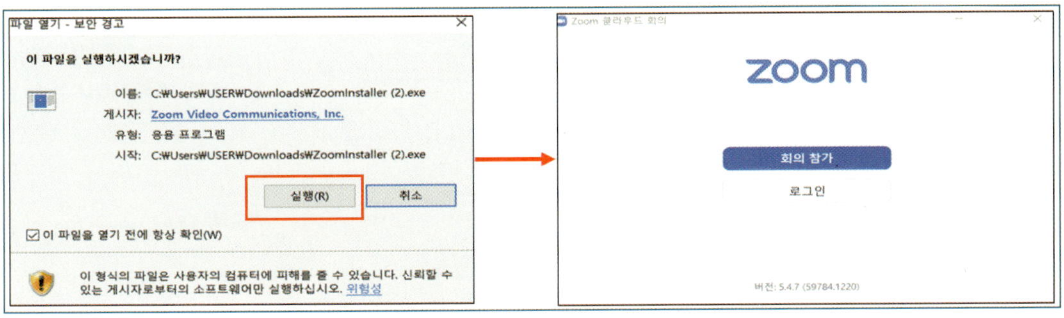

[그림31] 줌(zoom)이 실행 화면

줌(zoom) 회의를 개최한 사람은 호스트, 회의 참가자는 게스트라 부른다. 호스트는 회원가입을 통해 로그인을 해야 하지만 게스트는 따로 가입절차와 로그인을 하지 않아도 바로 참여가 가능하다.

(2) 줌(zoom) 호스트 무료가입 법

호스트는 로그인을 클릭 후 회원가입을 해야 회의를 주관할 수 있다.

① [그림32]와 같이 로그인 클릭 후 무료가입을 선택한다.

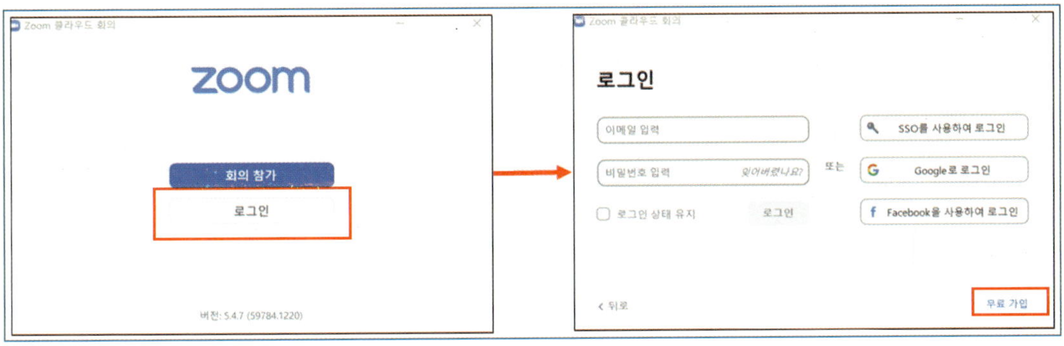

[그림32] 줌(zoom) 무료 가입하기

② [그림33]과 같이 생년월일과 개인정보 수집 동의에 동의한다.

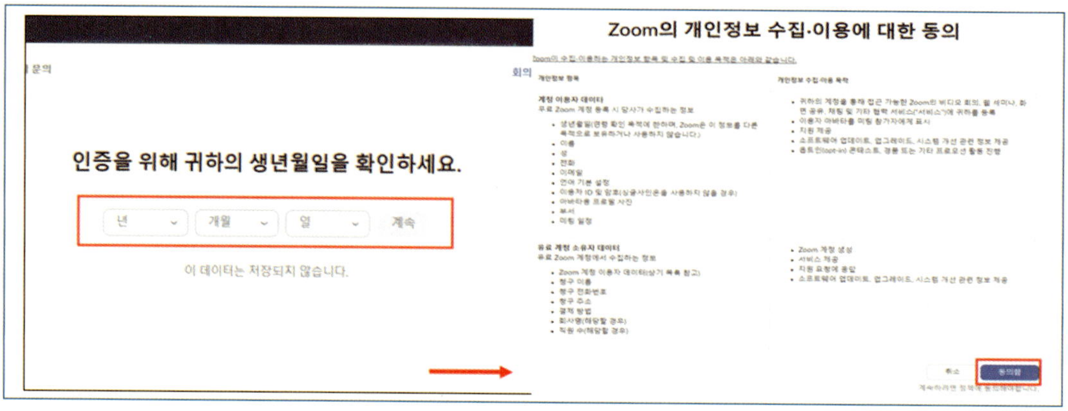

[그림33] 개인정보 수집 화면

③ [그림34]처럼 무료 가입할 때에는 구글 계정으로 로그인하는 것이 편리하다.

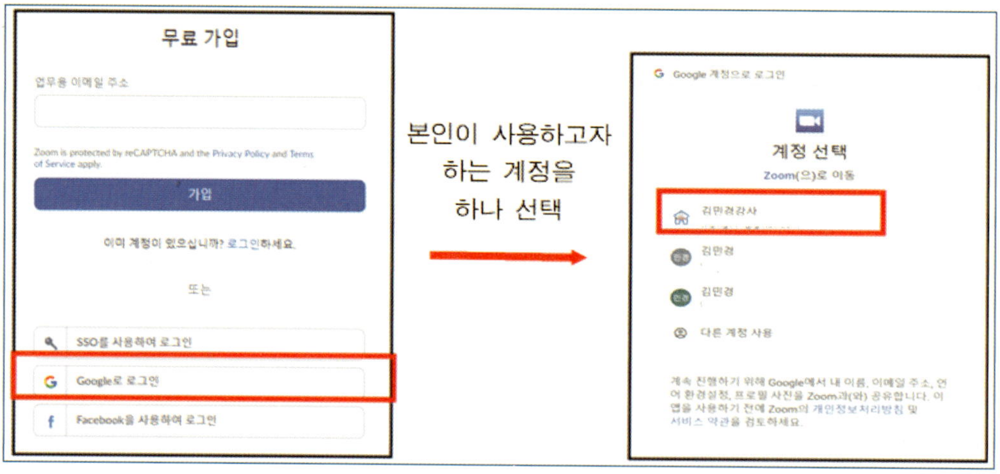

[그림34] 무료 가입 절차

(3) 줌(zoom) 참여방법

① PC로 줌(zoom) 참여시 게스트는 회의 참가를 선택해 회의 ID와 회의암호로 참가할 수 있으며 링크로도 바로 참여가 가능하다.

ㄱ. 회의 ID로 참가 시 사용할 이름을 [그림35]의 오른쪽 이미지와 같이 실명으로 적고 참가한다.

ㄴ. [그림36]과 같이 회의 암호 입력 후 회의참가를 클릭하면 대기실로 입장되며 호스트가 수락해야 강의실(회의실)로 입장할 수 있다.

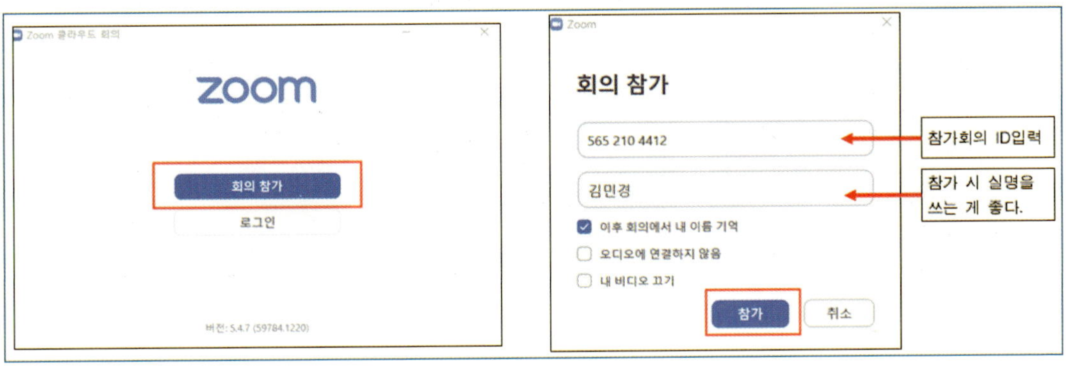

[그림35] 회의 참가

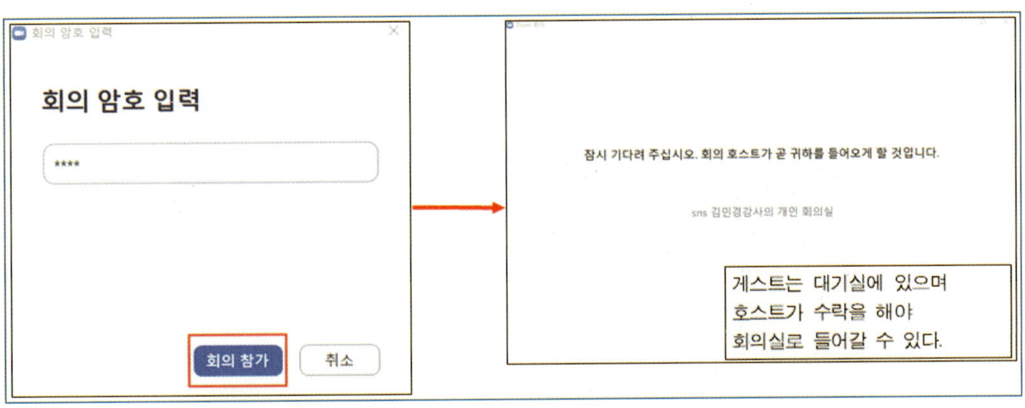

[그림36] 회의 암호 입력 후 참여 대기 중(오른쪽 대기실 참여 화면)

② 줌(zoom) 스마트폰으로 회의 개설하기

ㄱ. 줌 앱을 활성화 시키고 회의 참가는 [그림37]과 같이 '회의 ID'와 '회의 참가자' 이름을 순서대로 적는다.

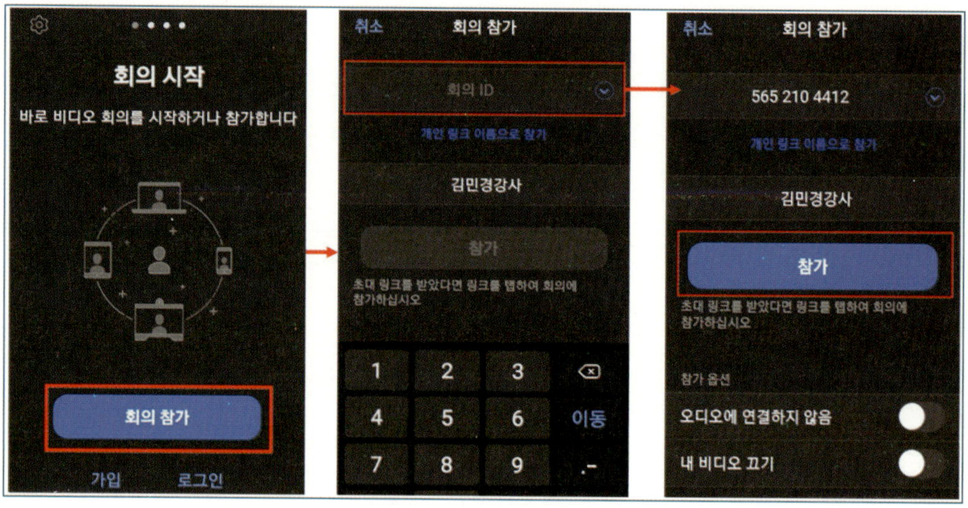

[그림37] 스마트폰 줌 앱 회의 참가

ㄴ. [그림38]과 같이 '회의 암호'를 입력하면 참가자는 대기실에서 대기하게 된다.

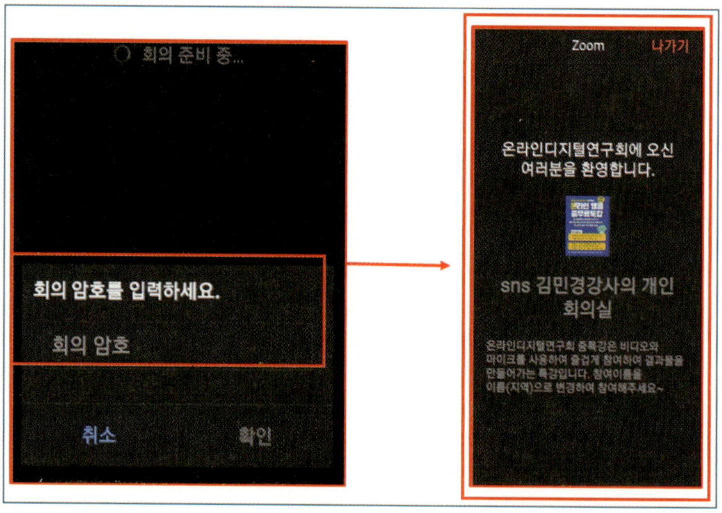

[그림38] 스마트폰 줌 앱 회의 참가 암호 입력 후 대기실 대기 화면

ㄷ. [그림39]와 같이 대기실에 참가자 입장이 호스트에게 알려지면 호스트는 수락을 눌러 참가자를 강의실에 들어올 수 있도록 한다.

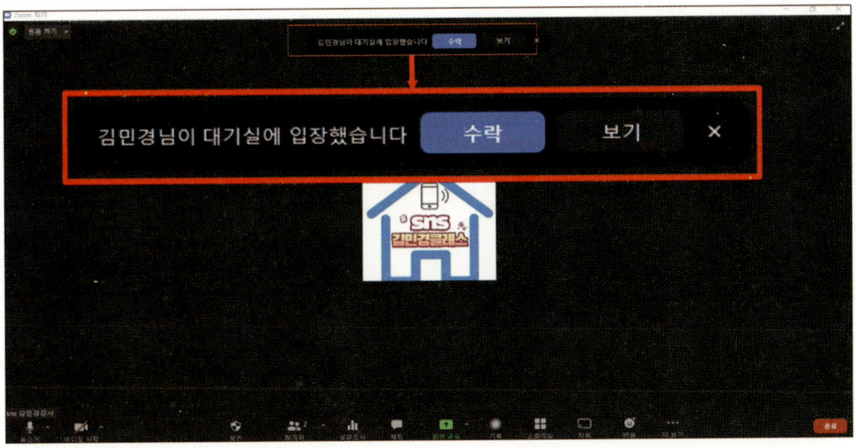

[그림39] 호스트의 화면 - 참가자가 대기실에 들어왔다는 화면

(4) 줌(zoom) 사용방법

바탕화면의 줌(zoom) 아이콘 으로 로그인해 들어가면 [그림40]과 같은 줌 홈 화면을 볼 수 있다. 호스트가 회의를 개설하려면 ① 새 회의를 선택하고 ②의 V 표시를 클릭한 후 ③의 PMI 설정을 클릭하면 ④ '개인 회의 ID설정'과 ⑤의 암호를 확인할 수 있다. 여기서 암호는 유료버전일 경우 호스트가 원하는 것으로 설정을 바꿀 수 있으며 무료 버전은 자동 랜덤으로 발생한다. 여기서 개인회의 ID는 유료버전만 본인이 쓰고 싶은 숫자로 바꿀 수 있으며 비밀번호는 [그림40] ⑤에서 원하는 비밀번호로 바꿀 수 있다. 내 개인회의 ID를 고정해서 사용하고 싶으면 [그림40]처럼 내 개인회의ID(PMI) 사용을 체크해야 회의실 ID를 변동없이 고정해서 사용가능하다. 반드시 체크하고 비밀번호를 임의의 숫자로 바꿔 사용 할 것을 권장한다. 그리고 하단의 ⑥을 눌러 저장한다.

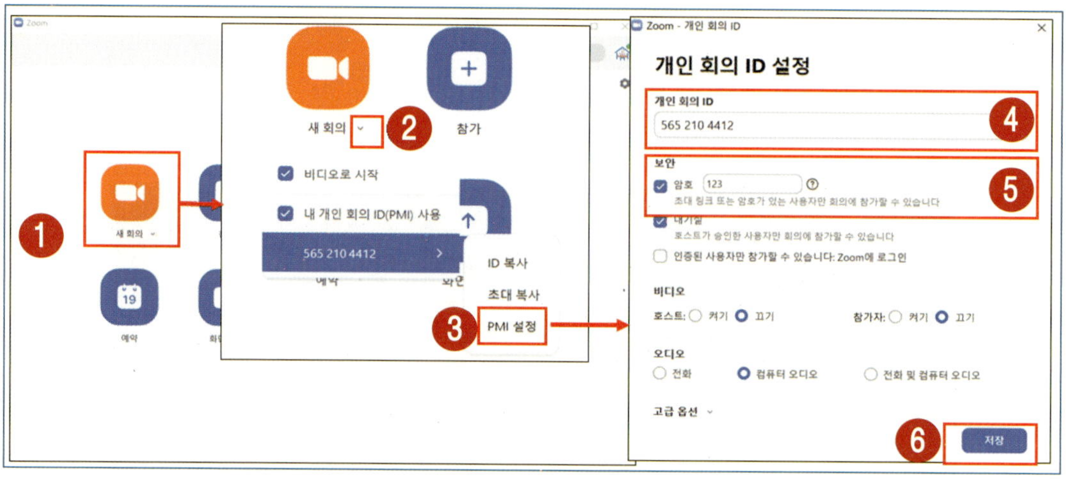

[그림40] 홈 화면

다음은 [그림41]의 도구바를 설명하고자 한다.

[그림41] 강의실(회의실) 도구바 화면

	zoom 도구	내 용
①	회의 정보	회의실 이름, 회의 ID와 암호, 초대 링크, 설정 아이콘이 있다.(회의 정보)
②	음소거	마이크, 스피커 선택이 있으며 오디오 설정이 들어있다.
③	비디오	카메라선택, 가상 배경 선택, 비디오 필터선택 비디오 설정이 들어있다.
④	보안	회의 잠금, 대기실 사용, 프로필 사진 숨기기, 참가자에게 권한 허용(화면 공유 등) 등을 설정한다.
⑤	참가자	참가자들을 볼 수 있다. 초대 및 모두 음소거 기능이 있다.
⑥	설문조사	회의나 강의 종료 후 설문조사 실시가 가능하다. (단, 유료 버전에서만 활성화 가능)
⑦	채팅	채팅방, 파일 공유기능이다.
⑧	화면공유	화면공유, 화이트보드, 파워포인트, 가상 배경 설정 등을 할 수 있다.
⑨	기록	회의나 강의 내용을 컴퓨터(무료)나 구글 클라우드(유료)에 녹화(저장)할 수 있는 기능이다.
⑩	소회의실	소회의실을 운영해 게스트들의 참여가 돋보이는 강의나 회의가 될 수 있다.
⑪	반응	다양한 소통 및 활동이 가능한 반응 이모티콘이다.
⑫	더보기	SNS 채널에 라이브 스트리밍 할 수 있다.(단, 유료 버전에서만 활성화 가능)
⑬	종료 회의종료	호스트가 회의를 종료하고자 할 때 사용하는 기능이다.
⑭	보기	회의 화면을 구성하는(발표자 보기, 갤러리 보기) 기능이다.

[표3] 줌 도구바와 기능

① 회의 정보

ㄱ. '회의 정보' 기능은 [그림42]와 같이 회의 ① 정보안의 '설정'으로 줌 회의실에 대한 설정을 쉽게 할 수 있도록 해놓았다.

ㄴ. ② ‘연필모양’을 클릭하면 회의실의 이름을 바꿀 수 있고 회의실 이름은 회의 내용을 기록하거나 채팅내용을 저장할 때 회의실의 이름이 있으므로 정보를 찾기 쉬우며 참여자들에게도 도움이 된다.

ㄷ. 줌 회의 또는 강의에 대한 ③ 초대 링크를 활용할 수 있는 부분으로 ‘링크 복사’를 클릭해 참여자들에게 링크로 쉽게 참여할 수 있게 한다. 게스트가 회의에 참여할 수 있는 방법은 초대된 링크를 클릭해서 들어가거나 회의 ID와 암호를 넣어서 들어갈 수 있다.

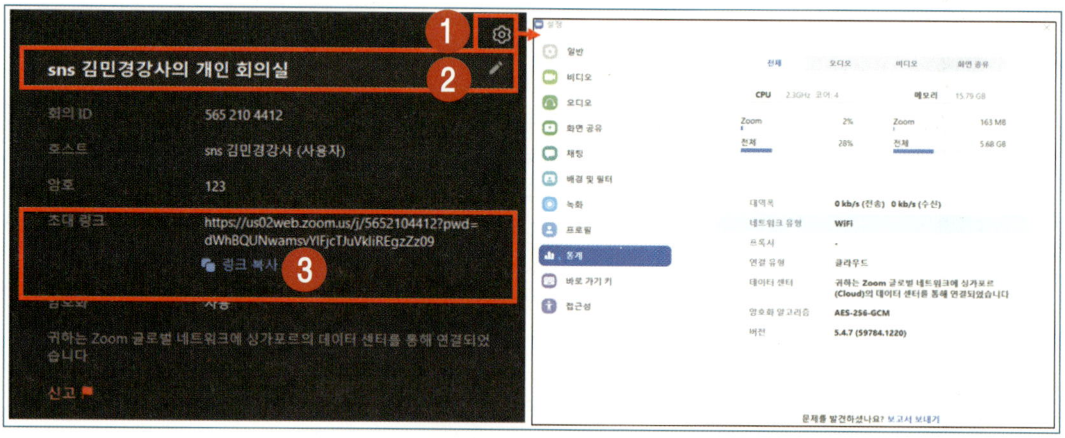

[그림42] 회의 정보 도구

② 음소거

‘음소거’ 기능은 소리가 안 들린다는 문제가 생길 때 [그림43]과 같이 ‘음소거’를 클릭해 점검하면 좋다.

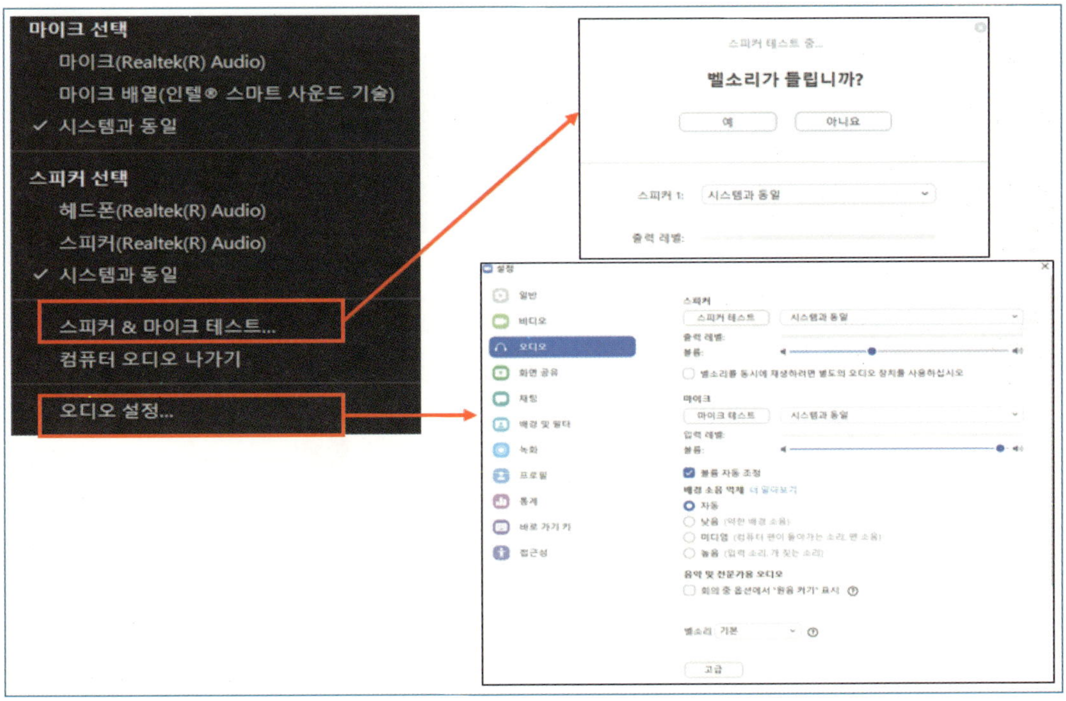

[그림43] 음소거 도구

③ 비디오

ㄱ. '비디오' 기능은 [그림44]에서 ① '가상배경'을 선택 또는 ③의 '+'를 클릭해 미리 준비된 자체 제작한 가상 배경을 추가할 수 있다.

ㄴ. ② '비디오 필터'는 회의나 강의 시 재미를 가미 할 수 있고 가상수료식 또는 가상파티를 위해 사용하면 좋다.

[그림44] 비디오 도구 - 가상 배경과 비디오 필터 사용법

④ 보안

'보안'의 기능은 [그림45]와 같이 '회의 잠금'과 '참가자에게 다음을 허용'하는 기능이 있어 목적에 따라 선택해 조정할 수 있다.

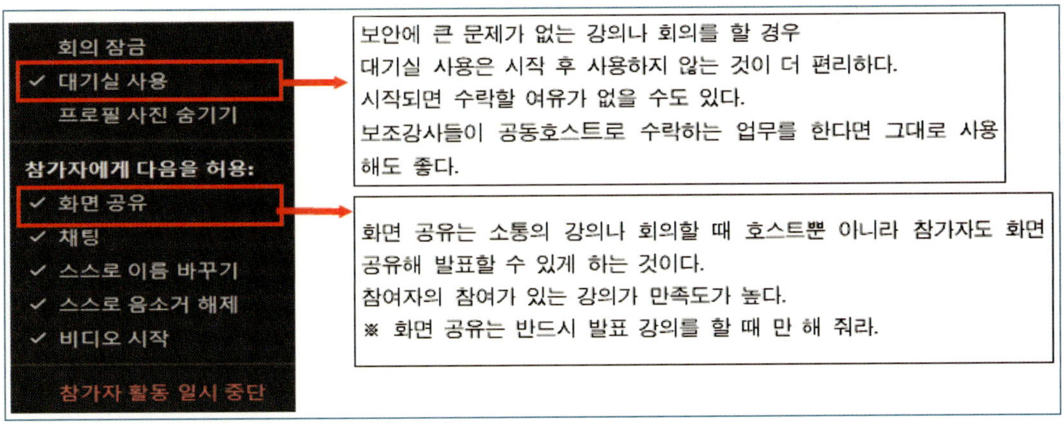

[그림45] 보안 도구

⑤ 참가자

'참가자' 기능에서 호스트는 대기실의 대기자를 ① 수락을 통해 회의에 참여하도록 할 수 있으며 게스트의 모든 것을 [그림46]처럼 수정하거나 조절할 수 있다. ② 참가자 안의 ③ 더보기에서 조절할 수 있으며 화면 창 안에서 같이 할 수 있다.

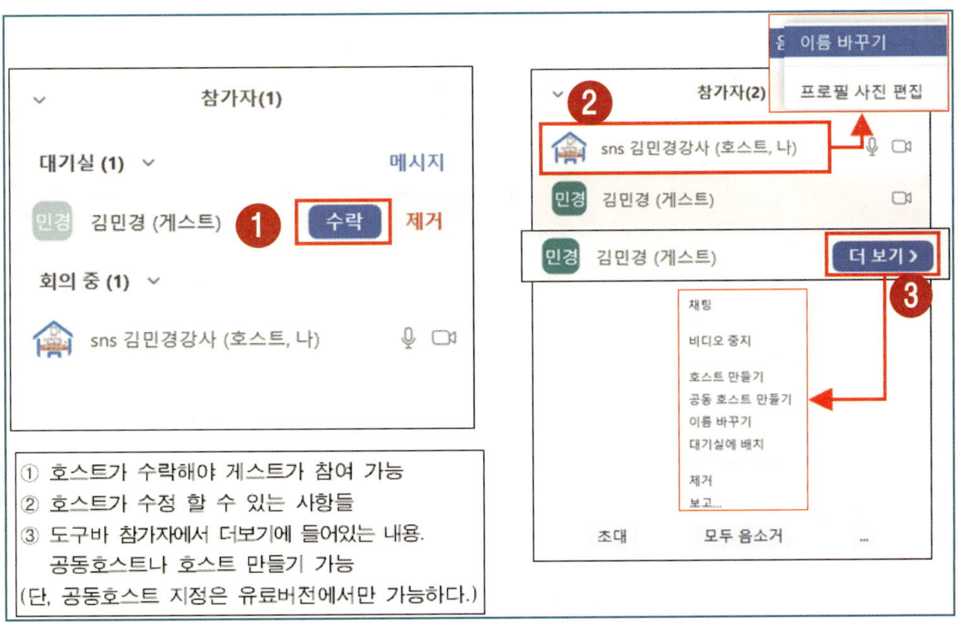

[그림46] 참가자 도구

⑥ 설문조사

'설문조사'는 강의가 끝나거나 중간에 설문조사를 하고 싶을 때 바로 설문지를 작성해서 [그림47]과 같이 화면 정중앙에 미리 작성해 둔 설문지를 보이게 할 수 있다. 혹 다시 수정하기를 원한다면 ① 편집을 통해 수정이 가능하다. ② 설문조사 시작을 누르면 오른쪽 화면과 같이 게스트와 호스트가 같이 볼 수 있는 화면이 뜬다.

호스트는 시간을 정해서 설문조사에 빠르게 응답할 수 있도록 진행하며 정한 시간이 되면 ③ 설문조사 종료를 누르면 ④와 같이 결과 공유나 설문조사를 다시 시작할 수 있다. 설문조사를 다시 시작할 경우에는 앞의 설문자료가 똑같이 나오며 이전 설문조사 결과는 사라진다. 이 때 설문조사 내용은 달라지지 않는다.

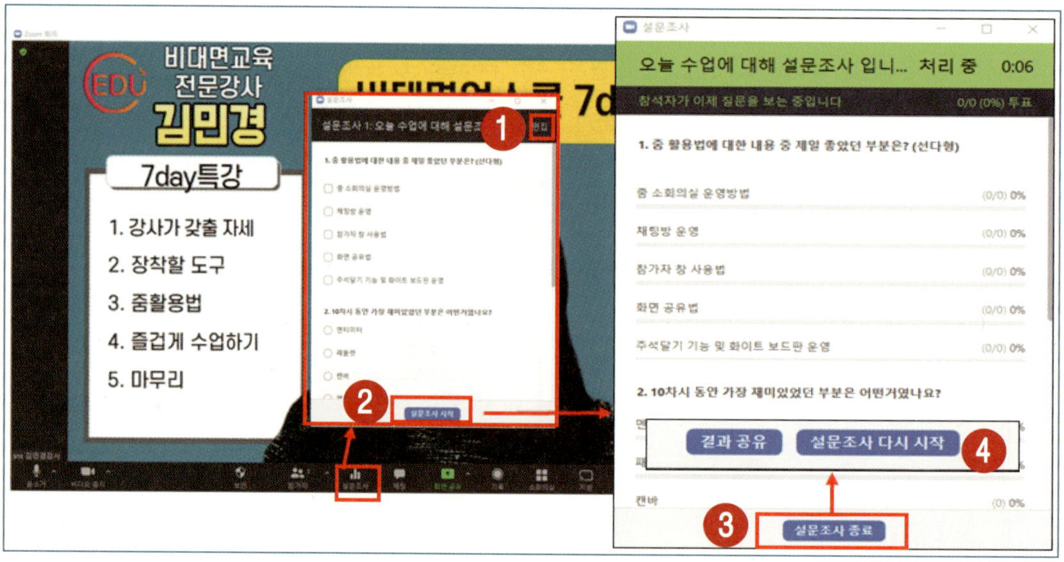

[그림47] 설문조사 도구

⑦ 채팅

ㄱ. '채팅'은 [그림48]의 ①처럼 채팅을 받는 사람을 모두와 각 개인에게 별도로 비공개로도 가능하다. 채팅하기 전 먼저 설정하면 된다.

ㄴ. 내 컴퓨터에 있는 파일을 공유 할 때 ②를 사용하면 된다.

ㄷ. 채팅 저장으로 ③을 클릭해 참가자가 다음 대상과 채팅할 수 있도록 세팅할 수 있다.

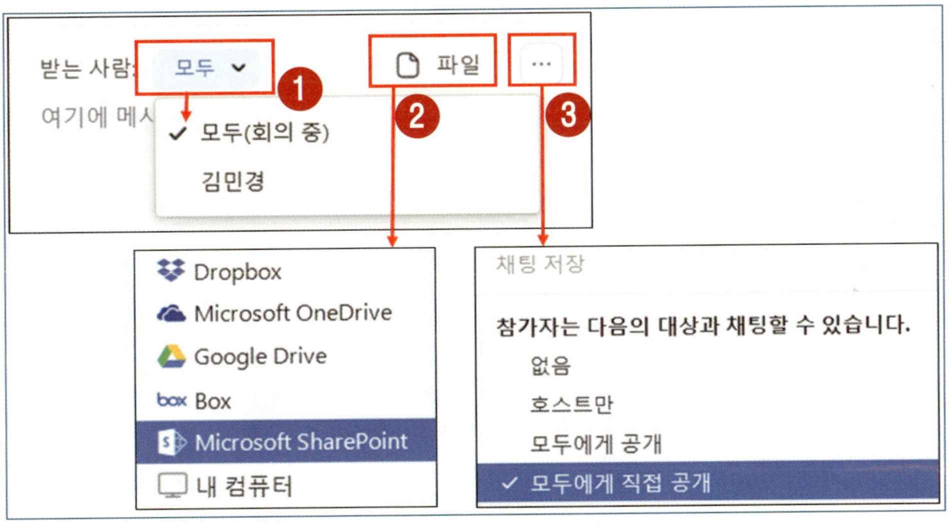

[그림48] 채팅 도구

⑧ 화면공유

'화면공유' 기능은 화상회의 및 강의에서 제일 중요하며 많이 사용하는 기능이다. 회의나 강의를 주관하는 호스트라면 반드시 화면공유를 자유자재로 할 줄 알아야 한다. 또한 게스트도 발표를 통한 참여와 소통이 가능한 회의 및 강의를 원하면 사용 방법을 알아둬야 한다.

[그림49] 화면공유 설정을 다시 한 번 체크 가능

ㄱ. 화면공유 방법은 공유할 내용을 컴퓨터에 미리 열어 놓는다.

ㄴ. [그림50]과 같이 공유하고자 하는 화면을 클릭하면 파란색 라운딩 된 선택 화면을 보게 되며 여기서 반드시 ① 소리 공유를 활성화 시켜야 한다.

ㄷ. 화면공유 안에는 '기본, 고급, 파일'로 다시 세분화 돼 다양한 형태의 공유하면을 볼 수 있으며 협업 및 소통의 도구 툴이 내장 돼 있어 때론 편리하다.

[그림50] 화면공유 화면

ㄹ. [그림51]은 [그림50]에서 파란색 라운딩 된 화면 옆의 '화이트보드'로 회의나 강의 시 의견을 내어 하나의 PPT로 바로 만들어 소통 및 협업 툴로 자주 사용되고 있다. 화이트보드 판에 정리된 내용물은 저장을 통해 PDF 파일로 저장해 재사용이 가능하다.

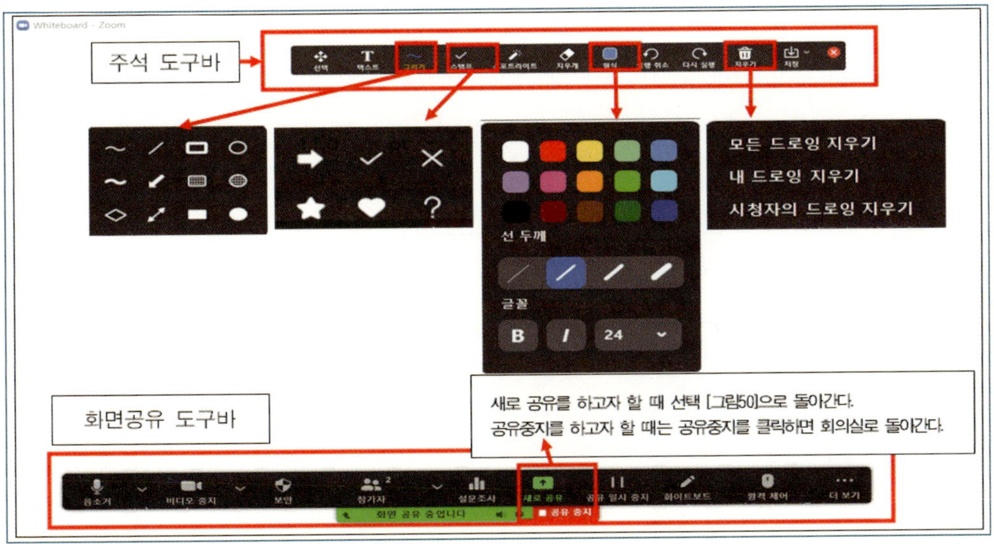

[그림51] 화이트보드판과 주석사용

ㅁ. [그림52]는 고급과 파일의 화면공유 내용이다. 특히 화면 공유 ① 고급 편에서 'PowerPoint를 가상 배경으로 설정'(유료버전만 가능)하기는 내가 강의하고자 하거나 회의에 필요한 PPT를 띄워서 배경화면으로 사용할 수 있다.

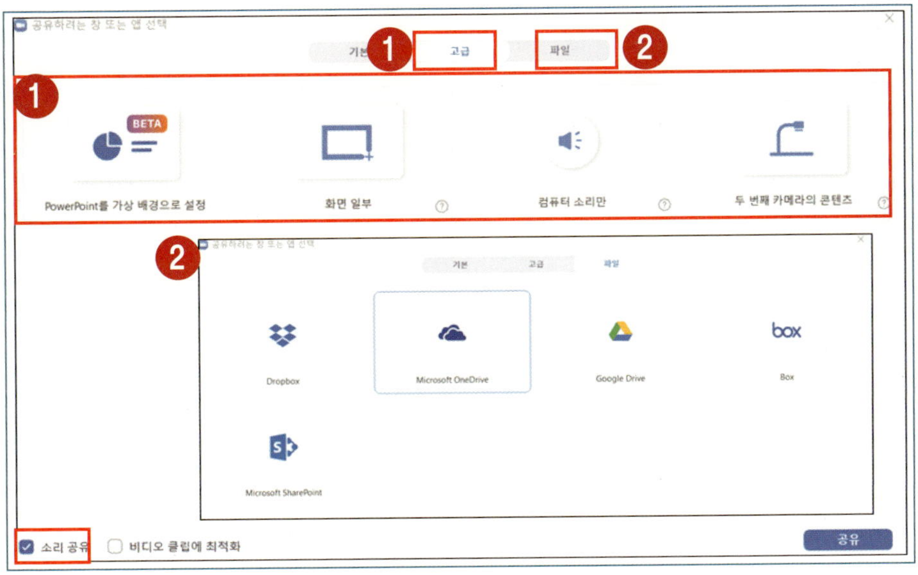

[그림52] 화면공유 - 고급, 파일

ㅂ. [그림53]과 같은 순서로 공유를 하면 [그림54]와 같이 강사나 회의주관자의 모습을 왼쪽하단에 오버레이 돼서 같이 볼 수 있도록 구성된다. 강의를 녹화 방송 할 때나 유튜브를 할 때도 사용하면 좋은 툴이다.

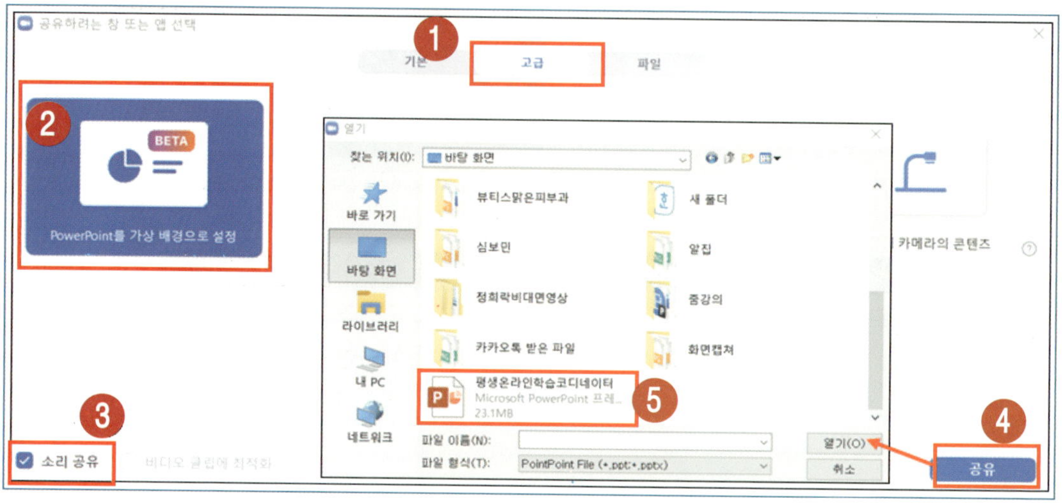

[그림53] 고급에서 화면 파일 열어 공유하기

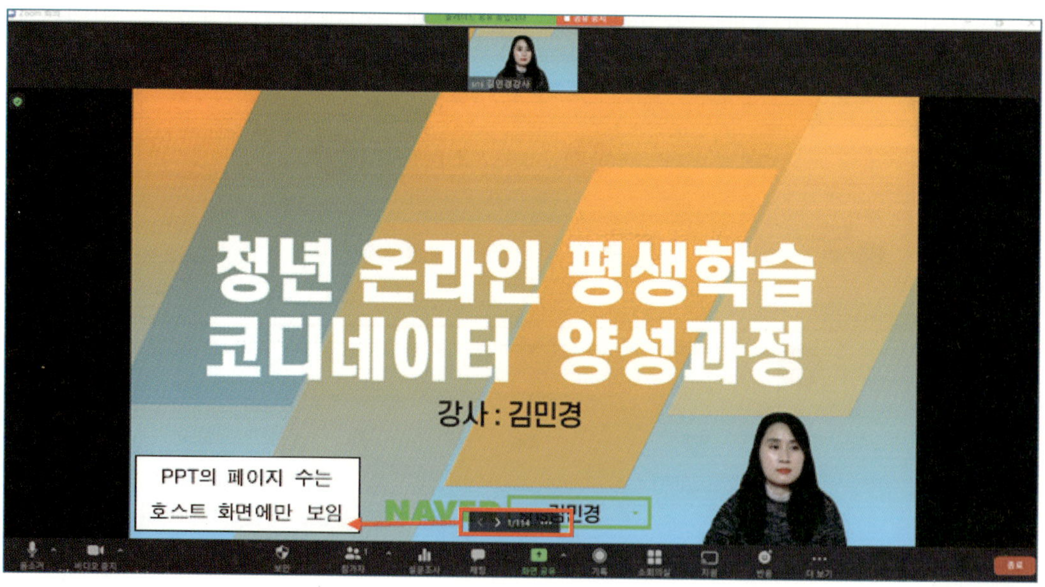

[그림54] 파워포인트에 오버레이 된 화면(※호스트가 화면공유 시 사용하는 도구바 설명)

[그림55]는 화면 공유 시 호스트가 볼 수 있는 화면이다. ③ 더보기에서 '이 컴퓨터에 기록하기'는 무료이며 컴퓨터에 저장하는 것이다. 그 아래 '클라우드에 기록' 하기는 줌 로그인된 상태에서 본인계정의 저장 공간에 저장하는 것이다. 클라우드에 저장하면 가입된 유료 버전에 따라 저장 공간이 다르며 처음에 저장된 것들은 사라지는 형태로 최근 강의 영상을 저장해준다.

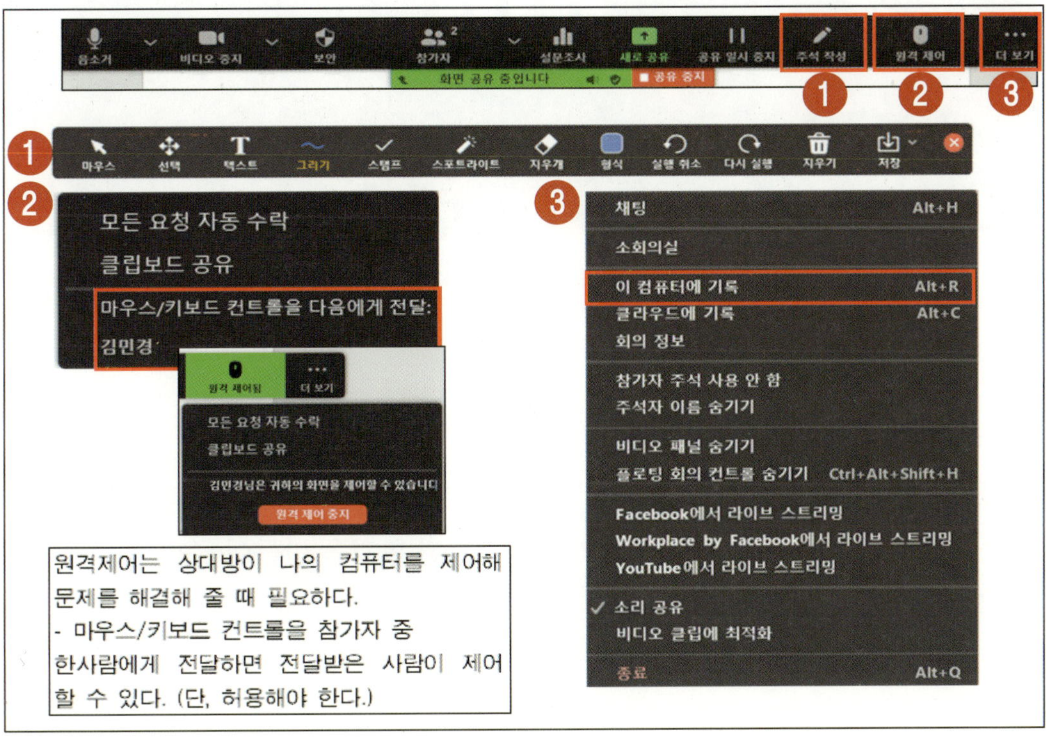

[그림55] 화면공유 시 호스트가 작동 할 수 있는 도구

⑨ 기록

[그림56]은 회의나 강의 영상기록을 하기 위한 메뉴로 '기록'은 줌(zoom) 호스트 또는 공동호스트 만이 할 수 있다. 기록은 화면 공유 중에도 설정할 수 있으며 방법은 [그림56]과 같다.

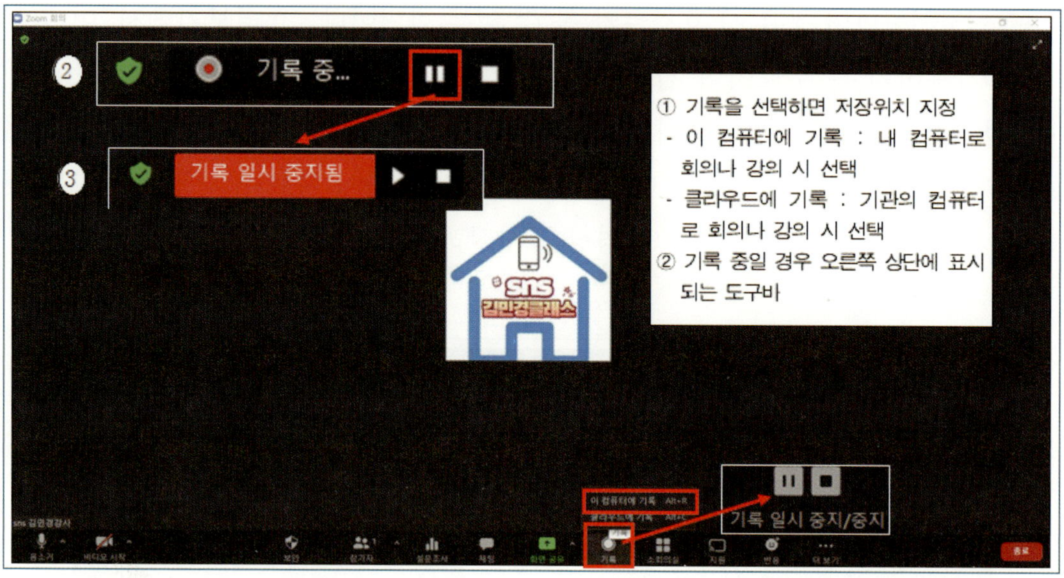

[그림56] 기록 기능

⑩ 소회의실

줌을 활용하는데 있어서 '소회의실' 기능은 무료 버전에서도 가능해 사용자의 도구 사용의 권한을 넓혀줘 회의나 강의에 최적화된 환경을 만들어 준다. 소회의실은 자동으로 할당, 수동으로 할당, 참가자가 소회의실을 선택하도록 허용의 3가지 유형으로 강의나 회의 성격에 맞게 만들어 사용하면 된다.

특히 소회의실을 자주 사용할 수 있도록 하는 회의나 강의 구성을 한다면 게스트들의 활동시간을 넓혀서 적극적인 참여를 통해 만족도 높은 과정을 마칠 수 있어 필자는 가장 중요하게 생각한다. 사용 방법은 [그림57]과 같다.

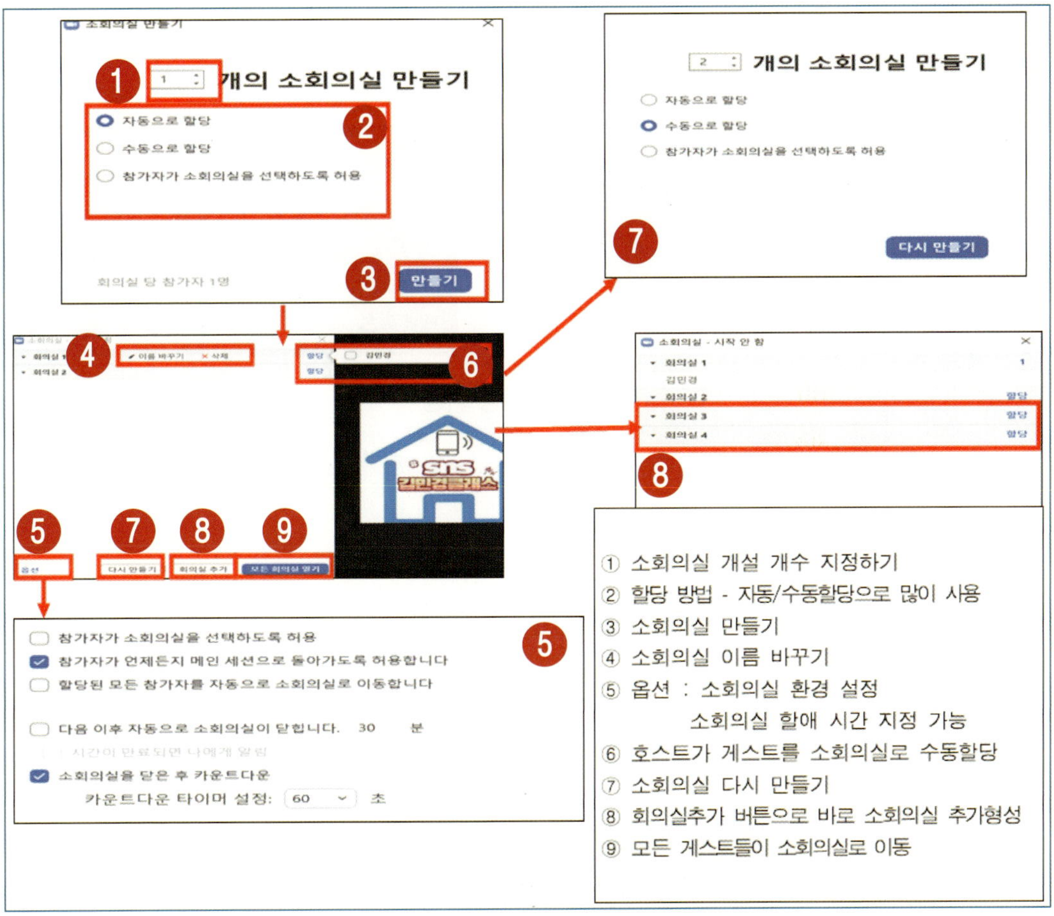

[그림57] 소회의실 만들기

⑪ 반응

'반응' 기능은 호스트가 회의나 강의를 시작하면 게스트들의 반응을 살펴보기 어려울 수 있는데 이때 호스트와 게스트 혹은 게스트간의 소통을 위해 조금 더 친근감을 표현할 수 있다. [그림58]처럼 화면 우측상단 반응에서 이모티콘을 활용해 표현해주면 서로의 반응을 쉽게 알아볼 수 있다.

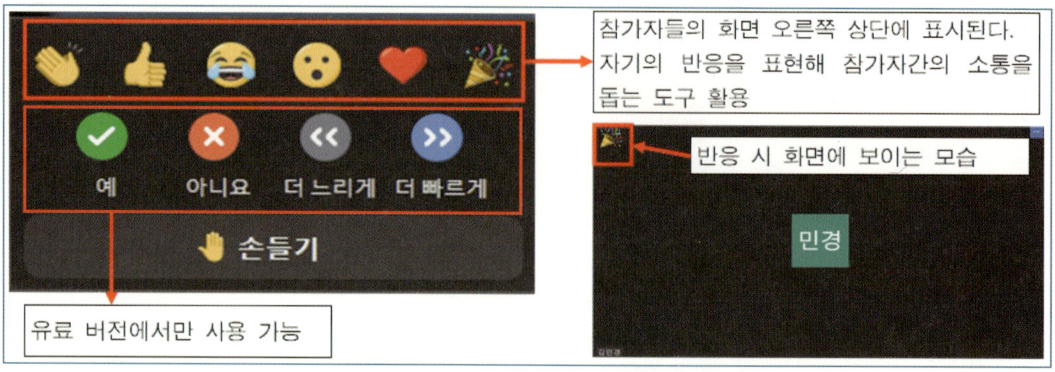

[그림58] 반응 기능

⑫ 더보기

'더보기' 기능에서는 [그림59]처럼 유튜브 라이브 스트리밍이 가능하며 비대면으로 축제나 포럼 등을 이렇게 다양한 SNS 채널로 라이브 스트리밍 할 수 있다. 실시간 스트리밍은 유료버전에서만 가능하다.

[그림59] 더보기 기능

⑬ 종료

'종료' 버튼을 눌렀을 때 [그림60]과 같이 '모두에 대해 회의 종료'는 회의실의 문을 닫는 것이며 '회의 나가기'는 호스트만 나가는 것이다. 회의 나가기를 할 경우는 새 호스트를 지정하고 기존 호스트는 회의실을 나갈 수 있게 된다.

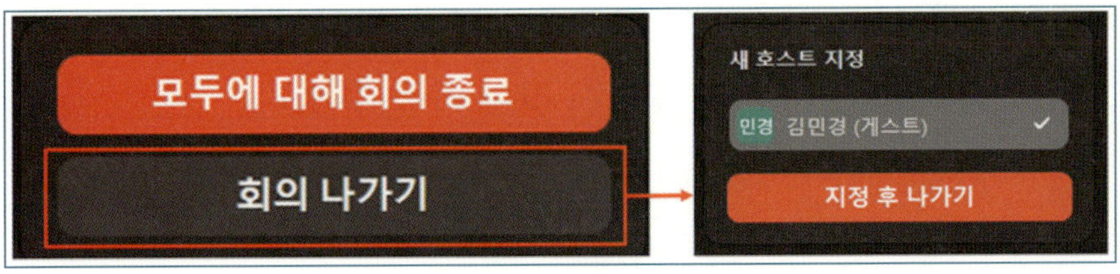

[그림60] 종료 기능

⑭ 보기

'보기' 기능은 회의나 강의 시 호스트가 보이는 형태를 선택해서 볼 수 있는 기능이다. [그림61]과 같이 발표할 때는 발표자 보기로, 게스트가 같이 나누고자 할 때는 갤러리 보기로 선택해서 볼 수 있다.

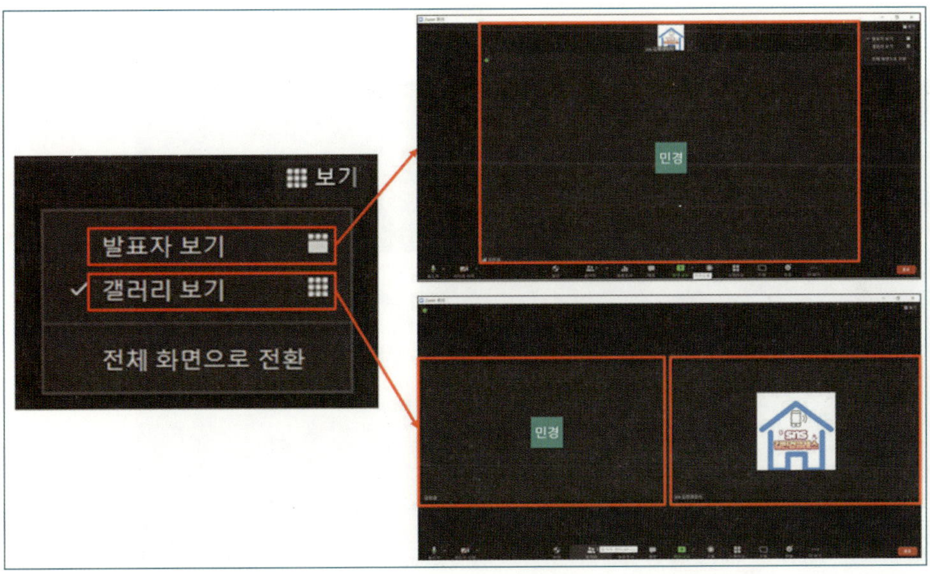

[그림61] 보기 기능

(5) 줌(zoom)에서 이름 바꾸기와 공동호스트 지정하기

줌은 [그림62]와 같이 이름을 세 곳에서 찾아 바꿀 수 있다.

① 이름을 바꾸고자 하는 게스트, 호스트의 화면에 마우스를 갖다 대고 왼쪽 마우스를 클릭한다.

② 각 화면 오른쪽 상단에 더보기(···)를 왼쪽 마우스로 클릭한다.

③ 그림에서 ④참가자(👥)를 클릭하면 우측에 참가자를 볼 수 있는 박스가 표시되며 여기 ⑤에서 보는 것 같이 이름을 바꾸고자 하는 곳에 마우스를 갖다 대면 ②와 같이 더보기(···)가 생성되고 바로 왼쪽 마우스를 클릭한다.

이렇게 세 곳에서 찾아 쉽게 이름을 바꾸거나 호스트가 공동호스트나 호스트를 만들 수 있도록 줌은 사용하기 편하게 프로그램을 제공하고 있다.

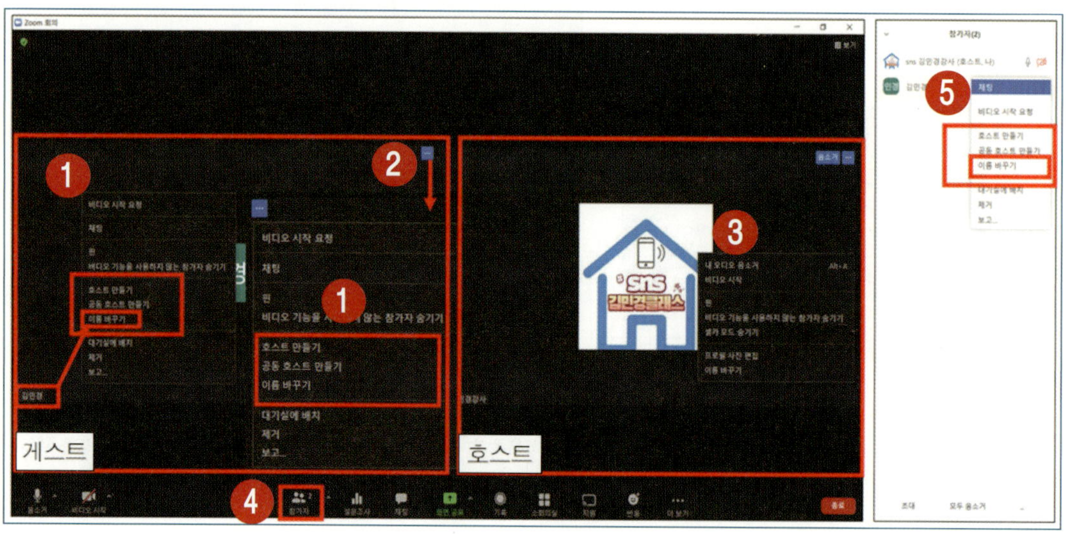

[그림62] 이름 바꾸기

(6) 줌(zoom) 이용 시 자주 생기는 돌발 문제 상황

처음 사용하는 사용자는 "소리가 잘 안 들려요?"라는 문의를 많이 한다. 특히 스마트폰 사용 시 도구바가 생성돼 있지 않아 화면을 터치해 도구바를 형성시키는 걸 인식시키고 문제를 해결해줘야 한다. 문제 상황에 대한 해결방안은 [그림63]과 같다.

① 호스트나 게스트가 줌 회의에 들어올 때 자동 설정하는 방법이다.
② 혹 자동 설정이 안 될 경우 오디오 연결을 클릭하면 된다.
③ 화면이 안 보일 경우 비디오 시작을 클릭하면 된다.

호스트는 이 문제에 대해 잘 숙지해 게스트에게 안내해줘야 한다. 마이크나 스피커 체크 등 모든 점검을 했음에도 불구하고 해결이 안 될 경우는 다시 나갔다가 재접속을 해보면 문제가 해결되는 경우도 많다.

[그림63] 자주 발생하는 문제 - 오디오 설정

2) 줌(zoom) 스마트폰 사용 방법

스마트폰으로 호스트가 줌 개설을 할 때는 [그림64]와 같은 순서대로 개설하면 된다. '안전 운전 모드'가 나오면 화면을 왼쪽으로 드래그해서 넘겨보면 강의실(회의실)로 들어가 있는 것을 볼 수 있고 화면을 계속 왼쪽으로 넘겨보면 참여자를 최대 4명까지 볼 수 있는 화면으로 참여할 수 있다.

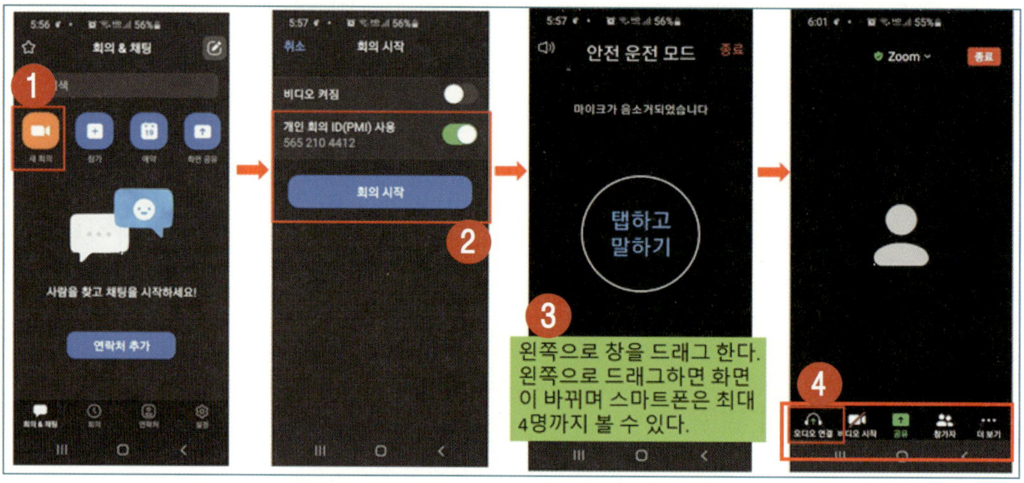

[그림64] 스마트폰으로 회의 개설 방법

회의실 안에 도구바 사용을 하기 위해선 먼저 화면을 꼭 터치해야 함을 명심하자.

그리고 [그림65]와 같이 ⑤ 인터넷전화를 터치해서 오디오 연결(헤드셋 모양)을 ⑥ 음소거(마이크모양)로 전환시켜 소리가 들리고 말 할 수 있도록 해야 한다.

- 소리는 들을 수 있고 상대방에게 내 말은 들리지 않는 상태
- 소리를 들을 수 있고 말도 들리는 상태

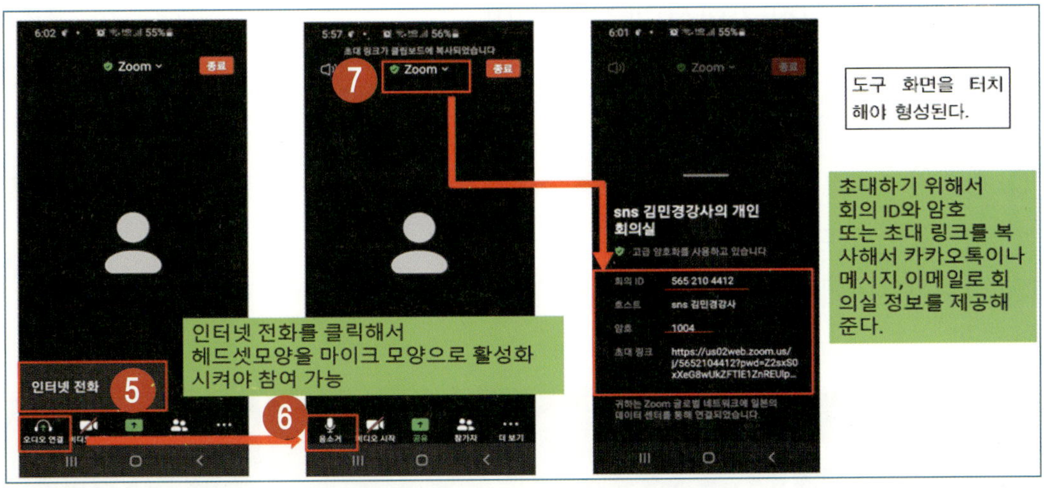

[그림65] 오디오 연결과 회의 정보

(1) 줌(zoom) 로그인 후 홈 화면

줌을 로그인하면 홈 화면에서 새 회의를 열 수 있으며 [그림66]에서 하단의 ◀ 본 화면 종료 버튼을 터치하면 세 번째 화면과 같이 '회의로 돌아가기' 화면으로 바뀐다. 그럼 회의로 돌아가기를 터치하면 본 회의 및 강의실로 돌아간다.

[그림66] 스마트폰 도구바 사용법

(2) 스마트폰 회의실(강의실)과 도구 설명

① **공유** : PC의 화면 공유와 같은 것으로 모바일에 저장된 사진 및 문서, 카메라 등 다양한 것을 공유할 수 있다.

② **참가자** : 회의 및 강의 참가자들을 살펴볼 수 있는 곳으로 손들기, 이름 바꾸기 기능이 있다.

③ **더보기** : 여러 가지 기능이 지원되나 무료와 유료 버전의 차이가 있다.

[그림67] 스마트폰 도구

(3) 이름 바꾸는 방법

[그림67]에서 ② 참가자를 클릭하면 참가자 창에서 보는 것과 같이 이름을 바꾸고 싶은 참가자의 맨 우측에 있는 '>'를 터치하면 이름 바꾸기를 할 수 있다.

(4) 기본 창 비교

비디오가 중지됐을 경우와 비디오가 활성화돼 있을 때의 차이는 [그림68]과 같다. 왼쪽에 있는 것처럼 비디오를 활성화를 시켜야 카메라가 체크되며 전면과 후면 카메라를 사용할 수 있다. 전면 카메라는 나를 찍을 것이며 후면 카메라는 [그림68]과 같이 마주보고 있는 화면을 찍을 수 있다.

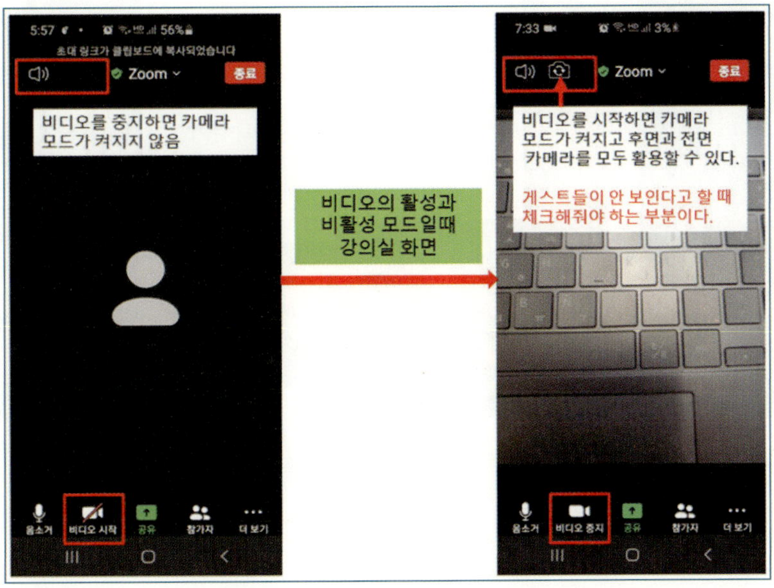

[그림68] 스마트폰 비디오 비활성과 활성

(5) 가상 배경 화면 입히기 및 바꾸기

① [그림68]의 더보기를 터치하면 [그림69]의 화면으로 바뀌며 여기서 ① 가상배경 터치하고 아래 도구바에서 원하는 가상배경을 터치한다.

② 가상배경을 내 사진이나 배경을 만들어 바꾸고자 할 때는 [그림69] ②의 +를 터치한다.

③ 세 번째 그림과 같이 나의 스마트폰에 저장된 갤러리나 다운로드 파일에서 찾아 원하는 배경을 골라 터치하면 바로 가상 배경 화면으로 바뀐 것을 확인할 수 있다.

[그림69] 스마트폰 가상 배경 입히기 및 바꾸기

(6) "가상배경을 설치 할 수 없어요?" 문제 발생 해결법

① 회의 설정에 들어가서 가상배경이 설정돼 있는지 확인이 필요하다. 스마트폰의 사양에 따라 업그레이드가 돼도 가상배경을 못 입히는 경우가 있다.

② 가상배경 설정이 돼 있어도 안 된다면 다시 종료 후 재 입장 또는 앱을 제거 후 다시 설치하기를 권장한다.

(7) 50명 이상의 참가자가 될 경우 화면 창 페이지 확인하기

참가자가 50명 이상일 경우 우측 가운데 ▶를 터치하면 다음 화면으로 넘어가면서 참가자를 확인할 수 있다. [그림70]은 순천시 평생교육과 2021년 평생학습 온라인 강사학교 200여명 줌 강의 가상 배경과 비디오 필터를 활용한 수료식 모습이다.

[그림70] 순천시 평생교육과 2021년 평생학습 온라인 강사학교 수료식 모습

3) 나의 강의실 세팅하기(회의실 설정)

회의실 설정하기는 가입 다음으로 호스트뿐만 아니라 게스트들에게도 중요한 단계이다. 반드시 회의실 설정을 해야 모든 기능을 사용 할 수 있으므로 호스트들은 안내를 해주면 좋다. 줌(zoom)을 가입하고 로그인 되거나 [그림71]과 같이 줌(zoom) 검색을 통해 로그인한다.

[그림71] 줌(zoom) 홈 화면에서 로그인하기

로그인해 들어가면 [그림72]의 왼쪽 계정에서 ① 설정을 먼저 선택해 회의실 보안부터 기타까지 회의실 설정을 먼저 하고 줌(zoom) 강의나 회의를 해야 한다. 대기실 사용 허용하기는 [그림72] ②로 설정하는데 여기서 대기실 사용을 허용하지 않으면 무조건 줌 회의실은 게스트가 바로 입장이 되므로 대기실 사용을 해서 그때 상황에 따라하면 좋다.

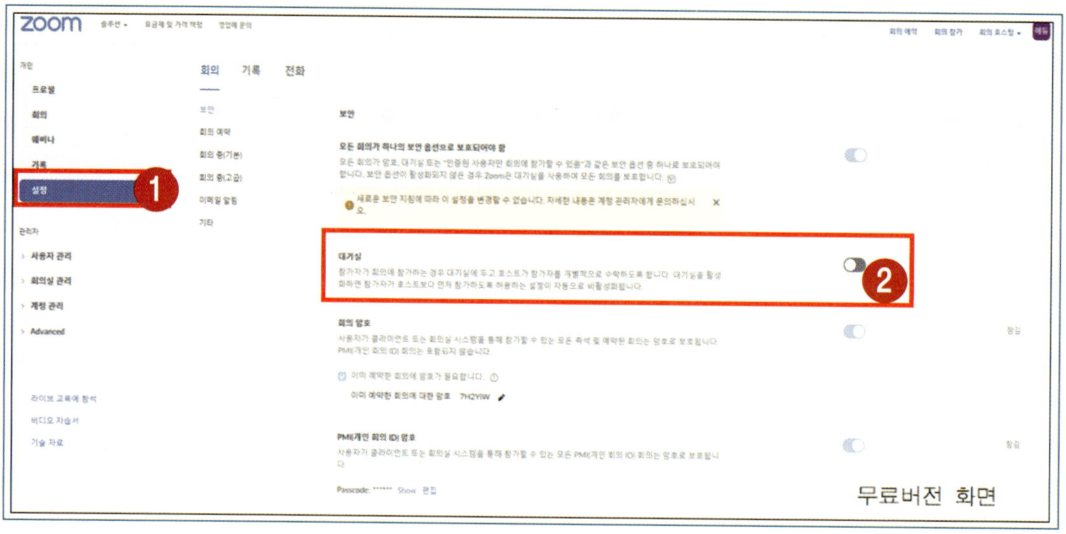

[그림72] 회의 설정 - 보안 설정 화면(무료버전)

(2) 대기실 꾸미기

유료 버전은 [그림73]과 같이 대기실을 호스트가 꾸밀 수 있다. 무료 버전에 없는 대기실 옵션이란 항목이 추가로 뜨며 'Edit Options 대기실 사용 지정'에서 대기실을 꾸밀 수 있다.

[그림74]는 대기실 옵션 꾸미는 과정으로 대기실 사용자 지정을 클릭해 순서대로 원하는 사진과 글을 넣어서 대기실에 들어오는 참가자들에게 알려준다.

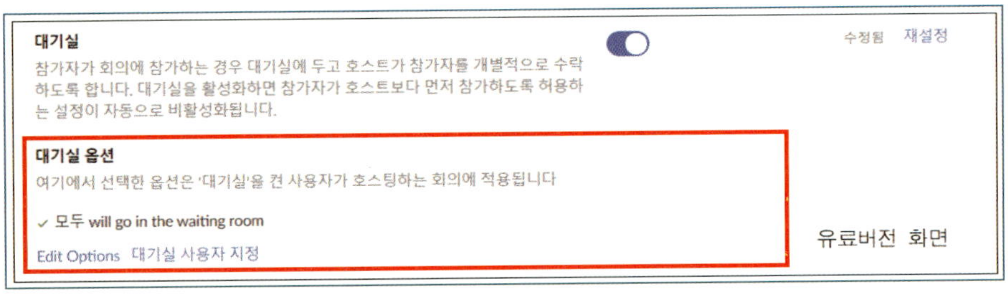

[그림73] 회의설정 - 보안 설정 화면(유료버전)

① ~ ③ 대기실 안내글 : 대기실 사용자들을 위한 안내글을 적으면 좋다.

④ ~ ⑤ 로고 입히기 : 대기실 로고를 넣을 수 있다.

로고는 GIF/JPG/PNG 형식이어야 합니다. 파일 크기는 1MB를 초과할 수 없습니다. 로고 최소 너비 또는 높이는 60픽셀이며 400픽셀을 초과할 수 없습니다.

⑥ ~ ⑦ 대기실 설명 추가 : 대기실 설명을 추가하면 대기실에 기다리는 사람들이 회의실 들어오기 전 확인 할 수 있다.

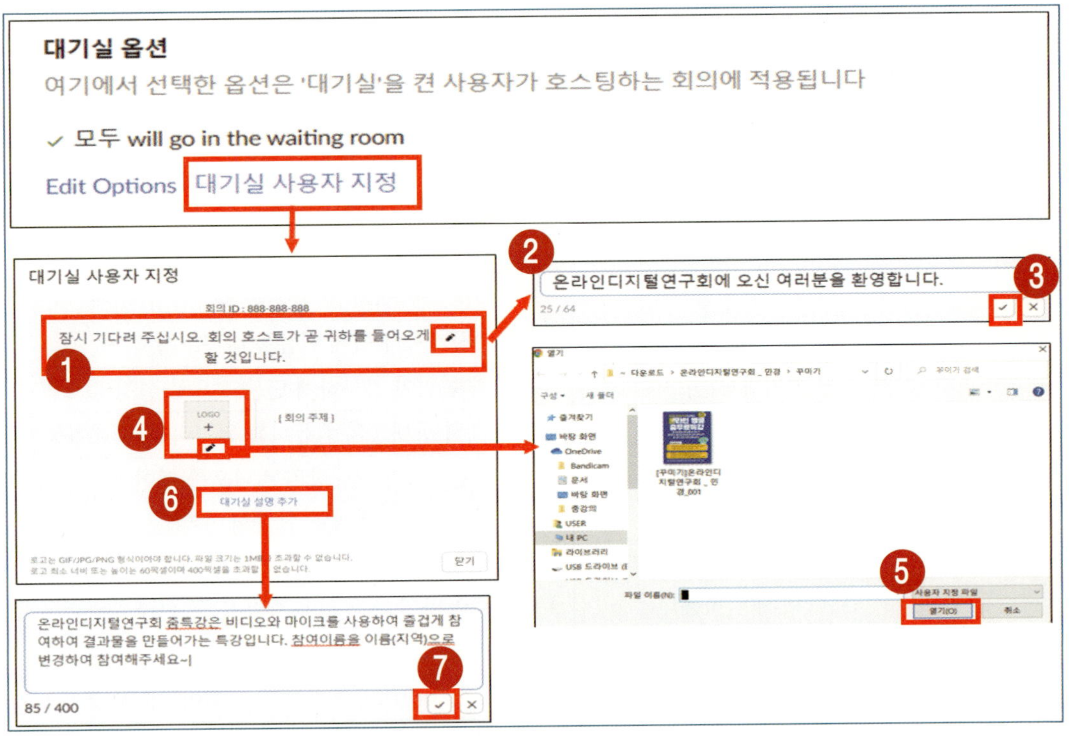

[그림74] 대기 옵션 꾸미기 (유료버전)

(3) 개인 암호 설정

PMI(개인 회의 ID) 암호 (유료버전만 사용가능)는 [그림75]와 같이 호스트나 게스트가 사용하기 좋은 숫자나 본인의 암호로 만들어 저장해 사용할 수 있다.

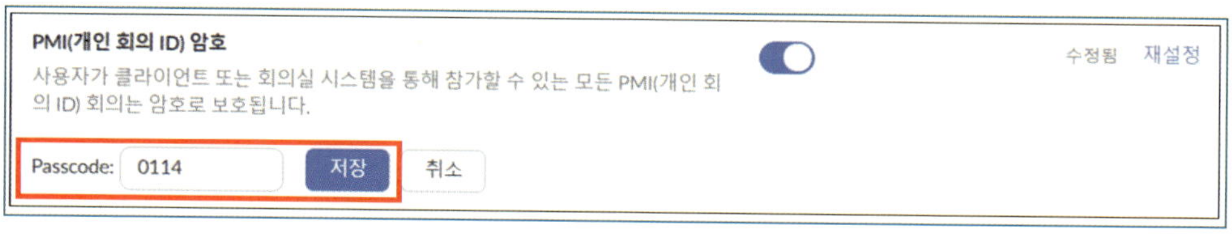

[그림75] 개인의 ID암호 설정하기 (유료버전)

〈소통과 협업이 있는 비대면 강의실(회의실) 이것만큼은 꼭 세팅하고 시작하라!〉

보 안	대기실(대기실 옵션-유료)	대기실 사용 유무를 결정하며 꾸미기도 가능(옵션)
	PMI암호	내가 원하는 암호를 사용할 수 있음
회의 예약	오디오 유형	무료는 컴퓨터 오디오
		유료는 전화 및 컴퓨터 오디오로 설정
회의 중 (기본)	비공개 채팅	1:1 채팅이 가능하도록 하고 회의실에서 조정가능
	채팅 자동 저장	채팅으로 출석부를 만들 때 꼭 중요
	공동호스트(유료)	회의에 공동호스트 지정을 할 수 있음
	회의 설문조사(유료)	강의나 회의 종료 시 설문조사 가능
	회의컨트롤 도구 모음 항상 표시	회의 시 도구바가 항상 보이도록 설정 중요함
	화면공유 중에 ZOOM 창 표시	ZOOM의 호스트 화면을 같이 볼 수 있음
	음성 이외 피드백	이모티콘을 활용한 소통도구
	회의반응	회의 반응도 이미티콘을 활용할 수 있음
	참가자가 이름을 바꾸도록 허용	참가자가 쉽게 이름을 바꾸도록 허용
회의 중 (고급)	소회의실	소통과 협업이 가능하게 만든 것으로 설정 중요함
	원격지원	줌안에서 상대방의 컴퓨터를 원격지원, 제어가능
	반대쪽 카메라 제어	호스트가 상대방의 비디오를 제어 함 (단 쌍방이 설정 돼야 함)
	가상배경 이미지 (비디오 사용 허용)	가상배경을 입히게 함 비디오 가상 배경 사용 허용을 꼭 설정해야 함
	비디오 필터	비디오 필터는 다양한 수업을 만드는 도구
	음소거 해제 권한 요청	호스트가 상대방의 음소거를 제어하도록 요청

[표4] 소통과 협업이 가능한 회의실 설정 리스트

ZOOM은 계속 좋은기능을 활용할 수 있게 업그레이드 되므로 주기적으로 업데이트 하기를 권장한다.

업데이트하는 방법은 [그림76]의 과정과 같다.

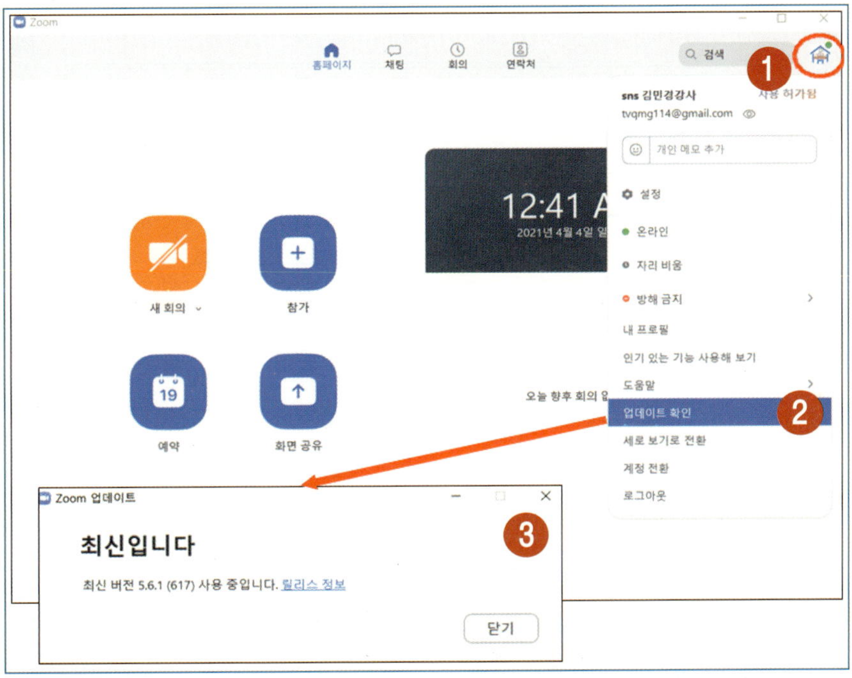

[그림 76] 줌 업데이트 확인 및 업데이트하는 방법(업데이트가 필요시 업데이트창이 뜬다)

5 시스코 웹엑스(Cisco WebeX) PC 버전

'웹엑스(Cisco WebeX)'는 브라우저, 데스크톱, 모바일 앱 또는 비디오 디바이스 어디서든 미팅을 시작할 수 있다. 디지털 화이트보드에서 고해상도 비디오, 오디오 및 기타 다양한 콘텐츠 공유가 가능하다. 이메일 계정만 있으면 5분 만에 웹엑스 미팅을 사용할 수 있고 사용기간 제한 없이 웹엑스의 필수기능을 무료로 사용할 수 있다.

단, 무료사용일 경우 최대 100명의 미팅 참석자, 미팅 당 최대 50분으로 제한돼 있다. 줌 같은 경우 유료버전을 사용했을 때 '설문조사' 기능을 사용할 수 있지만 웹엑스는 무료버전도 설문기능이 탑재돼 있어 보다 유용하게 사용할 수 있다. [그림77]과 같이 구글 검색 창에서 웹엑스를 검색한다.

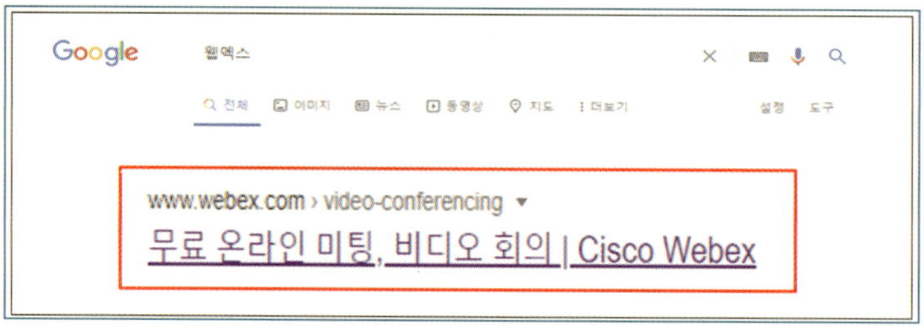

[그림77] 구글 검색 창에서 웹엑스 검색하기

[그림78]과 같이 사이트를 클릭하고 들어가면 메인화면이 뜬다.

[그림78] 웹엑스 메인 화면

1) 웹엑스 PC 버전 활용하기

(1) 웹엑스 회원가입하기

[그림79]와 같이 웹엑스의 회원가입은 무료이다. 단, 링크를 받고 회의에 참여하더라도 회원가입은 해야 한다. 대신 요금제의 사용에 따라 추가되는 기능과 사용시간이 달라진다. 우측상단의 ① 무료시작을 누르기 ② 이메일로 가입 ③ 국가를 선택하고 이름과 성을 넣고 계속 진행한다.

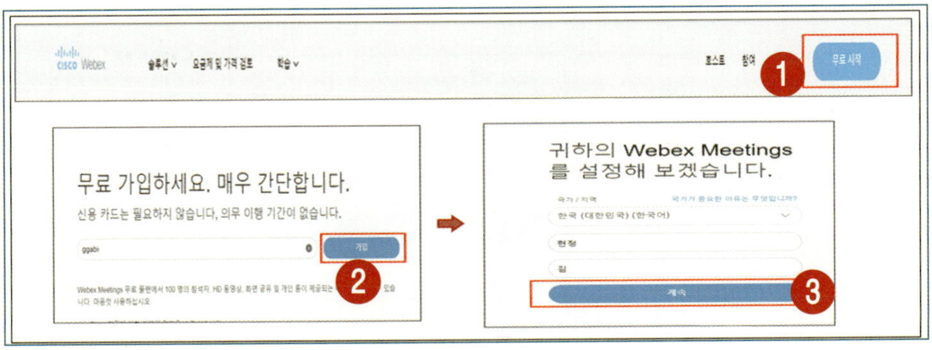

[그림79] 회원가입하기

[그림80]의 ④ 편지함 확인하기를 눌러 확인하기 위해서는 [그림79]에서 ②에 입력한 이메일로 접속해야 한다. 그리고 나서 [그림80]의 ⑤ 비밀번호 만들기를 해야 한다.

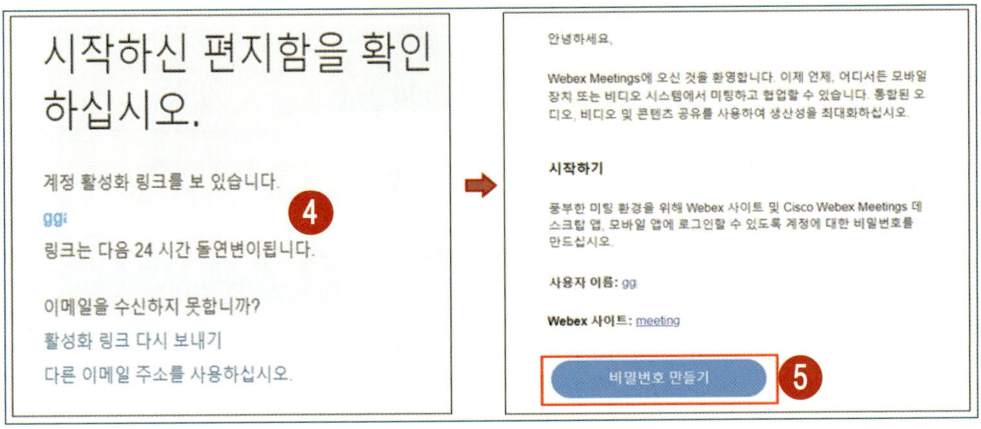

[그림80] 입력한 메일 접속 비밀번호 설정

[그림79]의 ②에 등록한 이메일로 온 메일을 열면 [그림81]의 ⑥처럼 '비밀번호'를 만들 수 있다. 비밀번호 만들기 탭을 누르면 사용자에 관한 비밀번호를 만들 수 있다. 주의할 점은 오른쪽처럼 비밀번호의 설정에 관한 기준에 꼭 맞춰야 비밀번호를 등록할 수 있다. 여기까지 했다면 가입은 완료된 것이다.

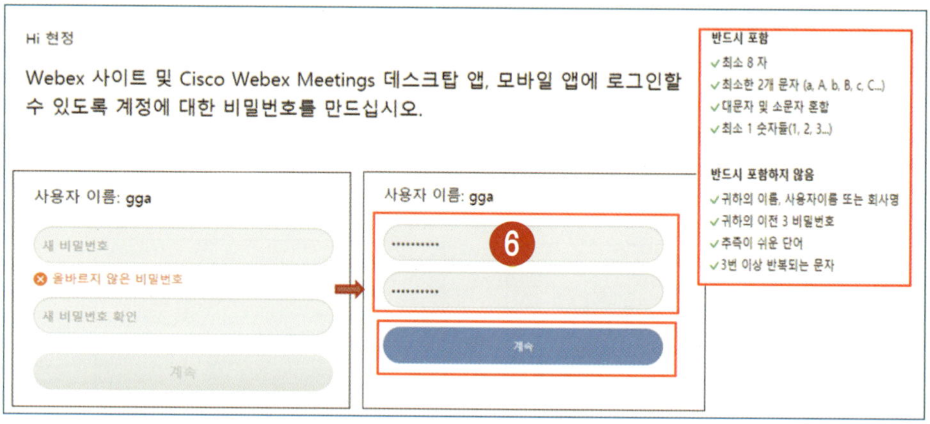

[그림81] 비밀번호 설정에 관한 기준 확인

(2) 웹엑스 다운로드 설치하기

[그림82]처럼 호스트로 회의 개설을 하고자 한다면 웹엑스 사이트에서 ⑦ 솔루션을 누르고 ⑧ 다운로드를 클릭하면 된다.

[그림82] 다운로드로 호스트 회의 개설하기

[그림83] ⑨ 'Windows버전 다운로드' 버튼을 클릭해 웹엑스 미팅 프로그램을 ⑩과 같이 다운로드한다. 다운로드 됐다면 프로그램의 설치 순서는 [그림84] ⑪처럼 실행 → 다음 → 사용 전 계약서 조건에 동의함 체크 후 다음 → 프로그램 설치 → 완료를 클릭하면 완료가 된다. 그리고 로그인을 하면 된다.

[그림83] 프로그램 다운로드 후 프로그램 설치

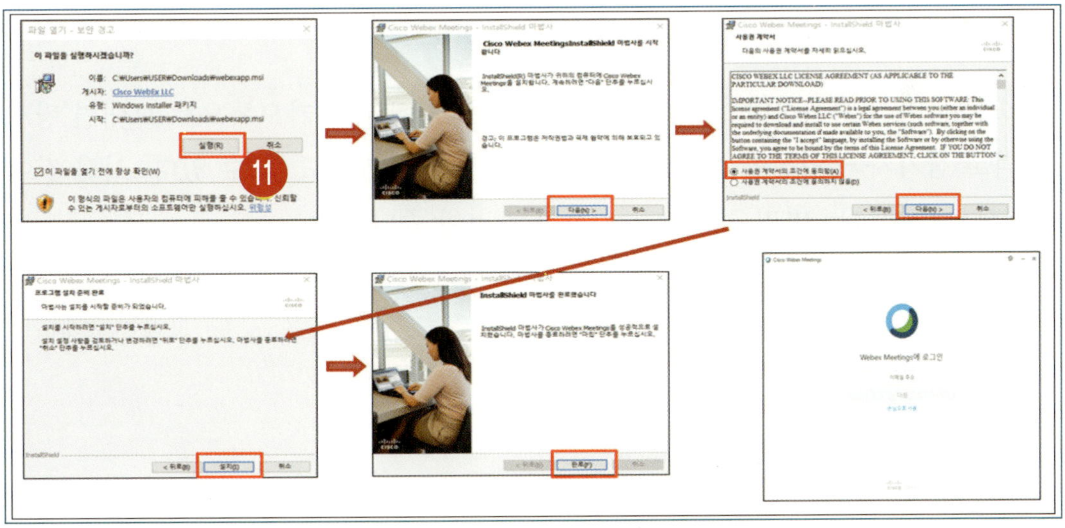

[그림84] 프로그램 설치 순서에 맞춰 진행

(3) 웹엑스 로그인하기

로그인이 됐으면 [그림85]처럼 '미팅 시작하기'를 누르면 하단의 화면이 나타나며 여기서 다시 '미팅 시작'을 클릭한다.

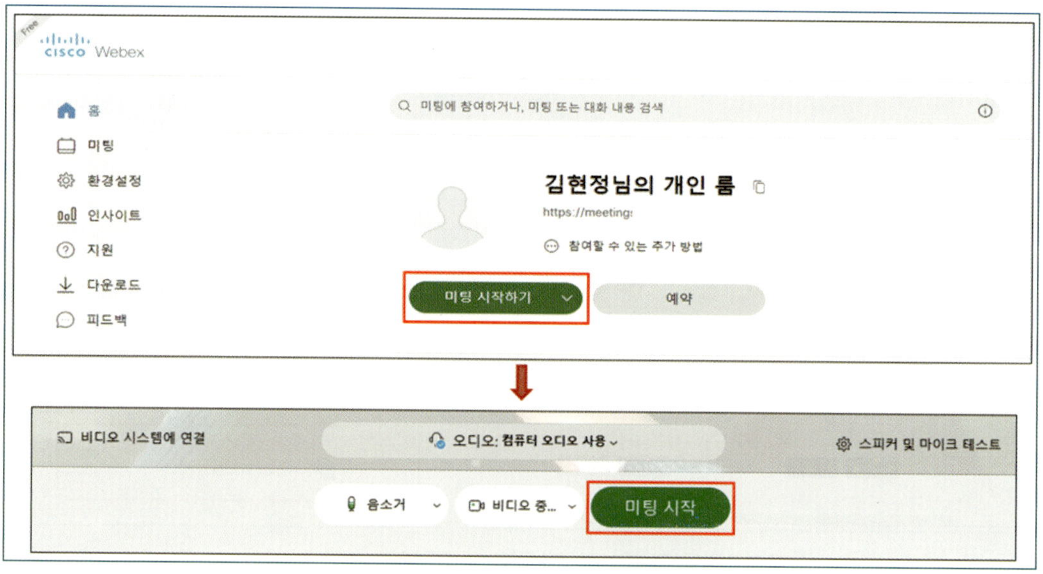

[그림85] 로그인후 미팅시작하기

[그림86]의 미팅시작하기 위에 있는 링크를 복사해서 카카오톡으로 보내면 링크를 타고 참가자가 입장할 수 있다. 미팅시작 전 대기화면도 볼 수 있다. 시작 전에 비디오와 마이크는 미리 점검하고 시작하는 것이 좋다.

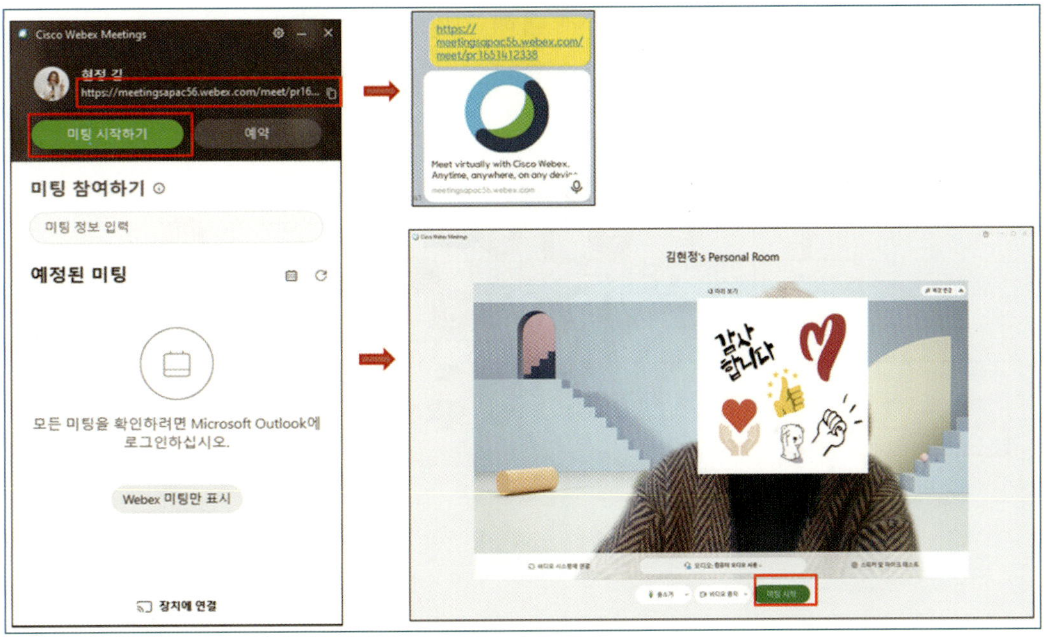

[그림86] 링크전송 회의 참여하기

(4) 도구바 상세기능 알아보기(세부 세션 포함)

[그림87]과 같이 회의실에 입장하게 되면 화면 아래쪽에 알림 바가 있는 것을 알 수 있다.

① **음소거 on, off** : 음소거를 켜고 끄고 할 수 있다.

② **비디오 on, off** : 비디오를 켜고 끄고 할 수 있다.

③ **공유** : 회의 중에 자료를 공유할 수 있는데 텍스트 이미지에 대해 최적화, 동작 및 비디오에 대해 최적화 2개의 구분이 있어 클릭하고 구분해야 하며 반드시 컴퓨터 오디오 공유에 ☑ 를 해야 한다.

④ **녹화** : 줌에서처럼 미팅을 녹화할 수 있는 기능(*.mp4 파일로 저장)으로 한 번 누르면 녹화시작 두 번 누르면 녹화가 종료된다.

⑤ **반응** : 발표자의 회의에 대한 여러 이모티콘의 반응을 표시할 수 있다.

⑥ **추가옵션** : [그림88]에서 따로 설명키로 한다.

⑦ **회의종료** : 미팅종료, 모든 사람에 대해 미팅종료가 있다.

⑧ **참가자확인, 채팅** : 참가자 목록이 표시되고 채팅할 수 있는 창이 있다.

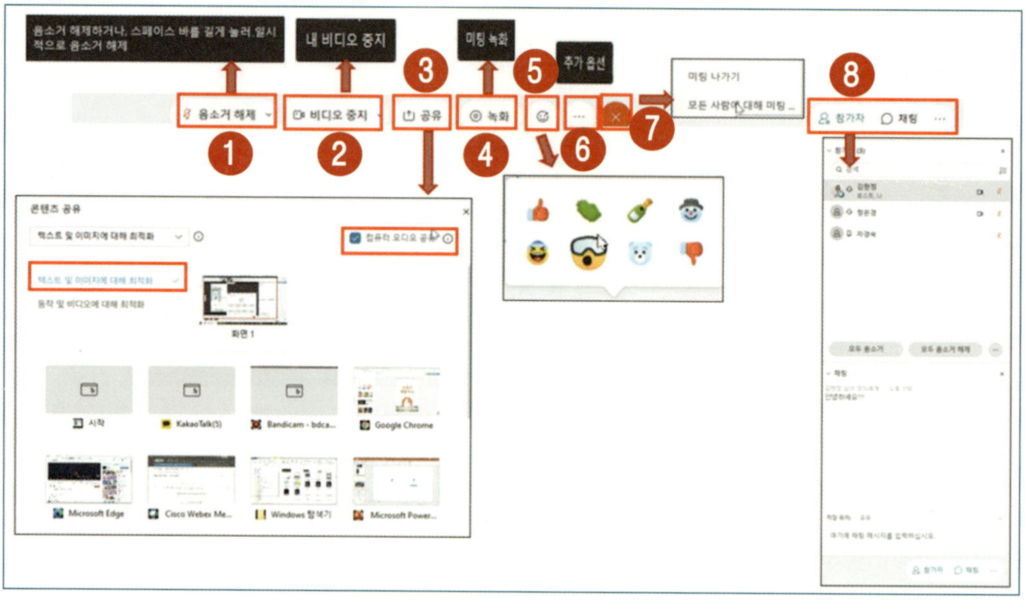

[그림87] 아래 도구바 상세 기능

[그림87]에서 ⑥ 추가옵션을 클릭하고 [그림88]처럼 세부 세션을 활성화하면 하단 알림바에 세부 세션이 추가 되고 줌에서처럼 소회의실 기능을 사용할 수 있다. 설정을 누르면 참가자 세션 참여 허용이나 메인 세션으로 돌아오게 체크할 수 있다. 시간체크는 물론 자동, 수동, 선택 등을 줌과 똑같이 사용할 수 있고 세부 세션에서 이름변경이나 지정 등을 할 수 있다.

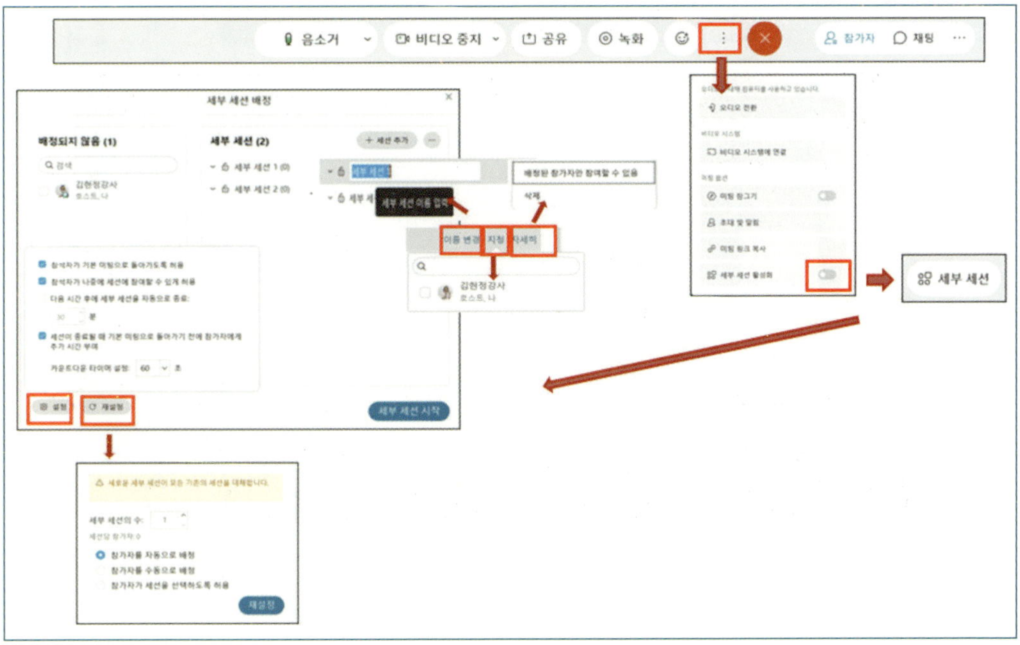

[그림88] 아래 도구바 상세 기능

(5) 주석에 나타나는 다양한 기능

[그림89]에서 상단의 주석을 클릭하면 좌측에 있는 기능들을 사용할 수 있다. 다음은 기능설명이다.

- 화살표의 포인터를 나타낸다.
- 텍스트(글자) 입력을 할 수 있다.
- 선을 나타내는 것으로 일반 선, 단일 화살표, 이중화살표를 사용할 수 있다.
- 사각형·타원형모양, 체크, X표시를 할 수 있다.
- 펜과 연필도구를 사용할 수 있다.
- 색깔 표시를 할 수 있다.
- 내가 쓴 주석과 모든 주석을 지워주는 기능이다.

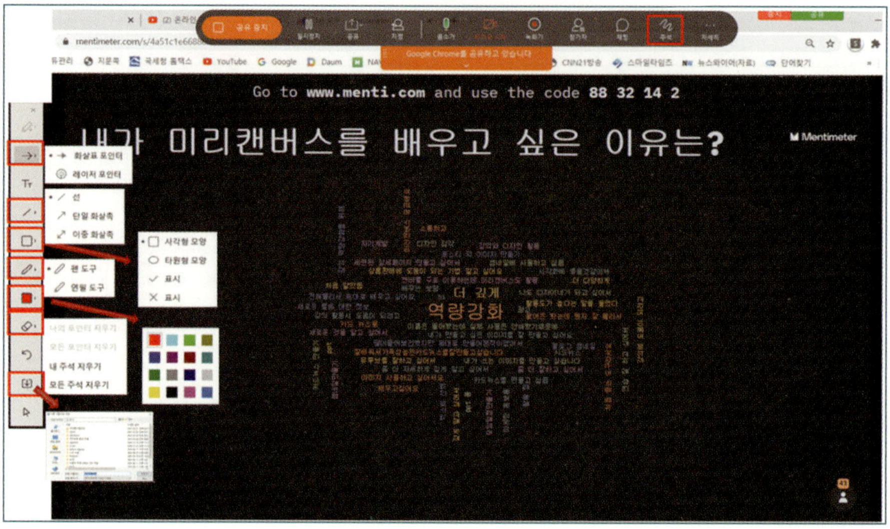

[그림89] 주석에 활용되는 다양한 기능

(6) 가상배경과 카메라 설정 알기

웹엑스도 줌처럼 가상배경을 바꿀 수 있는 기능이 지원된다. [그림90]과 같이 우측 상단의 추가옵션을 클릭하면 원래 지원되는 배경으로 변경도 가능하고 내가 갖고 있는 이미지를 추가해 배경화면을 바꿀 수도 있다.

[그림90] 가상배경 바꾸기

[그림91]처럼 우측 상단의 추가옵션에서 카메라 설정을 클릭하면 스피커 및 마이크 환경을 설정할 수 있다. 그리고 제일 위쪽에 있는 '내 비디오를 거울처럼 표시'를 클릭하면 배경화면이 반전된다.

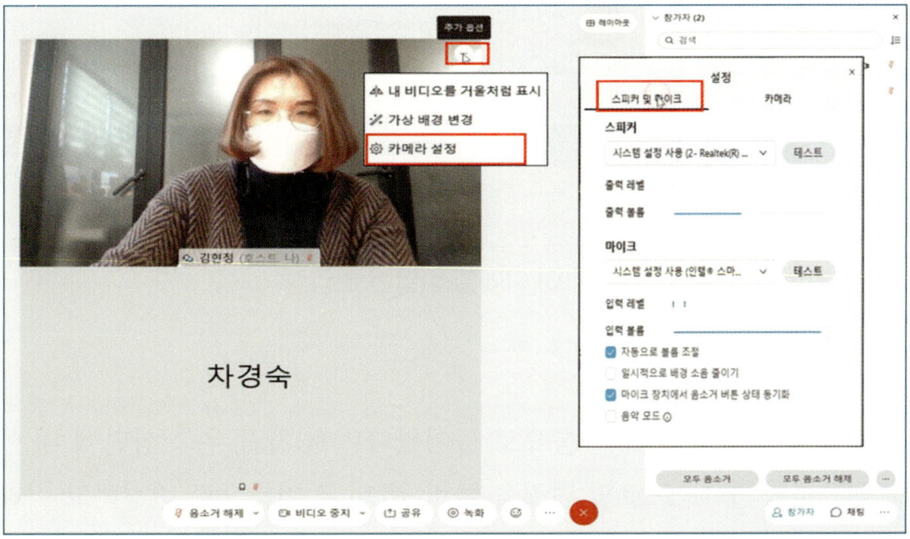

[그림91] 스피커, 마이크 조정, 가상배경 반전 기능

(7) 이름 바꾸는 방법

웹엑스에서 이름을 바꾸려면 줌처럼 화면에서 바로 변경되지 않는다. 먼저 [그림92]처럼 웹엑스 홈페이지에 접속해 ①, ②를 클릭해 사이트에 접속한다.

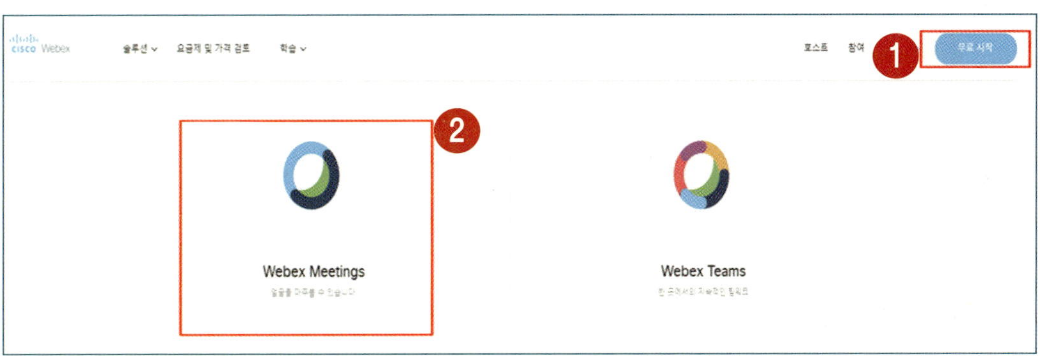

[그림92] 이름 바꾸기는 홈페이지 접속

[그림93]의 ③처럼 이메일과 비밀번호를 입력하고 로그인한다.

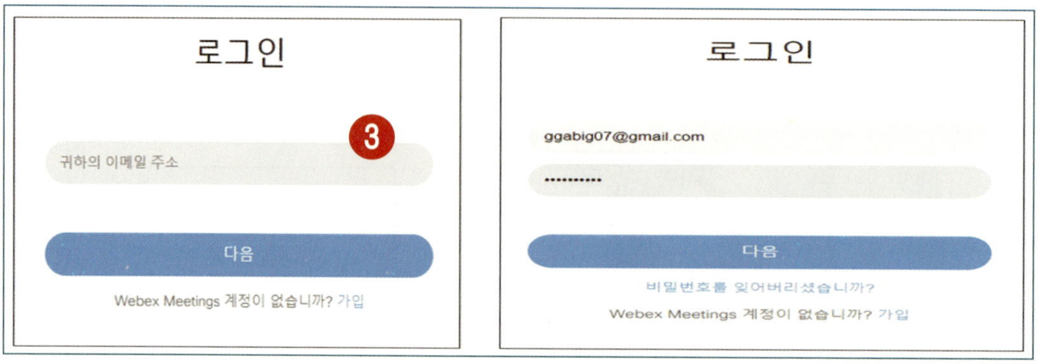

[그림93] 이메일 비밀번호 입력

[그림94]와 같이 본인의 개인 룸으로 들어왔다면 ④처럼 우측 상단에 내 이름 → 내 프로필을 클릭 ⑤ 내 프로필 편집을 클릭 ⑥ 바꿀 이름으로 변경하고 아래 저장을 누른다. 프로필 사진을 변경하고자 한다면 ⑦을 클릭하고 사진을 바꾸면 된다.

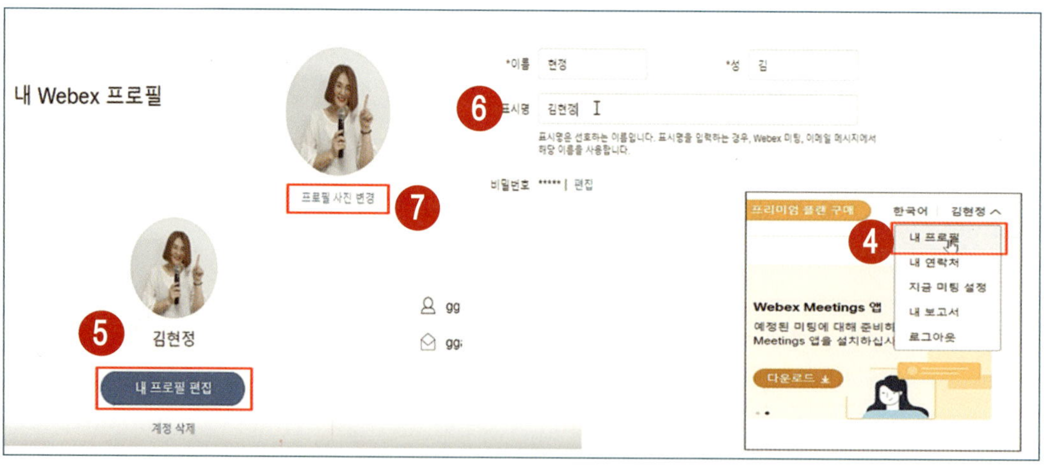

[그림94] 프로필 변경하기

(8) 다용도 활용을 할 수 있는 설문조사기능

줌은 유료버전을 사용해야 설문조사 기능이 있지만 웹엑스는 무료버전에서도 설문조사를 할 수 있다. 설문조사 기능은 예약할 때 참가자 기능에서 미리 사용할 수 있도록 설정을 하거나 강의 중에 사용이 필요한 경우에 화면과 같은 방법으로 기능을 추가할 수 있다.

[그림95]처럼 화면 상단의 ① 보기를 클릭 ② 목록을 클릭 ③ 목록관리를 클릭 ④ 설문조사를 클릭해 추가하고 ⑤ 확인버튼을 누르면 된다.

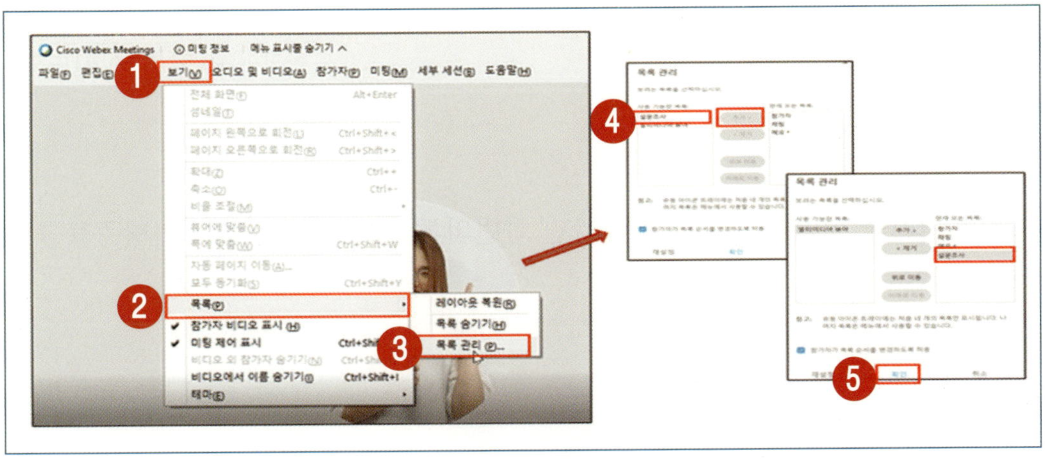

[그림95] 무료버전에서도 지원되는 설문조사 기능

설문조사 기능이 생성됐는지 확인하기 위해서는 [그림96]의 ⑥ 채팅창 옆 더보기 '목록 옵션'을 클릭하면 가운데 이미지처럼 설문조사 기능이 추가됨을 확인할 수 있다. 설문조사의 기능을 사용하면서 ⑥의 설문조사에 더블클릭을 하면 된다. 즉 아래 창에 메모와 멀티미디어 뷰어만 있는데 [그림95]에서 설정을 해야 ⑥번 더보기를 누르면 그 위에 박스처럼 설문조사가 생겨서 나오고 설문조사를 클릭하면 2번째 → 3번째 사진처럼 유형설정도 하고 사용할 수 있게 나온다. ⑦ 설문조사의 기능은 객관식-단답형, 객관식-다답형, 주관식 이렇게 3가지로 적용할 수 있다. ⑧처럼 우측 상단의 X를 누르면 설문조사 목록을 닫을 수 있다.

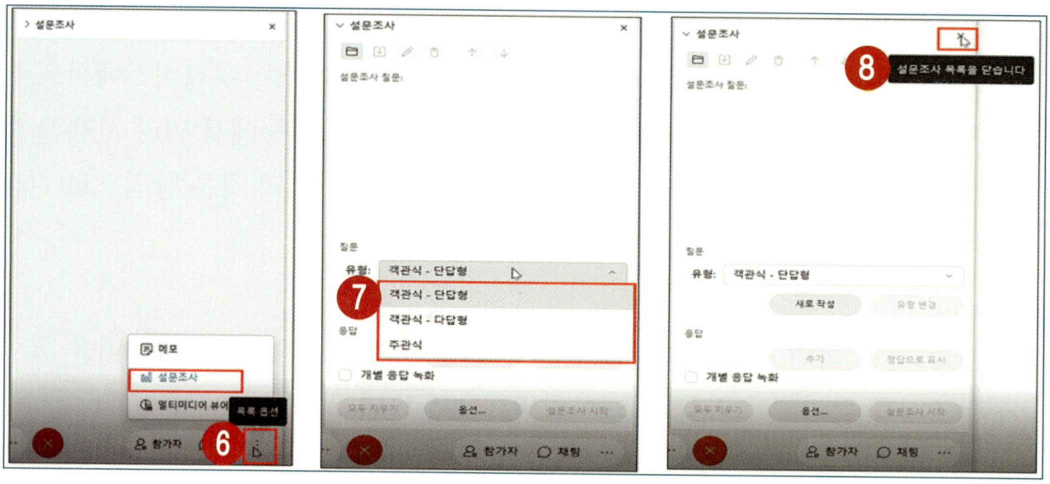

[그림96] 설문조사 기능 생성 확인

(9) 미팅 종료하기

[그림97]처럼 회의를 종료하고 싶다면 화면의 하단의 X를 누르고 미팅종료를 클릭하면 된다.

[그림97] 미팅 종료

2) 웹엑스 모바일 버전 활용하기

(1) 웹엑스 앱 다운로드 설치 후 로그인하기(호스트)

[그림98]과 같이 플레이스토어나 앱 스토어에서 웹엑스 어플을 설치한다. 다 설치가 되면 열기를 터치하고 그림처럼 순서대로 확인 → 수락 → 허용 → 허용 → 허용 → 허용 → 허용을 터치한다.

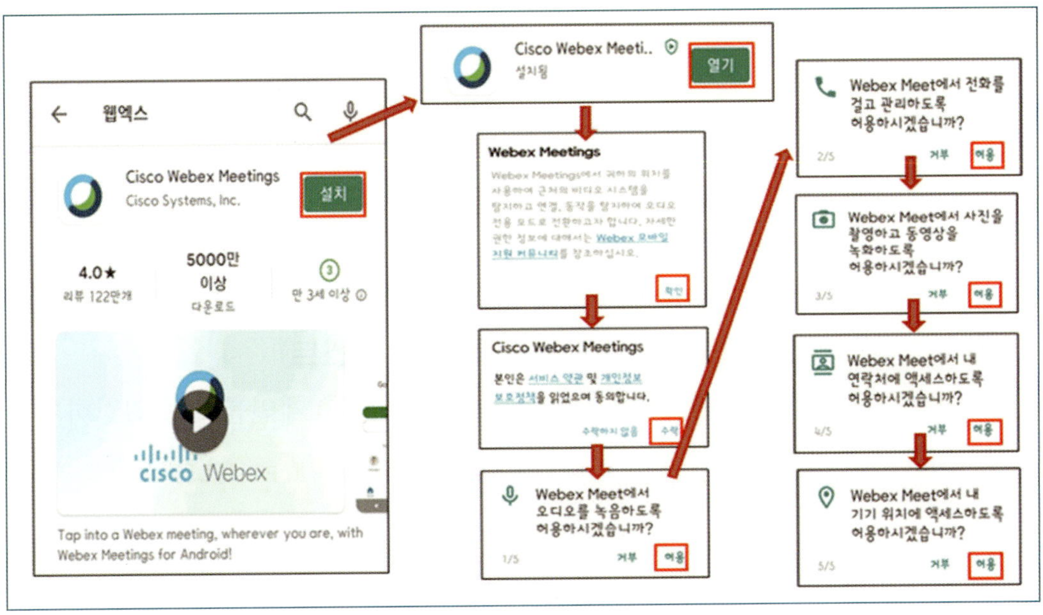

[그림98] 플레이스토어에서 웹엑스 설치하기

[그림99]처럼 설치된 앱을 실행하고 호스트로 참여를 할 경우에는 ① 로그인을 먼저 하고 ② 자기가 사용하는 이메일주소를 입력하고 ③ 다음을 터치한다. ④ 사이트 선택에서 화면에 보이는 사이트를 터치하고 ⑤ 가입할 때 입력했던 비밀번호를 입력하고 ⑥ 다음을 누르면 된다. 로그인을 바로 하는 것이기 때문에 ⑤번과 ⑥번을 누르면 바로 로그인이 완료된다.

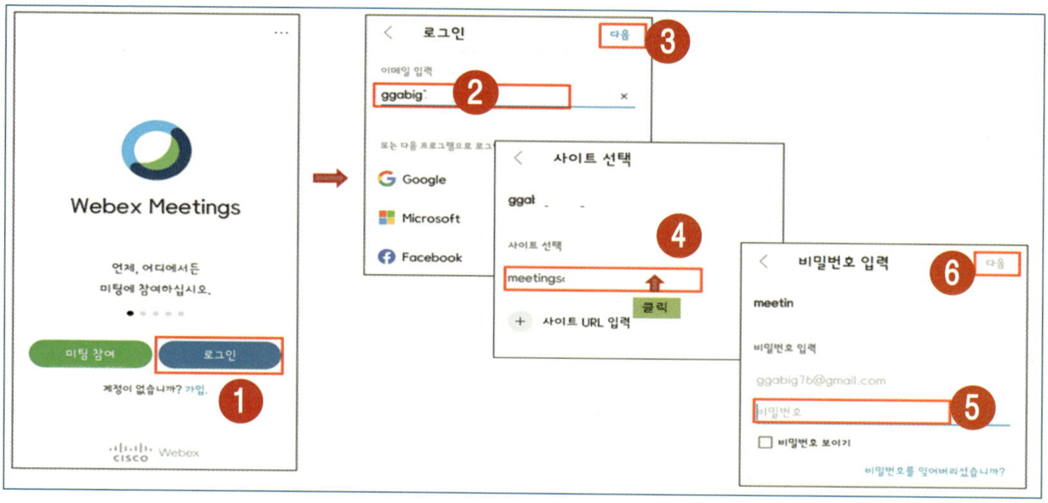

[그림99] 설치된 앱 실행 후 로그인하기

(2) 웹엑스 링크나 미팅번호로 개인 룸 입장하기(호스트)

[그림100]처럼 시작화면이 열리면 ⑦ 미팅시작 터치 ⑧ 개인룸으로 입장하게 되고 시작버튼을 누르면 ⑨ 회의가 시작하게 된다.

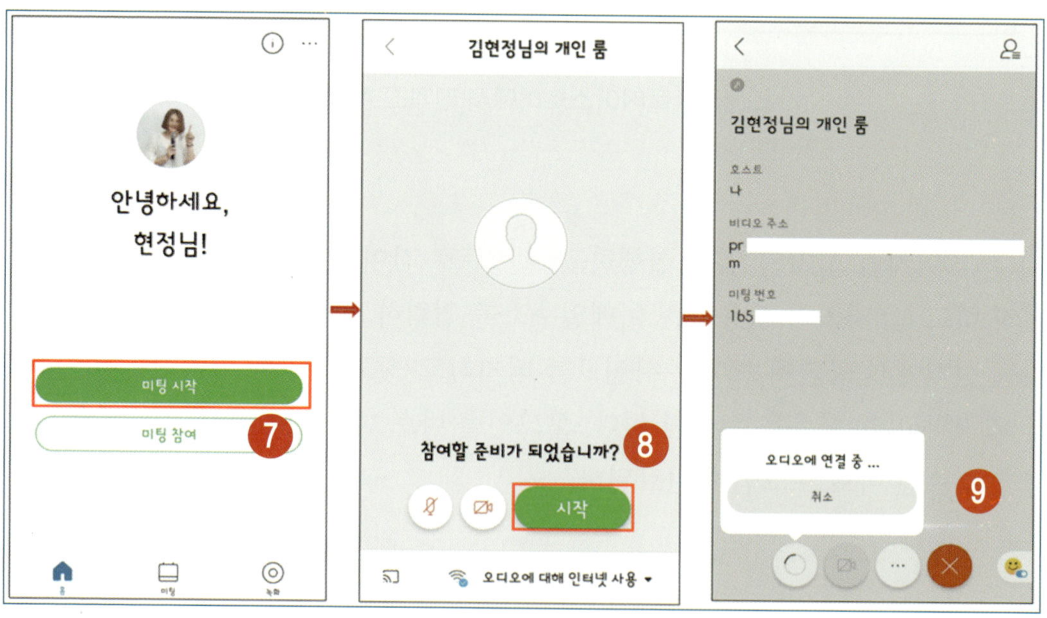

[그림100] 회의 시작하기

(3) 링크를 받거나 미팅번호를 받은 게스트 입장하는 방법

[그림101]과 같이 게스트로 참여할 경우는 호스트가 남겨준 카카오톡 링크를 누르고 미팅에 참여할 수 있는데 미팅에 참여하기 위해서는 호스트가 알려준 미팅번호나 주소를 입력하면 바로 회의 방으로 입장할 수 있다.

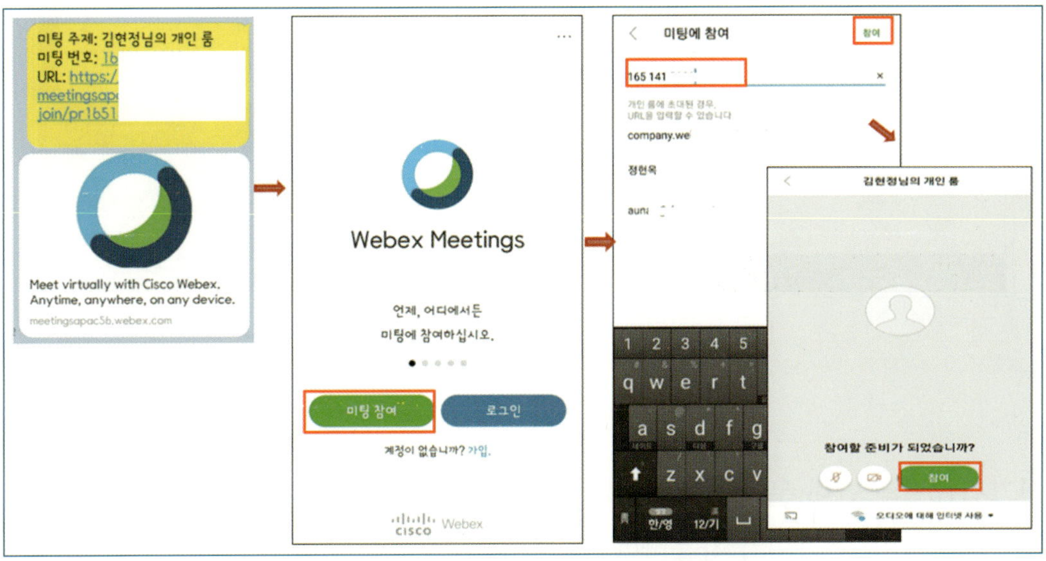

[그림101] 링크 클릭 입장, 미팅번호 입력 후 입장

[그림102]처럼 링크를 받은 게스트는 앱을 다운로드해야 하고 수락 → 이름과 이메일을 입력해야 한다.

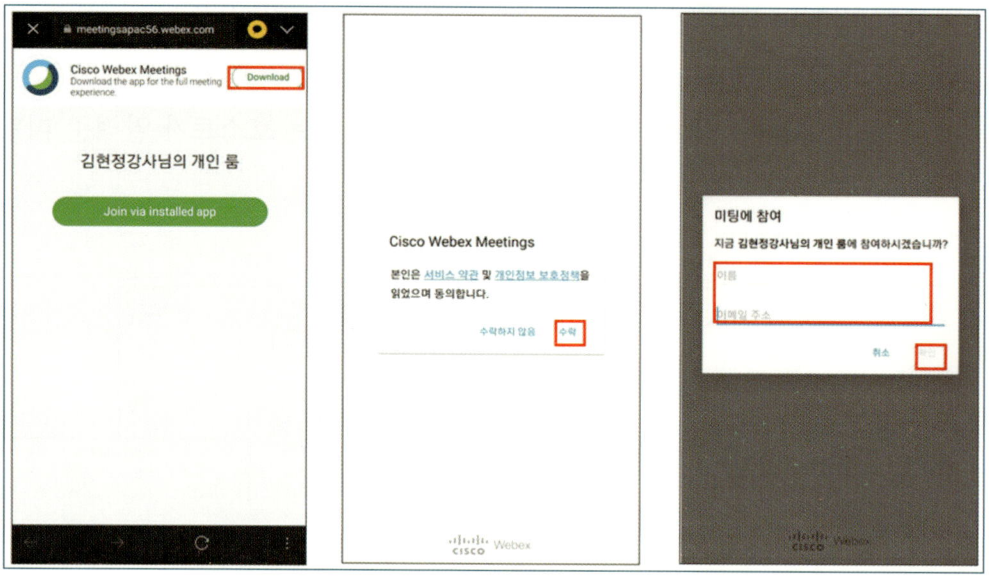

[그림102] 링크를 받은 게스트 다운로드 순서

[그림103]의 안내 문구를 읽어보고 허용을 3번 터치하고 2번 장치연결 확인까지 완료되면 룸 입장 참여가 가능하다.

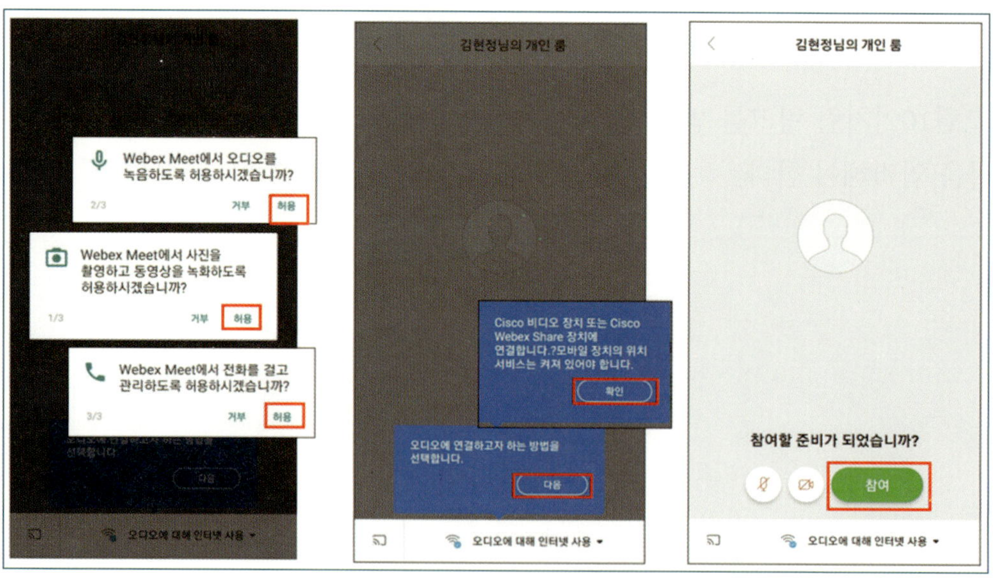

[그림103] 참여가 가능하도록 허용하기

(3) 비디오 가상배경 변경하기

모바일 버전에서 가상화면 바꾸기는 [그림104]의 비디오를 터치 후 가상배경을 터치하면 그림처럼 가상배경화면이 나타나는 것을 볼 수 있다. 그중에 마음에 드는 배경을 골라 변경하면 되고 내가 갖고 있는 사진을 +버튼을 눌러 업로드 후에 변경하기도 가능하다.

[그림104] 비디오 클릭 후 가상배경변경

(4) 더보기의 세부기능 알아보기

[그림105] 하단의 메뉴바 중에 점 3개가 있는 것을 터치하면 왼쪽 그림처럼 바가 나타나는 것을 확인할 수 있다. ① 룸 잠그기 기능은 입장할 수 없도록 잠가버리는 기능이다. ② 스피커/마이크 전환은 터치하면 확인할 수 있다. ③ 바로가기 만들기를 터치하면 홈 화면에 추가할 수 있다. ④ 콘텐츠 공유를 터치하면 공유 팝업창이 뜬다. 내가 공유하고 싶은 것을 터치해 공유할 수 있다. ⑤ 모두와 채팅은 채팅기능이다. ⑥ 설문조사기능은 줌 같은 경우는 유료버전에서 사용이 가능하지만 웹엑스에서는 무료버전에서도 사용할 수 있다. ⑦ 미팅권한을 확인할 수 있다.

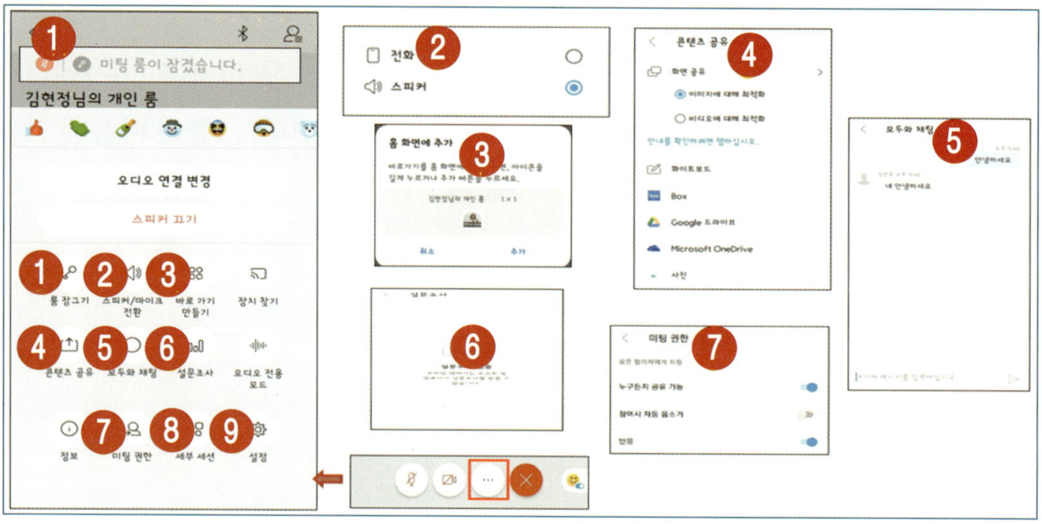

[그림105] 더보기 기능의 세부 기능 알아보기

(5) 세부 세션 배정하는 방법(소회의실)

앞의 [그림105]에서 ⑧ 세부 세션 기능은 줌에서의 '소회의실'과 같은 기능이다. [그림106]과 같이 내가 배정해서 수동이든 자동이든 할 수 있고 배정되면 가운데 그림처럼 참여를 터치하고 참여하고, 참여가 끝나면 세션 나가기를 터치해 나갈 수 있다.

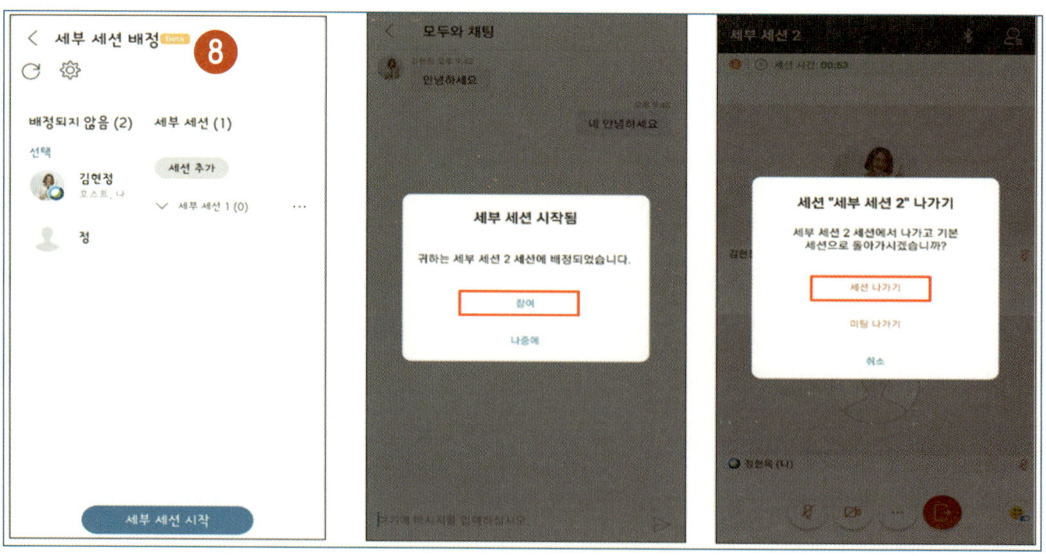

[그림106] 세부 세션 기능 활용하기

(6) 회의 종료하는 방법

앞의 [그림105]에서 ⑨ 설정을 터치하면 [그림107]의 왼쪽 화면으로 바뀐다. 회의를 끝내고 나가기를 하려면 오른쪽 이미지 하단의 X모양을 터치하면 미팅이 종료된다.

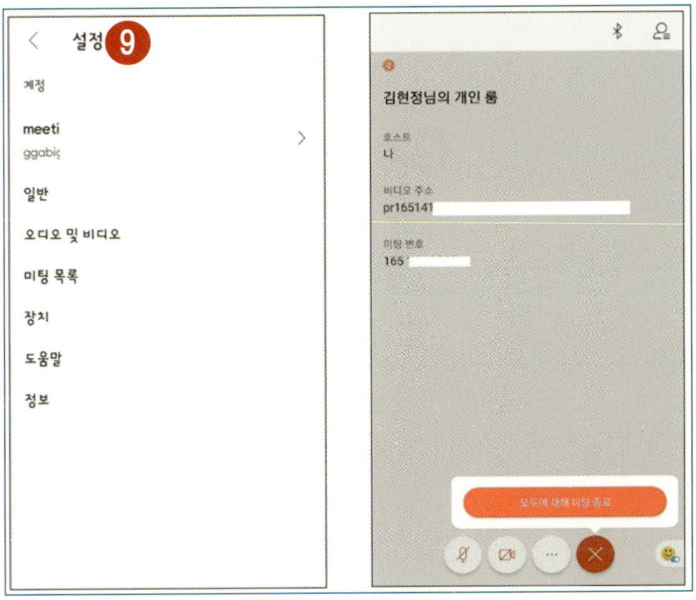

[그림107] 미팅 종료하기

6 구글 미트

'구글미트(Google Meet)'는 구글에서 개발한 화상 회의 서비스로 크롬에 최적화가 돼 있고 구글 아이디만 있으면 바로 접속할 수 있는 장점이 있어 링크만 있으면 간편하게 사용할 수 있다. 영상 끊김 현상이 다른 앱에 비해 적지만 좀 더 많은 인원이 참여해도 끊김 없이 사용할 수 있다. 하지만 다른 프로그램에 비해 부가적인 기능들은 다양하지 않기 때문에 간단한 회의 위주로 진행할 때 사용하면 좋다.

1) 구글미트 PC 버전

(1) 구글미트 설치하기

[그림108]과 같이 구글에 로그인 후 ① 우측 상단의 구글앱 ⠿ 을 클릭하고 ② '구글미트' 아이콘을 클릭한다.

[그림108] 구글 웹에서 미트 선택화면

[그림109]처럼 크롬 브라우저에서 바로 구글미트로 가려면 주소 창에 'https://meet.google.com'을 입력하면 된다.

[그림109] 검색 창에서 구글 미트 주소로 바로가기

(2) 구글미트 게스트로 참여하기

[그림110]과 같이 새 회의가 아닌 링크를 받아서 들어갈 경우는 링크를 입력하고 '참여'를 누르면 바로 회의에 입장할 수 있다.

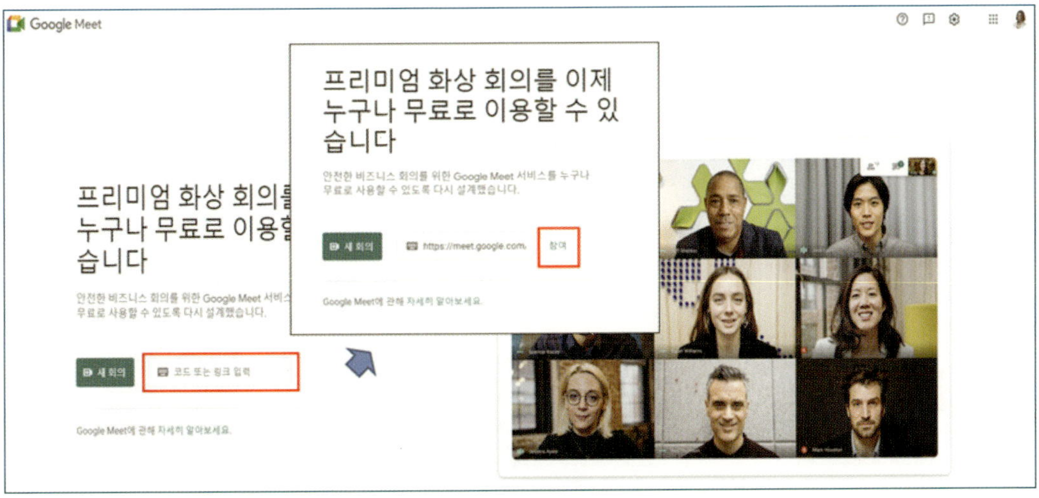

[그림110] 링크를 받아 게스트로 참여

(3) 구글미트 호스트로 참여하기

[그림111]처럼 공유한 링크 접속이 아닌 내가 호스트가 돼서 회의를 만들고 싶다면 ① 새 회의를 클릭해 입장하면 된다.

[그림111] 호스트가 되서 새 회의 개설

(4) 구글미트 회의 예약하기

[그림112]의 ② '나중에 들어갈 회의 만들기'를 클릭하면 회의에 들어갈 링크가 제공된다. ③ '즉석회의 시작'을 클릭하면 바로 구글미트 회의장으로 들어가게 된다. 그 아래 캘린터 일정예약은 구글 캘린더와 연동이 돼 추후 예약도 가능하다.

[그림112] 회의 예약과 즉석회의 시작 만들기

(5) 구글미트 회의링크 공유

[그림113]의 ④는 함께 회의를 할 수 있는 다른 참여자에게 공유할 링크가 생성이 되고 위에 다른 사용자 추가를 클릭하면 가운데 이미지처럼 구글 메일을 주고받는 사람들이 연동되어 뜬다. 카카오톡으로 링크를 보내도 되고 이메일로 바로 전송하면 된다.

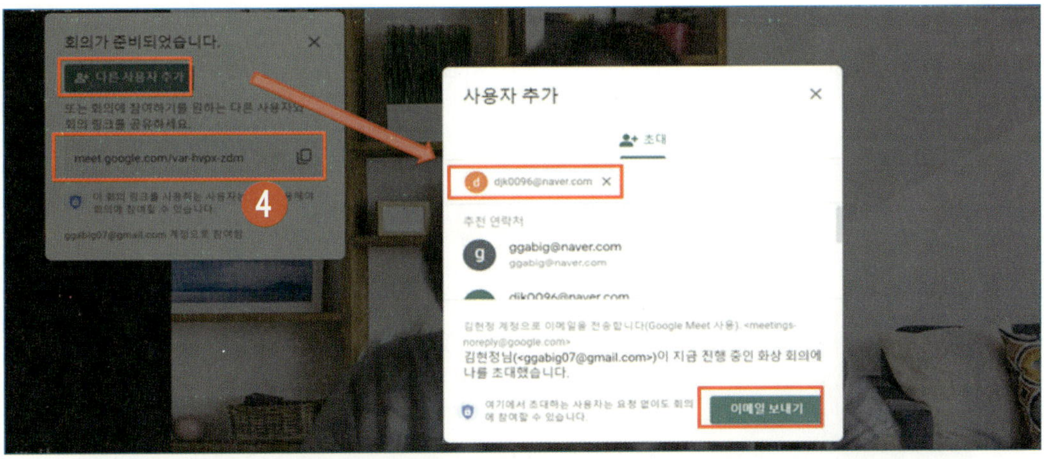

[그림113] 게스트에게 회의링크 공유

[그림114]처럼 회의에 입장하게 되면 ⑤처럼 오디오와 비디오도 꺼져있는 상태이고 ⑥처럼 오디오 비디오를 활성화 시키면 화면에 얼굴이 보이고 말을 할 수 있게 된다. 대기화면은 오른쪽처럼 비디오를 끄면 구글 창의 사진이 그대로 보이게 된다.

참고로 가운데 하단부분은 음소거, 통화종료, 비디오 버튼이 있는 것을 알 수 있다. 처음 사용할 때는 마이크와 비디오 사용을 모두 허용으로 해줘야 한다.

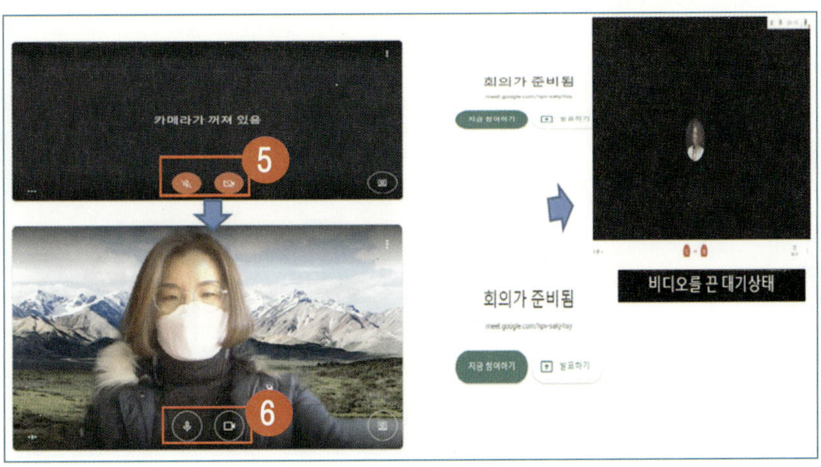

[그림114] 구글미트 입장 후 보이는 화면

(6) 구글미트의 다양한 회의 기능 알기

[그림115]는 회의에 입장하면 보이는 메인화면이다.

[그림115] 구글미트 메인화면

[그림116]의 오른쪽 하단  의 발표시작 옆 점 3개를 누르면 ⑦처럼 여러 가지 기능을 활용할 수 있다. 여기서 화이트보드를 클릭하면 ⑧처럼 나타난다. 새로운 화이트보드 잼을 선택하면 구글 잼보드 판이 나타나고 옆의 드라이브를 선택하면 내가 만들었던 잼보드 판을 확인 공유할 수 있다. ⑨ 새로운 잼보드 판을 시작할 수 있다.

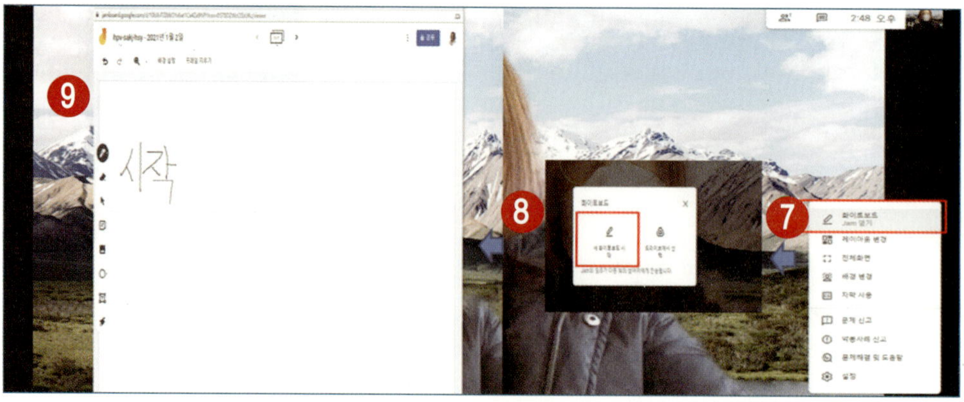

[그림116] 화이트보드 잼 열기

[그림117]의 ⑩ 레이아웃변경을 클릭하면 ⑪처럼 내 마음대로 쉽게 레이아웃을 변경할 수 있다.

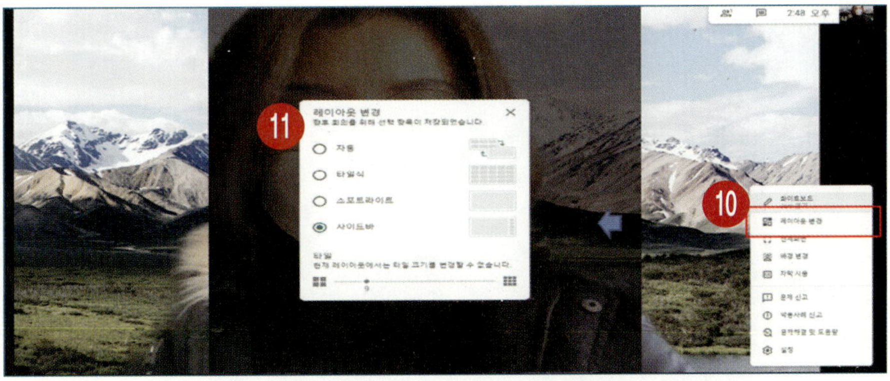

[그림117] 레이아웃 변경기능

줌에서 배경이미지 변경하는 것처럼 구글미트도 [그림118]의 ⑫에서 배경변경이 가능하다. 내가 변경하고 싶은 이미지를 선택 변경하면 된다.

[그림118] 배경이미지 변경하기

[그림119]의 오른쪽 하단  발표 시작을 누르면 ⑬ 내 전체화면은 다른 사람들에게 [그림119]처럼 공유된다는 걸 알 수 있다.

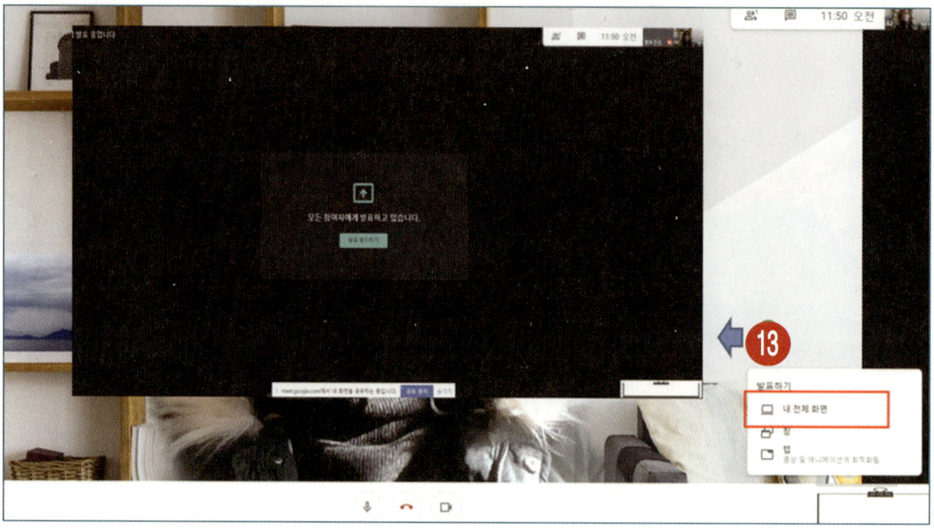

[그림119] 발표시작 공유화면

[그림120]의 발표하기 중에 ⑭ 창을 공유하려면 줌에서 화면공유하기처럼 내가 보여주고자 하는 창을 바탕화면에 미리 띄워놓고 그 중에서 선택해 참여자들에게 공유하면 된다.

[그림120] 화면 공유하는 방법

[그림121]의 오른쪽 상단을 보면 ⑮ 채팅창이 있어 눌러보면 참여자들과 채팅을 할 수 있다. 참고로 우측상단의 아이콘을 보면 참여인원 표시 아이콘, 채팅창, 유료로 사용하게 되면 설문조사, 소그룹 채팅방, Q&A 기능을 확인 할 수 있다.

[그림121] 참가자와 채팅하기

(7) 구글미트의 회의 종료하기

화상회의를 종료하고 싶을 때는 [그림122]처럼 가운데 전화버튼을 누르면 종료된다.

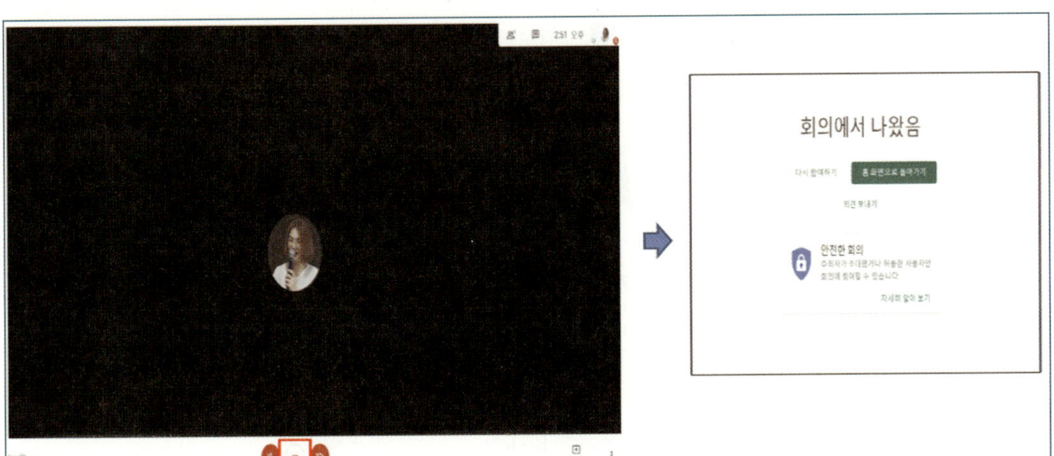

[그림122] 화상회의 종료하기

2) 구글미트 스마트폰 활용 버전

(1) 플레이스토어나 앱 스토어에서 구글 미트 다운로드 후 열기

[그림123]처럼 play스토어나 앱 스토어에서 구글미트 어플을 설치하고 열기를 터치한다. 모바일 사용도 편리하지만 오랜 시간 화상 어플을 사용하게 되면 스마트폰 발열은 물론 30분을 넘기지 않는 게 좋고 가능하면 PC로 사용하는 것이 안전하다.

[그림123] 구글미트 어플을 설치하고 클릭하기

(2) 구글미트 입장하기

[그림124]는 모바일 구글미트로 들어가면 보이는 첫 화면이다. 상단에 두 개의 버튼이 보이는데 회의에 참여하려면 '새 회의'를 터치하면 된다.

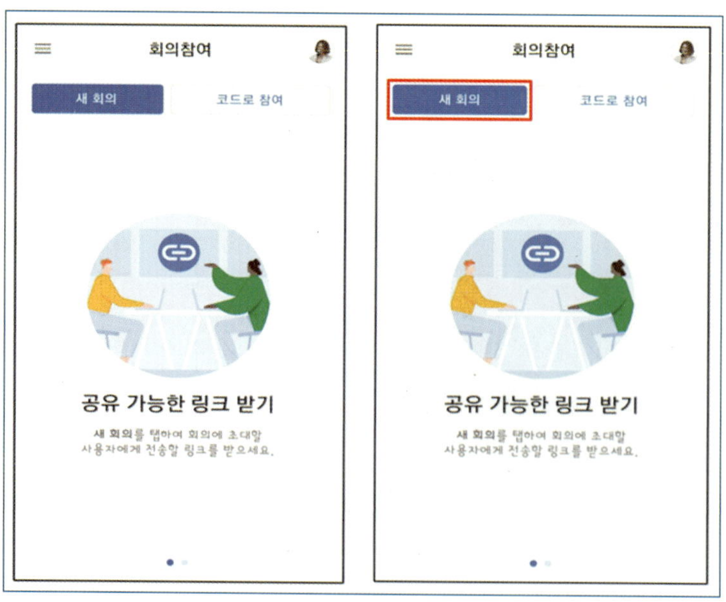

[그림124] 모바일 버전으로 들어가면 보이는 첫 화면

[그림125]에서 '공유할 회의 링크 받기' 버튼은 바로 회의를 시작하는 게 아니고 미리 회의에 들어갈 수 있는 링크를 만들어 놓는 것이다. 링크를 참여자들에게 공유해 준비할 수 있지만 링크가 있다고 참여자들이 아무 때나 들어갈 수 있는 것은 아니다. 회의를 만든 호스트가 먼저 수락을 해줘야 참여자들이 입장할 수 있다. '즉석 회의 시작'을 터치하면 바로 회의에 입장할 수 있다. '구글 캘린더에서 일정 예약'은 구글 캘린더 어플을 사용해 일정을 예약할 수 있는 것이다. [그림125]와 같이 '즉석 회의 시작'을 터치하면 우측 이미지처럼 입장한 화면을 볼 수 있다.

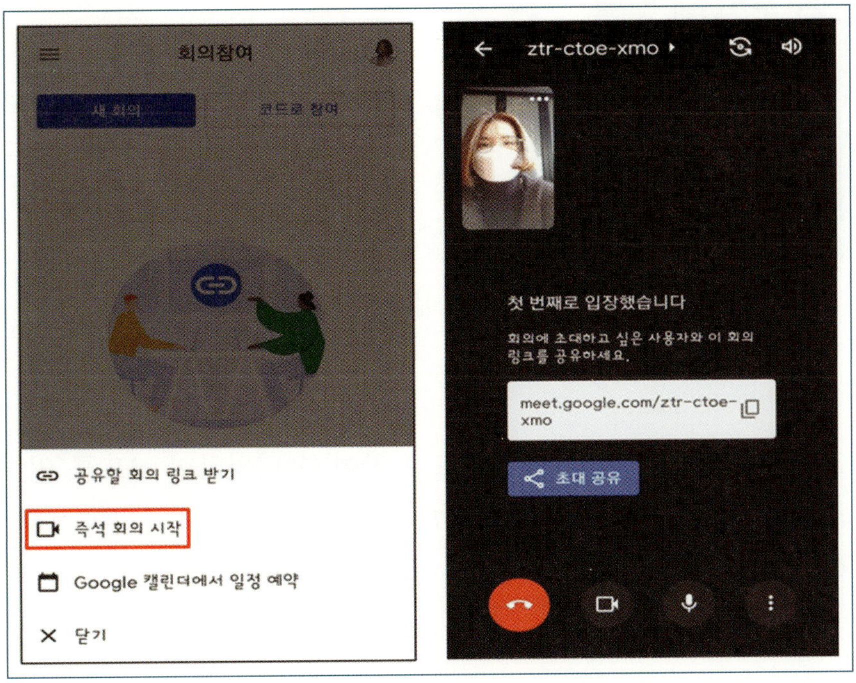

[그림125] 즉석회의 입장하기

(3) 호스트 회의 링크 공유와 참여코드 전송하기

[그림126]에서 호스트가 참여자에게 회의 링크를 공유해야 할 경우에는 복사를 누르면 첫 번째 그림처럼 주소가 복사가 되고 '초대공유'를 누르면 이동된다. 가운데 이미지처럼 내가 어디로 링크를 보내야 하는지 공유대상을 선택해서 공유 링크

를 보내면 된다. 카카오톡으로 링크를 공유했다면 세 번째 이미지처럼 카카오톡 화면에 나오기 때문에 그 링크를 터치하면 회의에 참여하게 된다.

[그림126] 호스트에게 링크공유하기

[그림127]의 첫 번째 이미지처럼 '코드로 참여'를 터치하면 코드를 입력할 창이 뜨게 된다. 두 번째 이미지처럼 링크를 그대로 복사해서 붙여 넣기를 하면 안 된다. 세 번째 이미지처럼 meet.google.com/ 다음에 적혀있는 코드만 입력해야 참여가 가능해 진다.

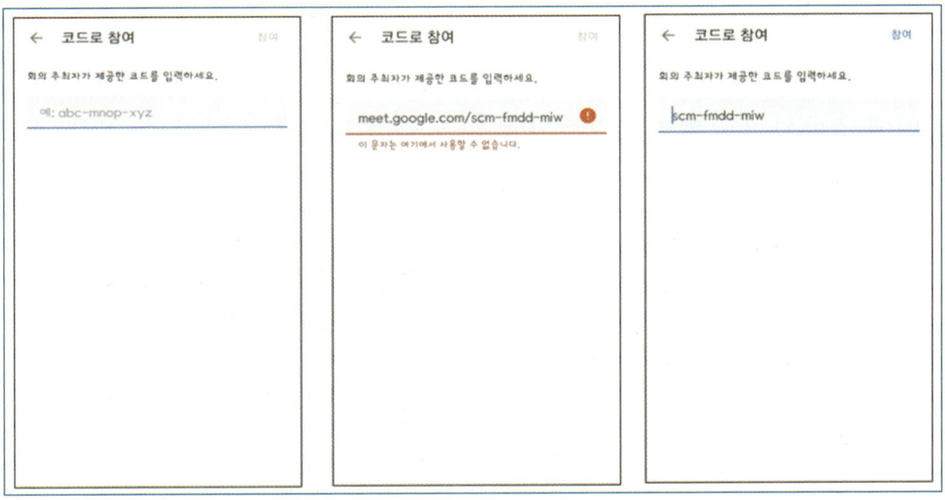

[그림127] 회의에 코드로 참여하기

(4) 오디오, 비디오 on-off 기능

[그림128]의 첫 번째 이미지는 비디오를 필요에 따라 켜고 끄고 할 수 있는 기능이며 두 번째 이미지는 내 목소리의 음소거를 켜고 끄고 할 수 있는 기능이다. 빨간색 통화버튼을 누르면 회의 창에서 나가기가 된다.

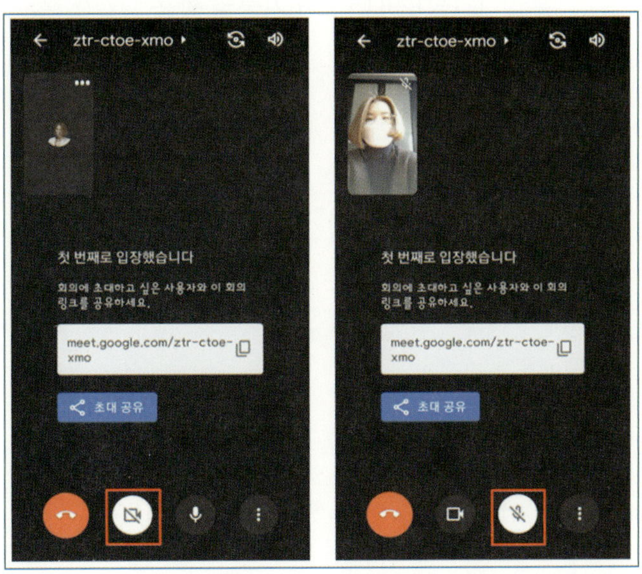

[그림128] 비디오, 오디오 on, off기능

[그림129]의 첫 번째 이미지처럼 하단 우측의 점 3개를 누르게 되면 두 번째 이미지와 같이 다양한 기능들을 활용할 수 있다. 화면의 얼굴은 16명까지 볼 수 있다. 화면에서 나가기는 빨간색 통화버튼을 누르면 회의에서 나갈 수 있다.

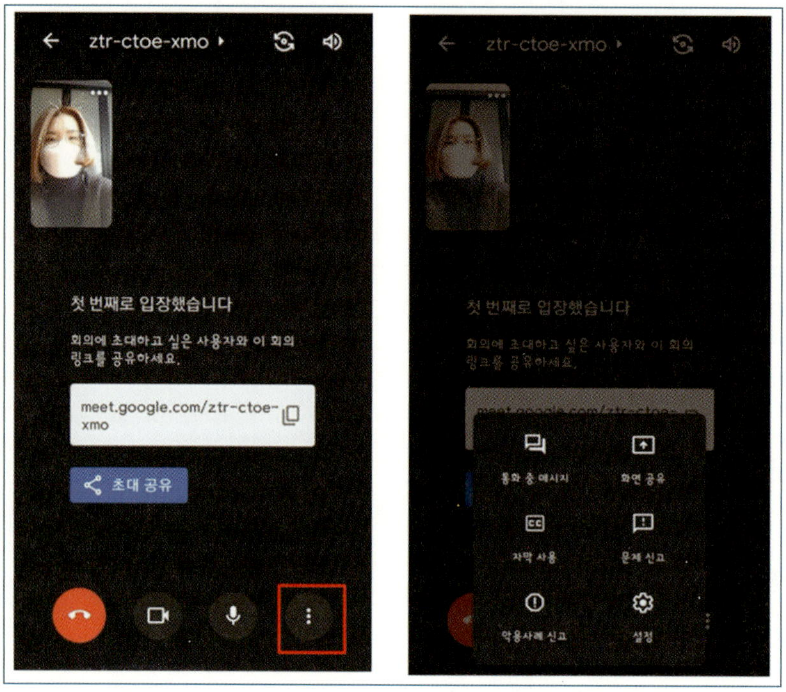

[그림129] 더보기 기능의 활용

Chapter 5

만족도 높은 비대면 교수법 '소통과 협업 툴'

김민경 김현정 손윤숙

소통과 협업을 이끄는 디지털 도구 활용은 비대면 교수법에서 가장 중요한 요소이다. 본문에서는 디지털 도구를 선택할 때는 우선 강의 참여자가 사용하기 편리하고 실시간으로 쌍방이 결과물을 발표하고 피드백 하기 쉬운 도구 툴만 소개하고자 한다.

1 멘티미터(Mentimeter)

1) 멘티미터(Mentimeter) 소개

필자는 [그림1]과 같이 멘티미터(Mentimeter)를 통해 강의 시작 전 참가자들의 니즈를 파악하고 이를 강의 내용에 반영해 참가자들이 원하는 강의를 하는데 사용한다. 또는 아이스브레이킹(ice breaking), 퍼실리테이션(facilitation)에 사용해도 좋다.

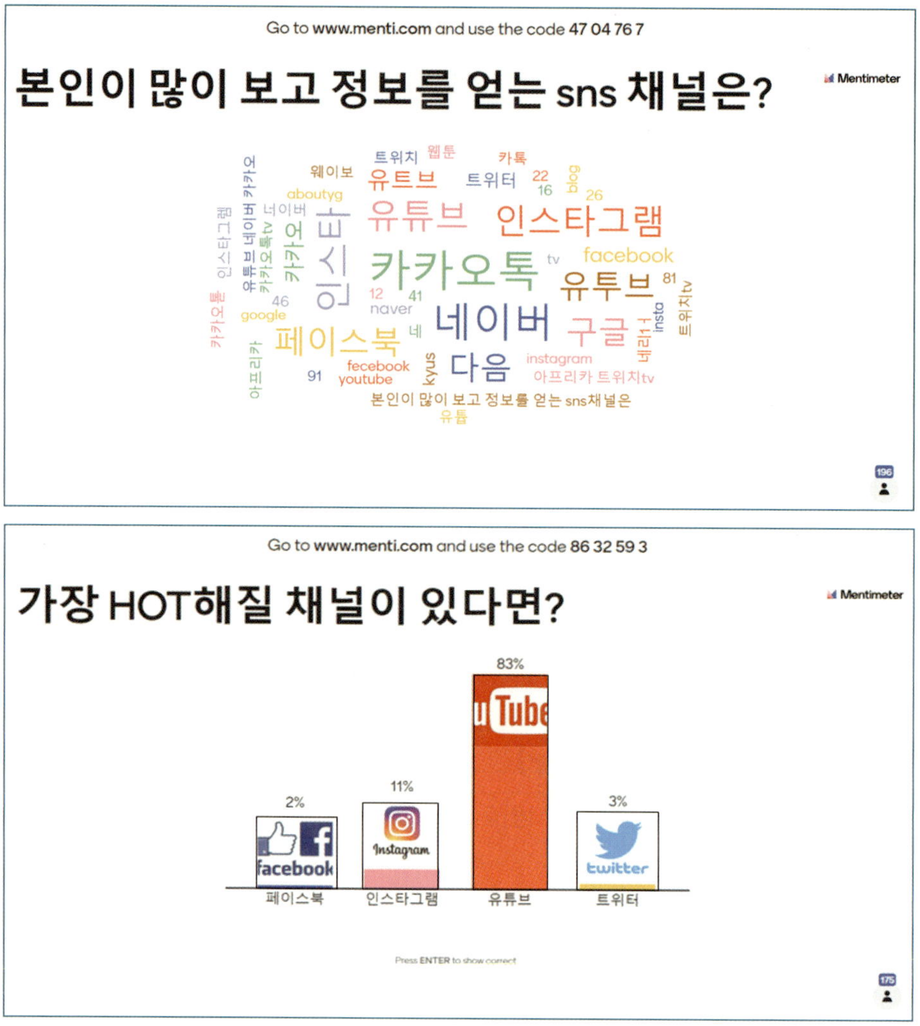

[그림1] 저자가 멘티미터로 강의에 활용한 사례

멘티미터로 비대면 교육장에서 [그림2]와 같이 다양한 활동을 할 수 있는 프레젠테이션 형태가 다양하다. 그리고 이것을 실시간 쌍방향으로 참여하면서 결과를 바로 보며 피드백 할 수 있는 소통과 협업도구로 사용할 수 있다. 강의나 회의실에서 의견도 나누고 랭킹도 다루면서 어떻게 제시하느냐에 따라 다양한 만족도를 높일 수 있어 소개하고자 한다.

멘티미터 무료는 하나의 프레젠테이션에 2장의 슬라이드만 제작이 가능하며 더 많은 슬라이드를 만들어 사용하려면 새로운 프레젠테이션을 만들거나 유료 업그레이드를 통해 사용이 가능하다.

[그림2] 멘티미터의 다양한 프레젠테이션 소개

2) 멘티미터 가입하기

[그림3]과 같이 구글 검색 창에 멘티미터를 검색해 홈페이지에 접속한다.

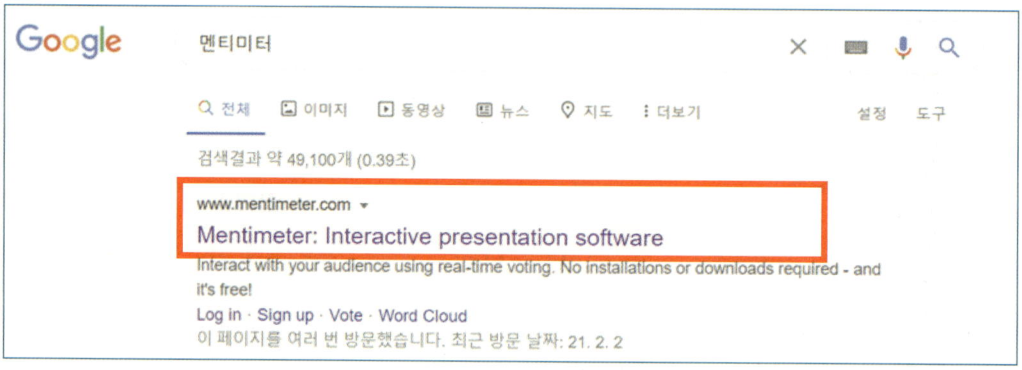

[그림3] 구글 검색

가입 절차 순서는 [그림4~6]처럼 따라하면 된다. 영어로 된 화면이 불편할 경우 화면 아무 곳에서든 [그림5]처럼 오른쪽 마우스를 클릭해 '한국어로 번역'을 선택해서 보면 편하다.

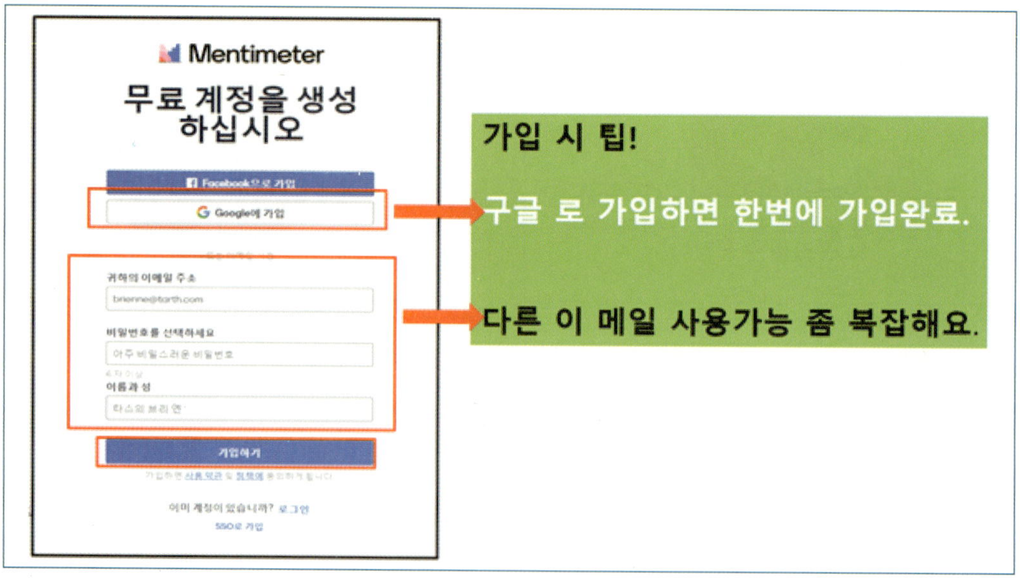

[그림4] 무료 가입하기

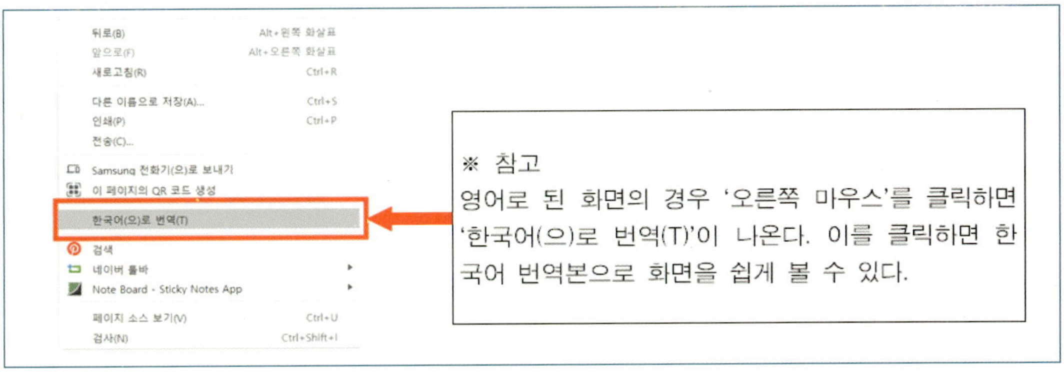

[그림5] 오른쪽 마우스를 이용한 한국어 번역하기

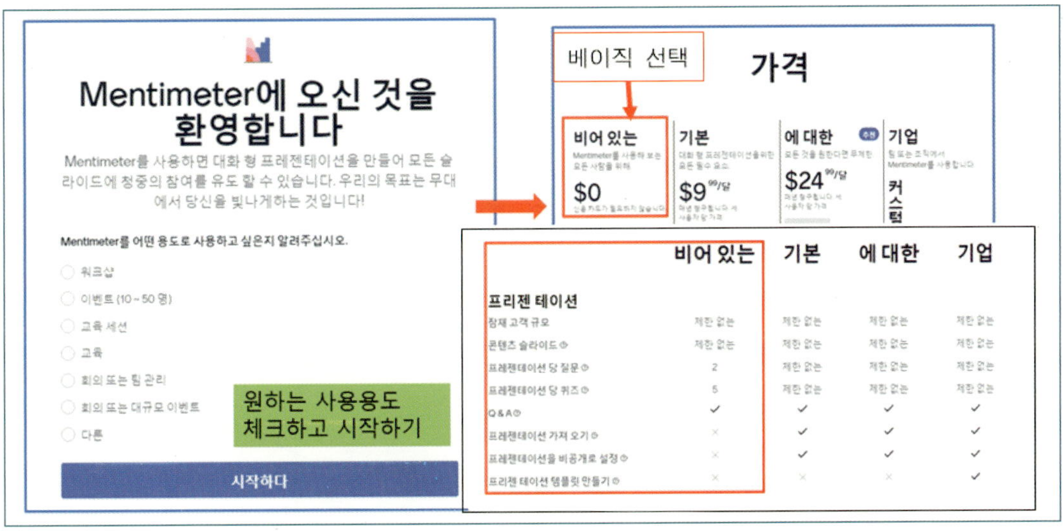

[그림6] 한국어로 번역된 멘티미터 가입화면

3) 멘티미터 (Mentimeter) 사용방법

(1) 새 프레젠테이션 만들기

[그림7]의 ① 새 프레젠테이션은 새로운 프레젠테이션을 만들고자 할 때 선택한다.

(2) 프로필

프로필에는 ② 설정 ③ 로그아웃이 있다.

[그림7] 홈 화면(오른쪽 마우스 '한글 번역'을 사용한 화면)

[그림8]은 번역 전과 후 화면이다. 번역된 화면으로 작업하는 것이 편리하다.

[그림8] 멘티미터 번역 전과 번역 후 화면

(3) 무료 버전

무료버전은 새 프레젠테이션 안에 슬라이드가 열리면 [그림9]와 같이 보인다.

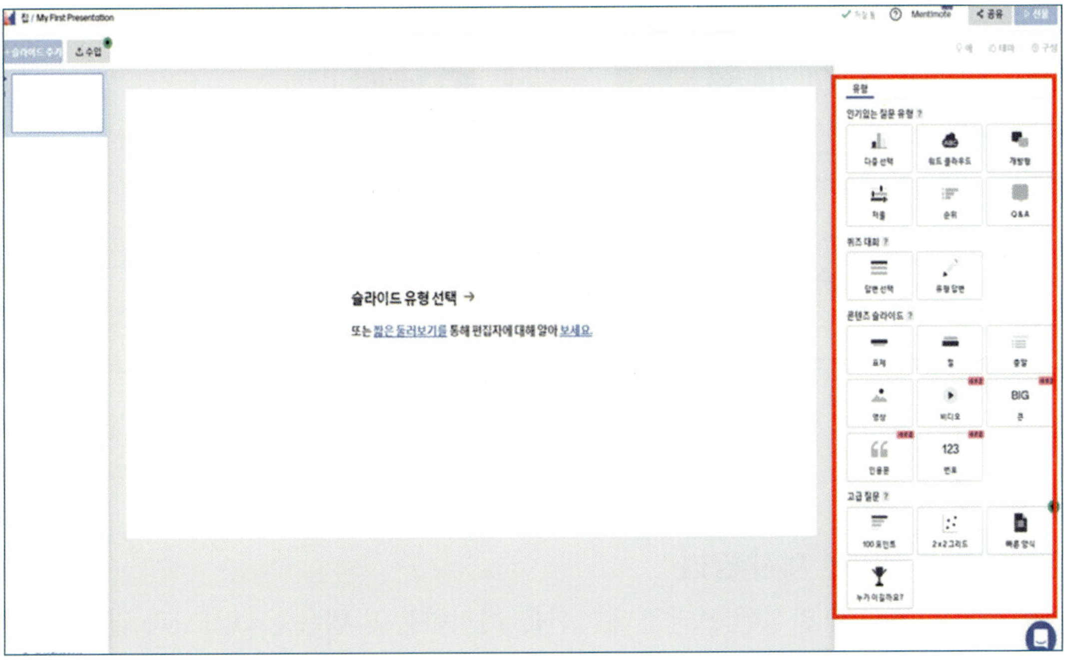

[그림9] 새 프레젠테이션에 들어 온 화면(오른쪽 마우스 '한글 번역'을 사용한 화면)

(4) 프레젠테이션 만들기

자신이 원하는 프레젠테이션을 만드는 순서는 [그림10]에서 보는 것과 같이 원하는 유형과 테마를 결정한 후 마지막 함유량을 설정하면 된다.

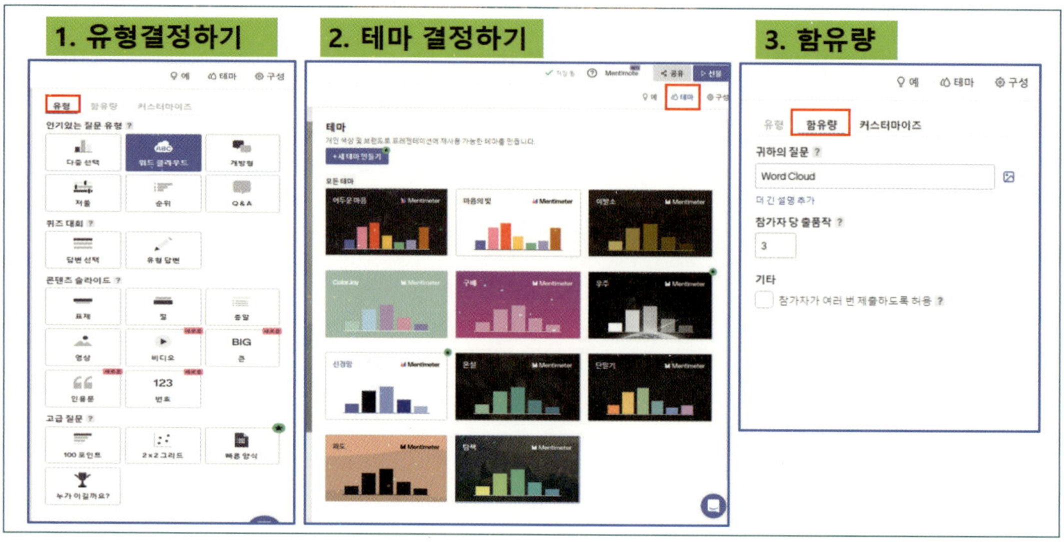

[그림10] 프레젠테이션 만들기(오른쪽 마우스 '한글 번역'을 사용한 화면)

(5) 프레젠테이션 제시 방법

설정과 디자인이 완성된 프레젠테이션을 제시하는 방법은 [그림11]과 같이 선물을 클릭하면 프레젠테이션이 제시된다.

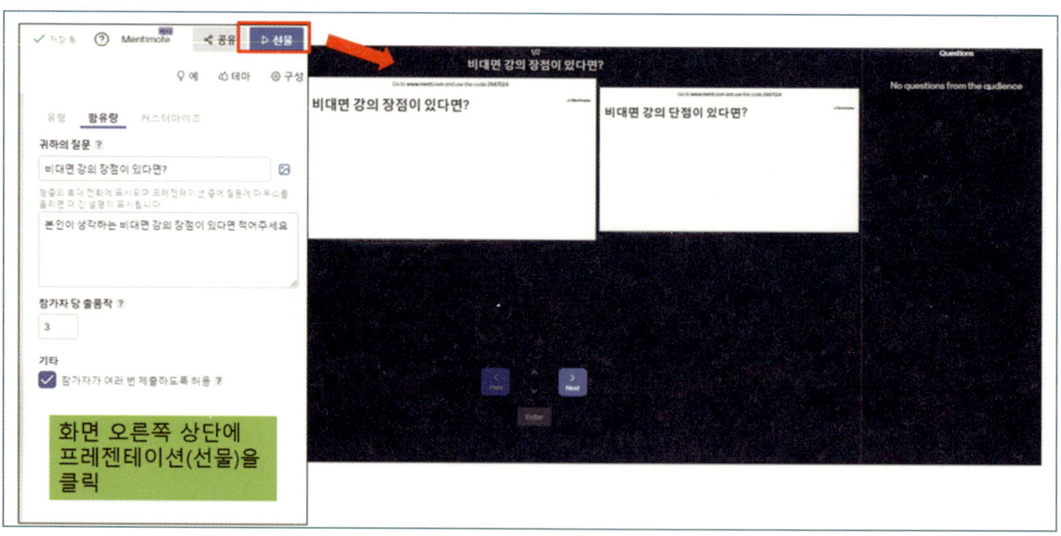

[그림11] 프레젠테이션 제시하는 방법(오른쪽 마우스 '한글 번역'을 사용한 화면)

(6) 코드와 참가자 숫자보기

[그림12]는 새로 만든 프레젠테이션 화면이다.

① 맨 상단에 위치한 코드(숫자)가 참가자들이 이 프레젠테이션 안으로 들어올 때 필요한 코드이며 이 코드는 랜덤이다. 이 코드는 프레젠테이션을 만든 후 2일까지 유효하며 2일이 지나면 자동으로 바뀐다.

② 참가자들의 실시간으로 참여하는 숫자가 표시된다. 익명으로 사용되며 총 참여한 사람들의 수를 알아볼 수 있다.

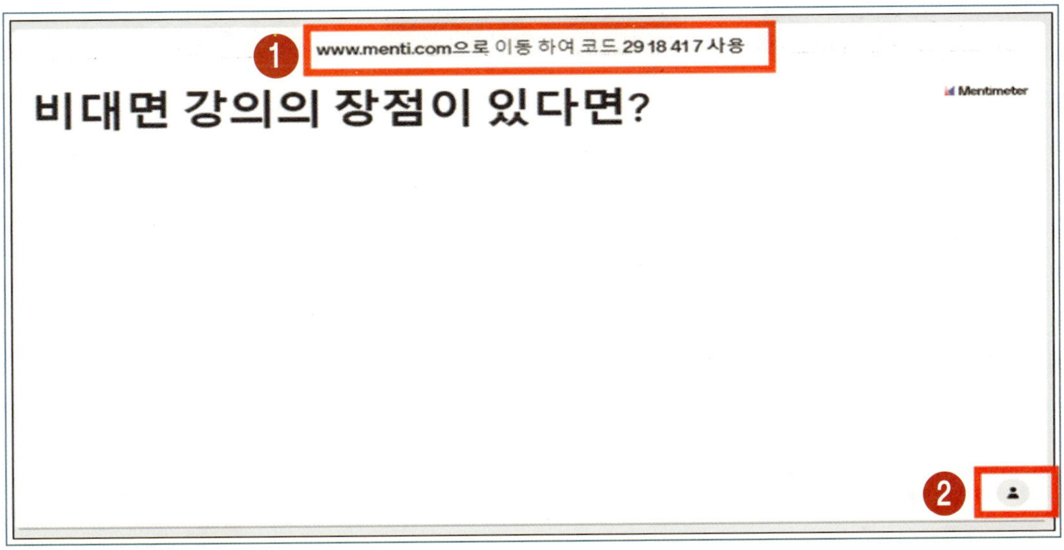

[그림12] 제시된 프레젠테이션 모습

4) 참여자가 멘티미터에 참여하는 방법

(1) 웹브라우저를 검색해 참여하기

참가자들은 구글이나 네이버 검색 창에 멘티(menti)를 검색해 www.menti.com 사이트를 클릭한다. 참여 방법은 [그림13]과 같다. 참여 코드는 띄어쓰기 안 해도 되며 반드시 제출하다(Submit)를 해야 [그림12]와 같은 프레젠테이션을 볼 수 있으며 참여할 수 있다.

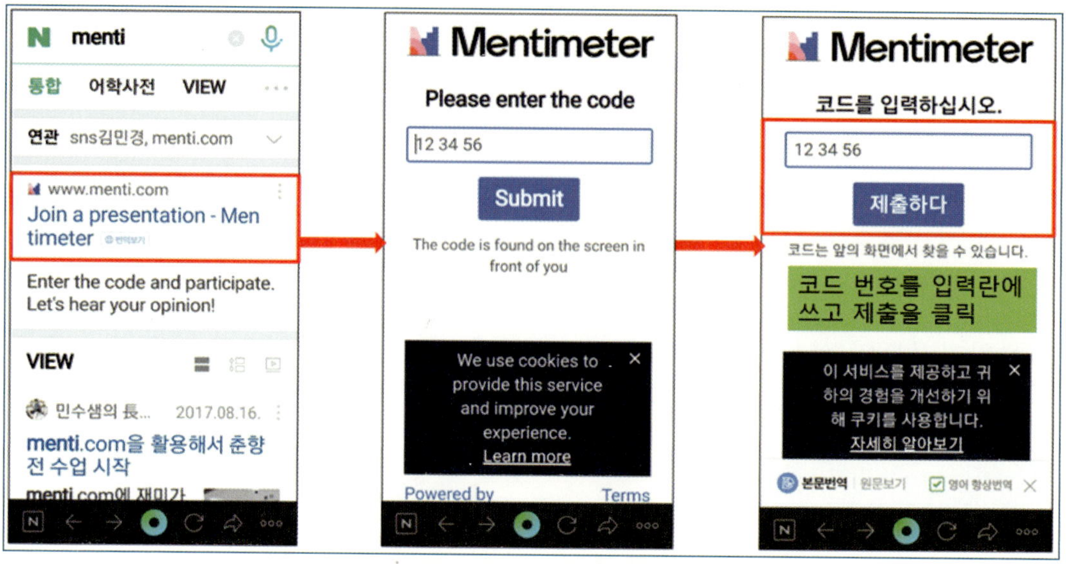

[그림13] 멘티 사이트 검색 화면

(2) 링크나 QR코드를 통해 참여하기

호스트가 멘티미터에서 만든 프레젠테이션은 [그림14]와 같이 ② 링크 또는 ③ QR코드를 제공해 참여자가 참여할 수 있게 할 수 있다.

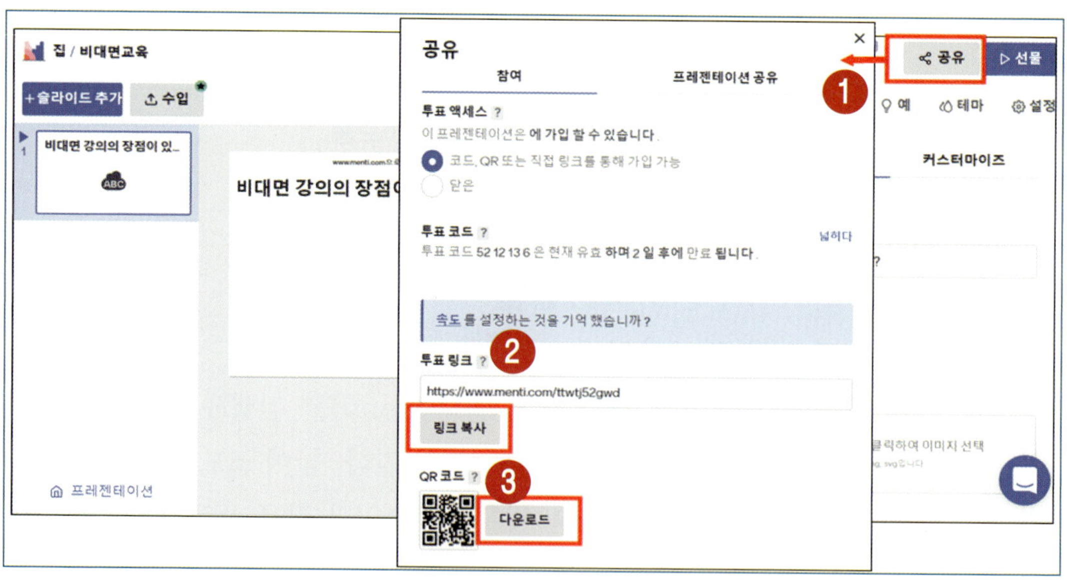

[그림14] 공유하는 방법(오른쪽 마우스 '한글 번역'을 사용한 화면)

2 패들렛(Padlet)

'패들렛(Padlet)'은 가장 쉬운 창작 및 공동 작업 도구로 어떤 패들렛 판을 만들어 사용하느냐에 따라 소통과 협업의 도구가 되기도 하고 서치나 토론의 공간도 되는 디지털 도구이다. 회의나 강의 주관자들이 만들기도 쉽고 이용자들이 편리하게 가입과정 없이 바로 링크를 이용해 참여 할 수 있는 장점이 있으며 PC버전과 스마트폰 앱으로도 사용할 수 있다.

[그림15~17]은 실제 저자가 강의 시간에 참여자 성향과 강의 내용에 따라 다양하게 활용한 몇 가지 활용사례이다. 회의나 강의 주관자가 참여자들이 활동할 수 있는 공간을 만들고 내용을 입혀서 활동하게 함으로써 모르는 사이인 참여자들이 가까워지면서 재미있는 강의나 회의가 될 수 있다.

[그림15] 셀프 - 과제물 제출 및 발표 공간으로 활용법 예시 1

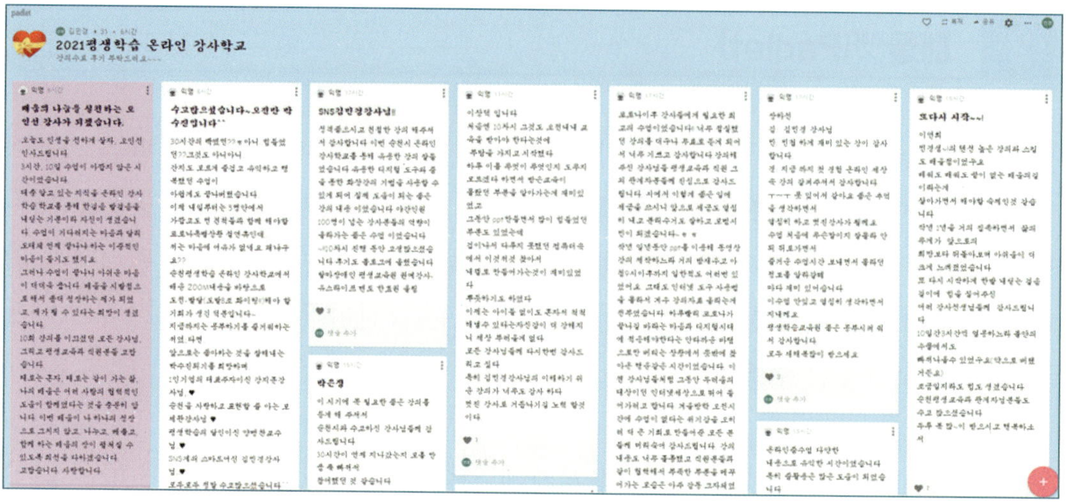

[그림16] 담벼락 - 수료 후기 수집 공간으로 활용법 예시 2

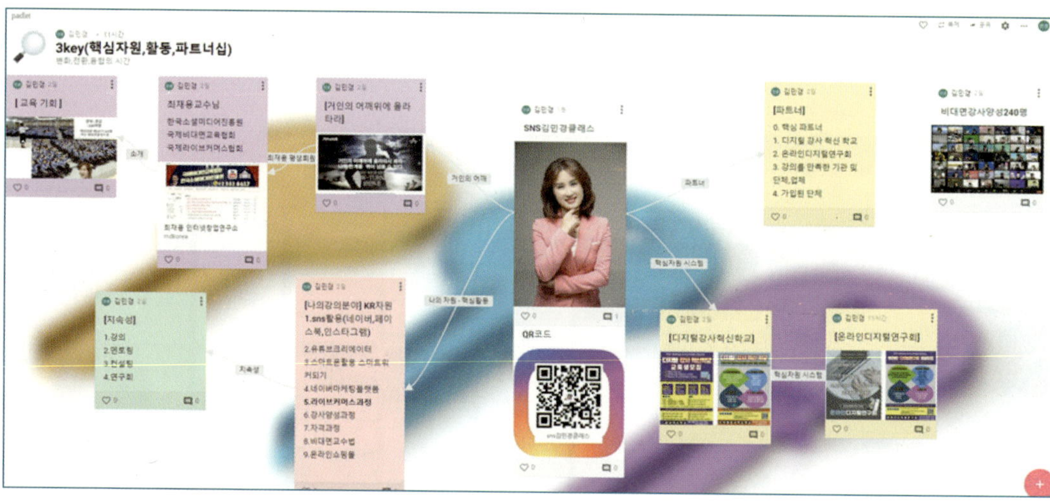

[그림17] 캔버스 - 마인드맵 북 만들기로 소개 프레젠테이션 활용법 3

1) 패들렛(Padlet) 가입 및 로그인하기

패들렛(Padlet) 가입하기는 [그림18]에서와 같이 ①~⑤순서대로 따라 가입 및 로그인하면 된다.

[그림18] 가입 과정(오른쪽 마우스 한국어(으)로 번역한 화면)

2) 패들렛을 만드는 사용자의 액션 플랜

① **스타일** : 패들렛 판의 스타일을 선택해서 디자인한다.

② **초대** : 완성된 패들렛 판에 이메일 또는 링크나 QR코드 등을 복사해서 팀을 참여자들에게 초대한다.

③ **게시물** : 참여자는 가입 없이 익명으로 패들렛 판에 참여한다.

④ **공유** : 패들렛 판을 열어서 게시물을 서로 실시간으로 관람한다.

[그림19] 사용자 액션 플랜

3) 패들렛 판 만들기

(1) 기본 패들렛 판 서식 선택하기

패들렛 판의 종류는 [그림20]과 같이 다양하다. 여기서 자신이 원하는 서식 스타일을 선택해서 사용하면 된다.

[그림20] 패들렛 판의 종류

패들렛에 처음 들어가면 [그림21]의 ② 영역은 보이지 않는다. ① 패들렛 만들기를 클릭해 나타난 화면 중에서 ③ 마음에 드는 패들렛 판을 선택한다.

[그림21] 홈 화면에서 패들렛 선택하기

[그림22]와 같이 패들렛 판의 구성은 크게 3군데로 나눠진다.

①, ②는 호스트가 설정해 꾸미는 것이고 ③은 참여자가 활동하는 영역이다.

[그림22] 선택된 패들렛 판

(2) 설정 에서 패들렛 판 꾸미기

패들렛 판의 제목과 설명 안내판 꾸미기는 [그림23]과 같이 제목과 설명에 프로젝트 명과 세부설명을 넣어 패들렛 판을 구분할 수 있다. 참여자들 또한 어떤 내용에 참여하는지 알 수 있는 안내판 같은 역할을 한다.

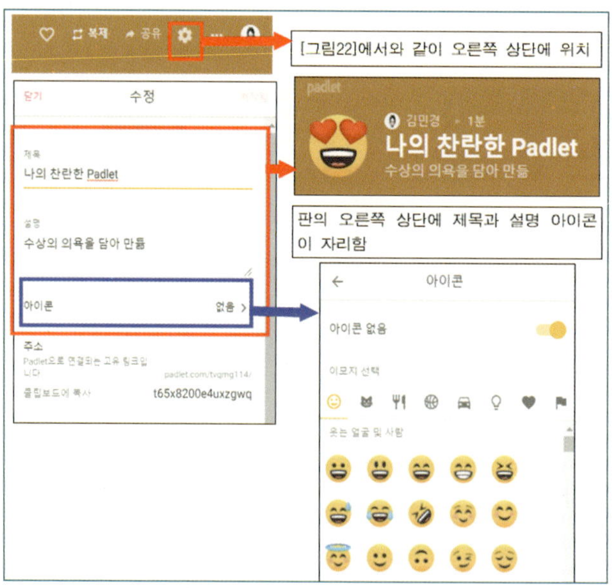

[그림23] 설정 수정하기

① 비주얼

[그림24]의 비주얼 영역은 각각의 패들렛(Padlet)판을 디자인하는 곳이다.

ㄱ. 배경화면 : ① 배경화면은 단색, 그라디언트, 질감 및 패턴, 그림 등을 사용할 수 있으며 자신의 사진을 이용하고자 할 때는 ④와 같이 'Add your own wallpaper'를 클릭한다. 그러면 컴퓨터 내에 있는 사진들을 불러올 수 있으며 ⑤를 선택해 업로드 한다.

ㄴ. 색상 스킴 : ② 패들렛 판에 게시하는 게시판의 색상 스킴은 두 가지로 선택할 수 있다.

ㄷ. 글꼴 : ③ 패들렛 판에 사용하는 글꼴은 4가지 중에서 선택해 사용할 수 있다.

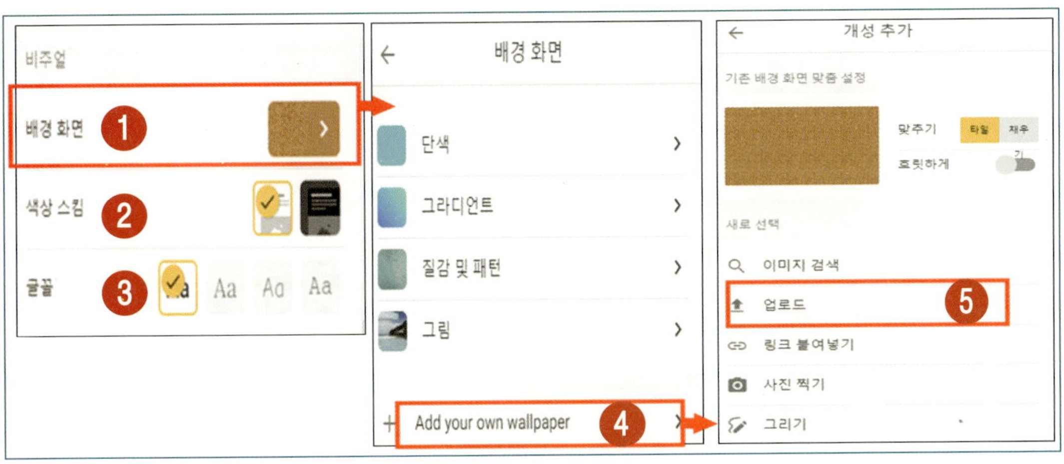

[그림24] 비주얼 꾸미기

② 게시 관련

[그림25]의 게시 관련에 관한 사항은 활성화 시키는 내용에 따라 게시물에 적용되는 것이 달라진다.

ㄱ. 저작자 표시 : ①을 비활성화 시키면 아무런 표시도 되지 않지만 활성화 시키면 [그림25]에서 보는 것과 같이 저작자의 이름(로그인 했을 경우)으로 또는 익명(안녕, 감사해 / 로그인하지 않고 참여했을 경우) 둘로 표시 된다.

ㄴ. 새 게시물 위치 : ② 게시물 마다 게시된 시간이 적혀진다. 새 게시물의 순서를 처음에 배치할건지 마지막에 배치할 건지 설정하는 경우로 '처음'으로 설정할 경우 맨 마지막에 게시된 게시물을 처음에 볼 수 있다.

ㄷ. 댓글 : ③ 댓글을 활성화 하면 게시물에 댓글을 남길 수 있는 기능으로 참여자들이 댓글을 남길 수 있다.

ㄹ. 반응 : ④ 반응은 게시물에 관련된 반응으로 [그림26]과 같이 '좋아요, 투표, 별점, 등급'의 4가지 반응을 사용해 참여자간의 소통을 돕는 도구이다.

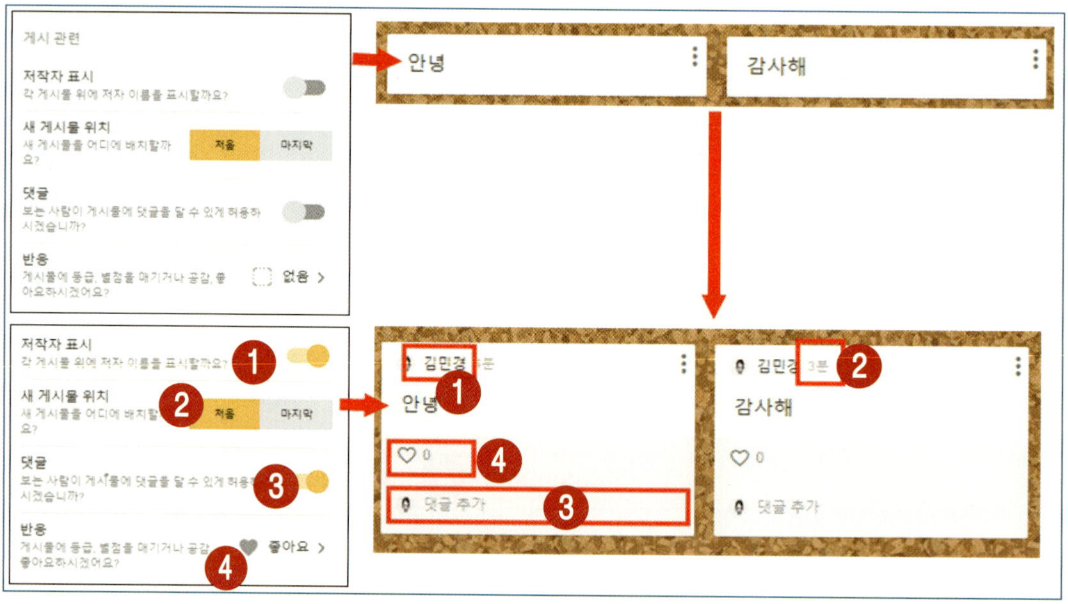

[그림25] 게시 관련

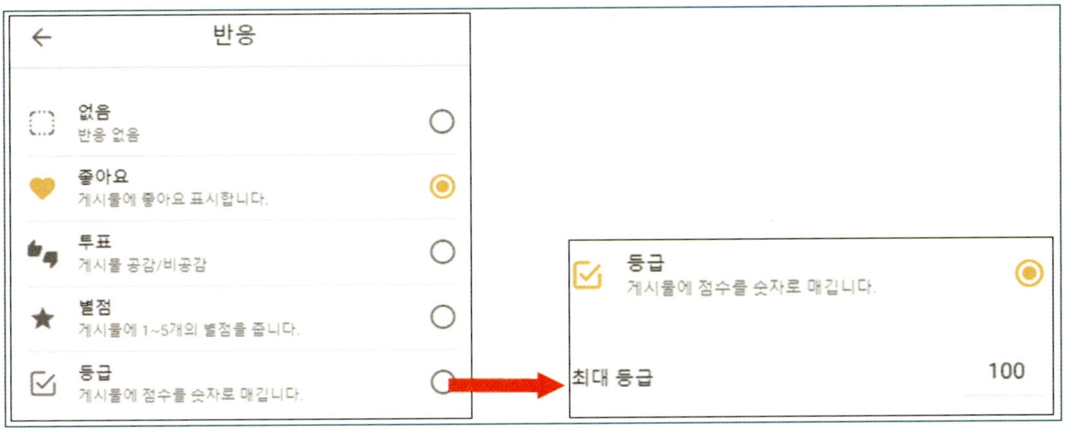

[그림26] 게시 관련(반응)

(3) 더보기 기능

[그림27]은 패들렛 판 우측 상단의 점 3개 더보기를 클릭했을 때 보이는 ① 공유 또는 삽입, 내보내기 화면이다.

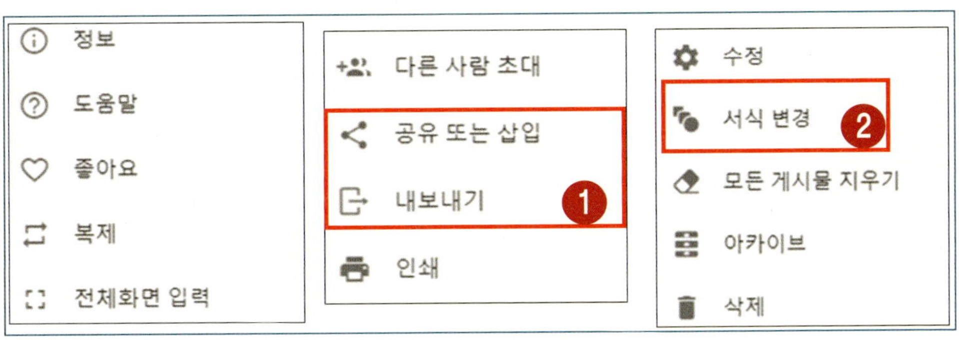

[그림27] 더보기 안에 사용 할 수 있는 도구 (위에서부터 순서대로 나열)

[그림28]은 프라이버시 변경으로 우리가 활동하고 있는 패들렛 판을 공개로 할 건지 링크가 있는 사람만 활동하게 할 건지를 결정하는 화면이다. 가장 많이 사용하는 것은 '비밀'이다.

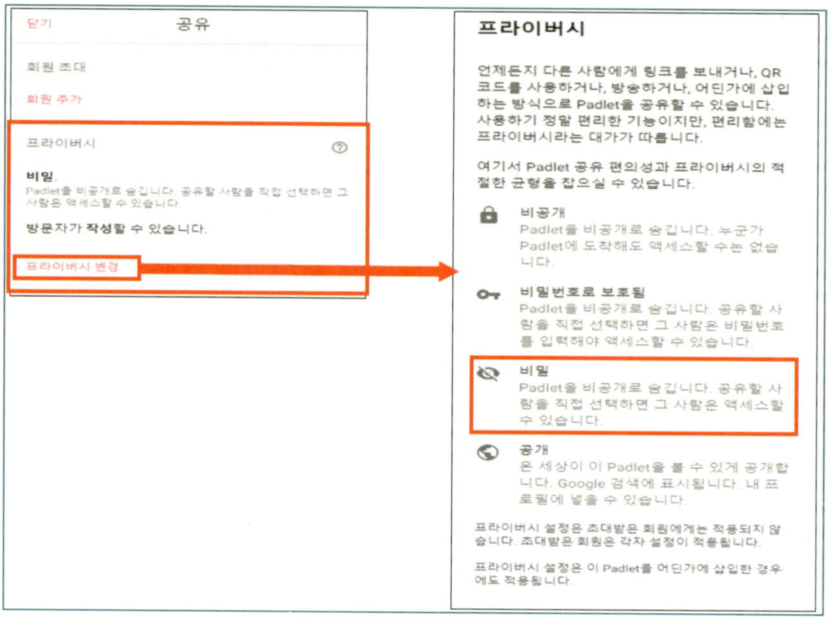

[그림28] 더보기에서 프라이버시 변경하는 방법

[그림29]는 공유 공유하기 안의 도구를 위에서부터 그대로 나열한 화면이다.

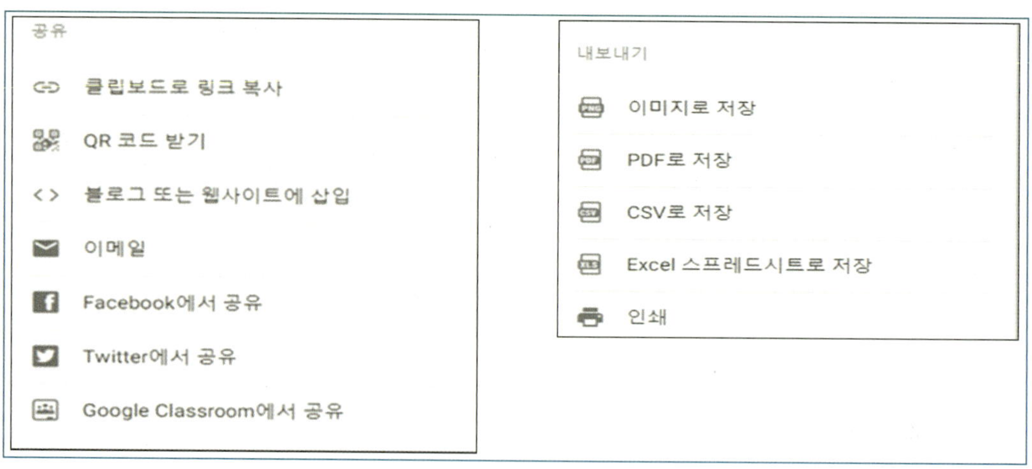

[그림29] 공유하기 도구

[그림27]에서 ①의 공유 또는 삽입, 내보내기를 선택해서 보면 [그림28]과 [그림29]처럼 ↗ 공유 공유화면과 같은 내용이 제시됨을 볼 수 있다.

(4) 서식 변경하기

[그림30]은 서식 변경으로 패들렛 판을 주제에 맞게 다양하게 사용할 수 있는 디자인 템플릿이라고 생각하면 된다. 과정과 내용에 따라 강사는 사용하고 싶은 서식을 클릭하면 자동으로 바뀐다. 그리고 서식 변경을 하면 기존 패들렛 판에 참가자들이 적었던 내용은 사라지지 않고 그대로 있고 다양하게 꾸밀 수 있어서 좋다.

내가 지금 사용하고 있는 패들렛(Padlet) 판의 서식은 보이지 않는다.
다른 서식으로 변경 할 경우 게시한 게시물은 삭제되지 않으며 그대로 다른 서식에서 사용할 수 있어 같은 내용을 갖고 다양한 서식으로 프레젠테이션 할 수 있다는 장점이 있다.

[그림30] 서식변경하기

(5) 참여하기 ⊕

[그림31]과 같이 참여하기 ⊕ 를 누르면 참여 포스트잇이 하나 더 형성되며 다 작성 후에는 아무데나 두 번 클릭하면 게시물이 게시된다.

[그림31] 참여하기

(6) 게시물 올리기

게시물을 올리는 방법은 [그림32]와 같이 총 4가지가 있다.

① 컴퓨터나 스마트폰 속의 파일 업로드 하는 방법
② URL 링크를 공유해 올리는 방법
③ 구글과 연동돼 구글 직접 검색을 통해 올리는 방법
④ 카메라를 통해 직접 촬영해 올리는 방법이다.

[그림32] 게시물 올리는 방법

각 게시물 포스트잇은 [그림33]과 같이 게시물 편집을 통해 꾸밀 수 있으며 각 게시물을 색상별로 구분 할 수도 있다. 스마트폰도 패들렛 앱을 이용해 PC와 같은 화면구성 방법으로 사용하면 된다.

[그림33] 게시물 포스트잇 꾸미기

3 온라인롤링페이퍼

'온라인롤링페이퍼'는 소통도구 중 가장 빠르고 편리한 것 중 하나이다. 강의를 주관하는 사람도 참여하는 사람도 아주 간편하게 사용할 수 있으며 다른 프로그램을 설치할 필요 없는 도구이다.

1) 웹 사이트 검색해서 들어가기

구글 검색 창에서 '온라인롤링페이퍼'를 검색해서 들어간다.

[그림34] 웹 사이트 온라인롤링페이퍼 검색하기

2) 롤링페이퍼 만들기

[그림35]와 같은 순서로 롤링페이퍼를 만든다.

① 롤링페이퍼 시작하기
② 제목입력하기(제목은 12자 내외)
③ 테마선택하기(계절마다 다른 테마가 변경 될 것 같다.)
④ 롤링페이퍼 만들기 클릭

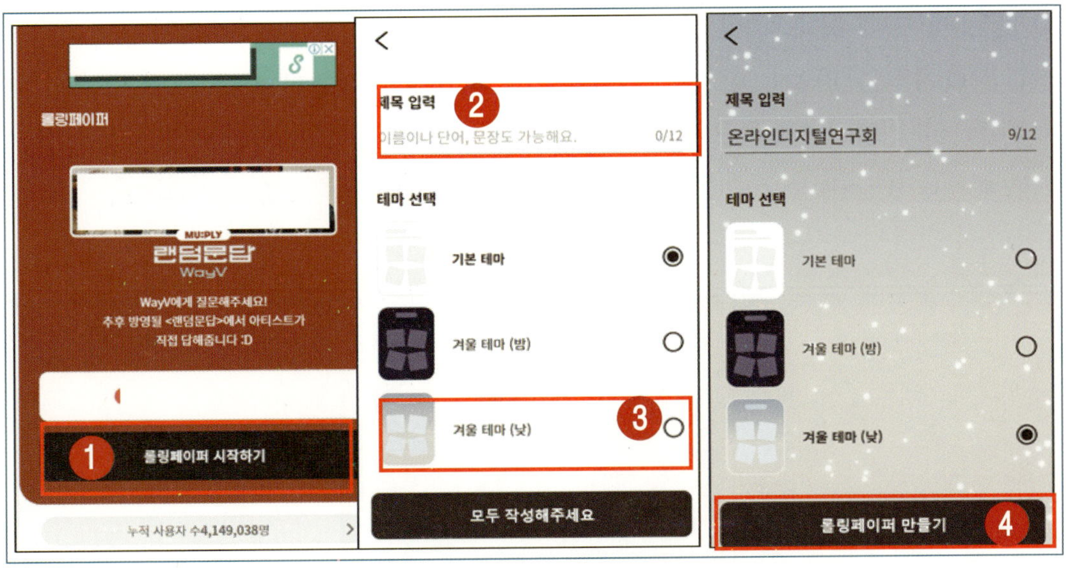

[그림35] 롤링페이퍼 만들기

3) 롤링페이퍼 공유하기

[그림36]과 같이 다 만들어진 롤링페이퍼를 참여자들과 함께 실시간으로 공유하는데 URL을 바로 복사해 줌 채팅 방에 공유한다.

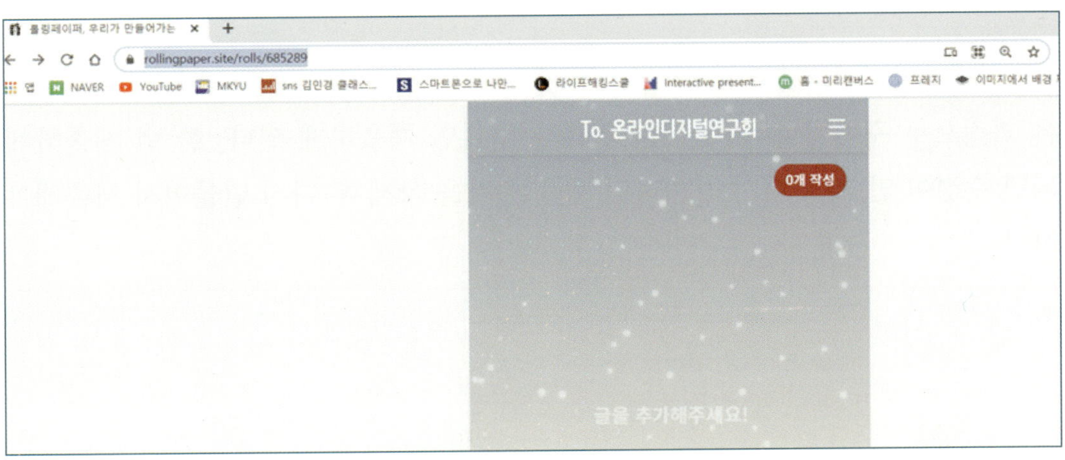

[그림36] 만들어진 롤링페이퍼 공유하기 - URL복사하기

4) 롤링페이퍼 참여하기

① **스티커** : [그림37] ②의 포스트잇을 다 완성하고 제출하고 난 뒤 스티커로 꾸미기하는 것이 좋다.

② **포스트잇** : 참여자가 제출할 포스트잇을 꾸미고 글을 기재하는 곳이다.

[그림37] 참여하는 방법

롤링페이퍼 참여자는 자신의 포스트잇을 예쁘게 꾸밀 수 있는데 [그림38]과 같은 과정으로 꾸미기할 수 있으며 완료를 누르면 제출하게 된다. 한 번 제출하게 되면 수정이 안 되고 다시 꾸미려면 제출한 것을 삭제 후 다시 만들어서 제출해야 한다.

[그림38] 참여자 포스트잇 꾸미기

여기서 소개한 디지털도구들 외 뮤럴, 미로, 비캔버스, 여러 웹사이트 프로그램과 스마트폰 앱을 갖고 비대면 교육도구로 활용할 수 있다. 항상 선택할 때 주의할 것은 사용자들이 편리하게 사용할 수 있는 것을 선택하는 것이 강의 흐름에도 좋으며 강의나 회의 만족도를 높일 수 있다.

4 네이버 오피스(수업 전·후 소통도구)

네이버 오피스를 통해 수업을 하기 전 수업참가신청서 만들기 혹은 강의 후 소통의 도구로 활용할 수 있다. [그림39]는 네이버 오피스를 활용해 만든 수업참가신청서 샘플이다.

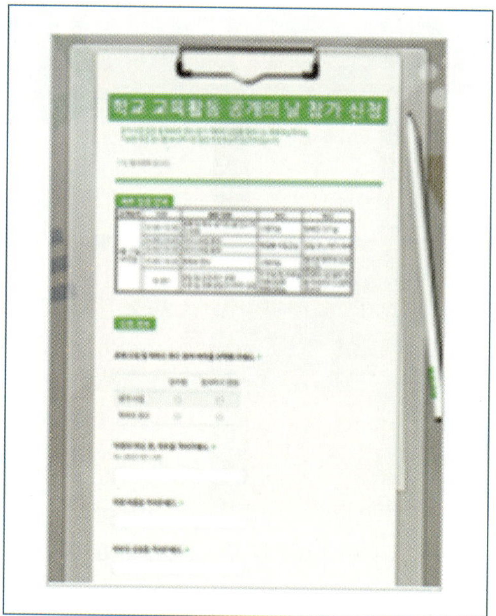

[그림39] 수업참가신청서 샘플

학생도 중소기업도 별도 구입 없이 쓸 수 있는 무료 웹 오피스 네이버 폼(Form)은 여러 사람의 의견을 모으는 것부터 통계 분석, 결과 공유까지 한 번에 가능한 서비스이다.

네이버에 로그인만 하면 문서를 작성·저장·공유할 수 있는 무료 오피스 서비스 '네이버 오피스'가 워드, 슬라이드, 셀에 이어 폼(Form)을 제공한다. 네이버 폼(Form)은 여러 사람의 의견을 모아 정리해야 할 때 유용한 서비스이다. 네이버 폼을 이용하면 설문조사, 고객문의 접수, 주문서, 투표, 토론, 주소록 정리 등에 필요한 문서를 쉽고 간단하게 만들어 배포할 수 있다는 장점이 있다.

또한 네이버 폼은 사람들이 해당 문서에 답한 내용을 한꺼번에 모아 보여주는 것은 물론, 통계 분석 및 결과 공유까지 지원한다. 별도 프로그램을 설치하지 않아도 되는 무료 서비스라 중소규모 기업에서 업무용으로도 부담 없이 쓸 수 있다.

신제품에 대한 시장 반응을 조사해 분석해야 할 때, 하루에도 수십 건씩 쏟아지는 고객문의를 정리하고 통계를 내야 할 때, 투표로 워크숍 장소를 선정해야 할 때 어떻게 하나? 워드 문서에서 조사항목과 표를 일일이 만들어 돌리고, 다시 셀 문서에서 응답내용을 하나씩 세고 분석해 그래프까지…. 여간 번거로운 일이 아니다. 그리고 여러 사람의 의견 취합은 이제 네이버 오피스에서 선보인 네이버 폼을 이용해 보라.

네이버 폼에서는 설문조사, 체험단 모집, 문의접수, 투표 등 실생활·업무에 필요한 18개의 문서 템플릿을 제공하고 있다. 용도에 맞는 템플릿을 고르기만 하면 문서 작업이 익숙하지 않은 사람도 쉽고 빠르게 원하는 문서를 만들 수 있다.

네이버 폼으로 만든 문서는 N드라이브나 내 컴퓨터에 저장해 이메일/블로그로 보낼 수도 있고, 문서 URL을 사람들에게 바로 공유할 수도 있다. 문서를 받아본 사람들이 자신의 의견을 입력하면 네이버 폼에서 몇 명이 어떤 의견을 작성했는지 그 응답결과를 바로 확인할 수 있다. 이 응답결과는 셀 형식(*Xls, *XlsX)으로도 볼 수 있기 때문에 많은 양의 데이터 통계도 쉽게 분석할 수 있다. 분석 결과를 사람들과 공유하는 것 역시 가능하다([출처] 네이버 오피스, 폼(Form) 출시|작성자 네이버 다이어리).

네이버 오피스 홈에는 워드, 슬라이드, 셀, 폼의 기능이 있어 목적에 따라 선택해 활용할 수 있다.

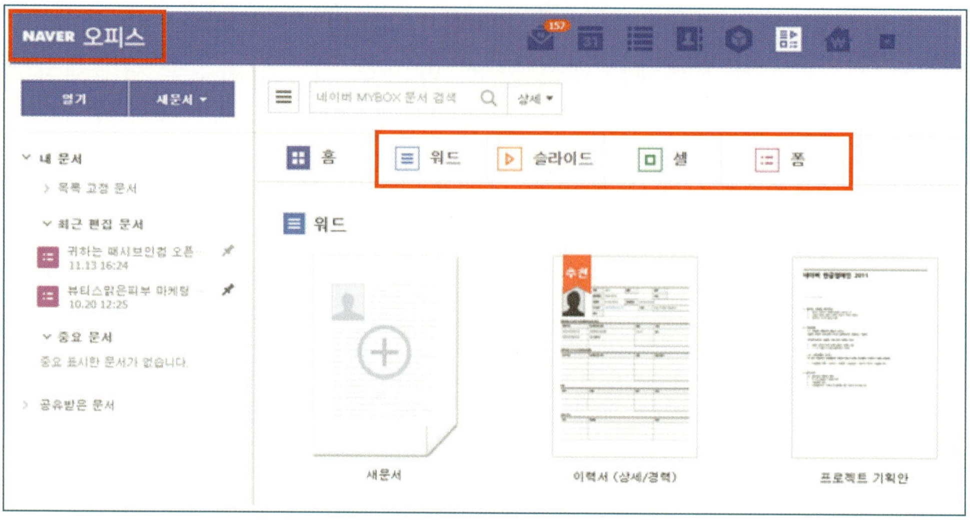

[그림40] 네이버 오피스 홈 화면

폼에는 설문조사, 교육, 학업, 생활 부분으로 돼 있어 필요에 따라 선택해 사용하면 된다.

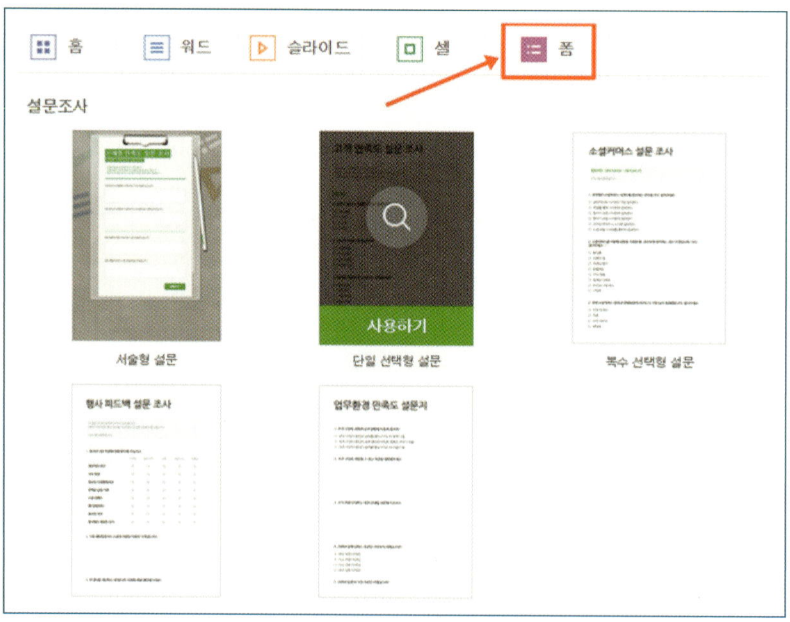

[그림41] 폼

볼펜모양 아이콘을 선택하면 편집을 할 수 있다. 해당하는 문구를 넣어주면 된다. 그리고 확인을 선택한다. 볼펜 아이콘 옆의 서류모양 아이콘을 선택하면 파일 첨부를 할 수 있다.

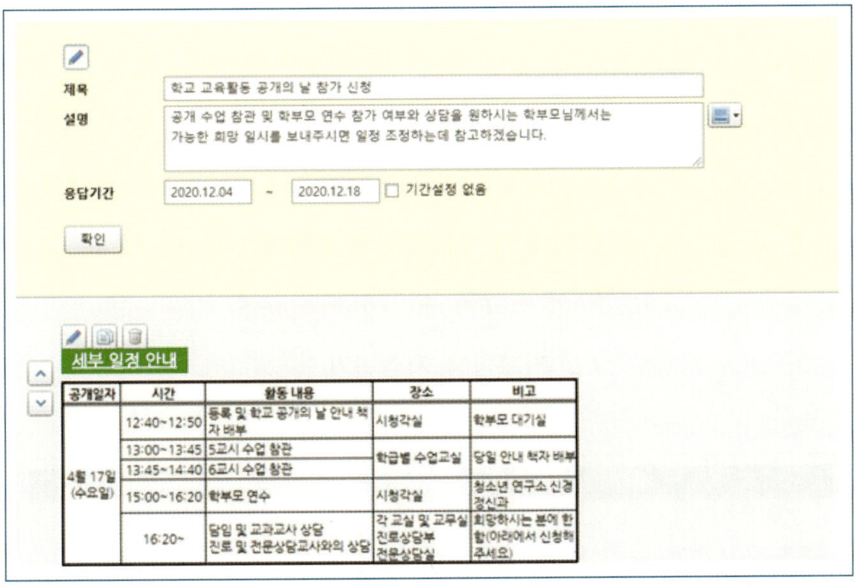

[그림42] 세부사항 작성하기

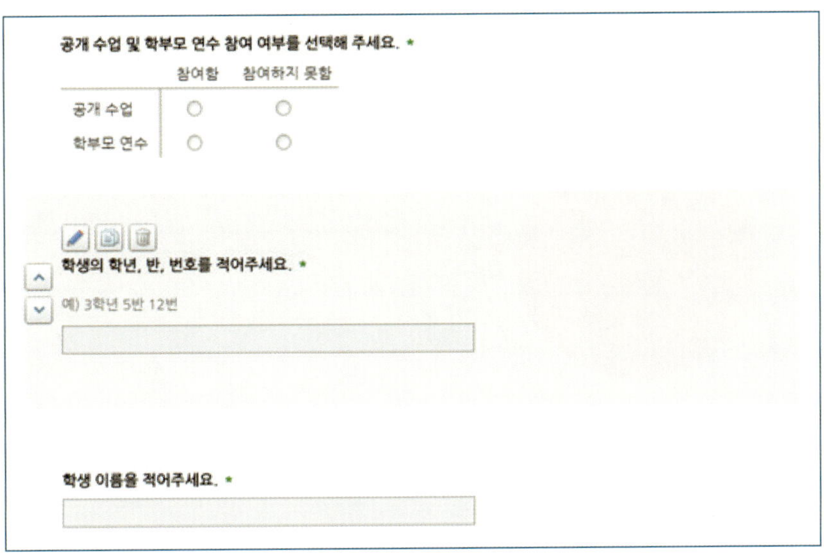

[그림43] 작성하기

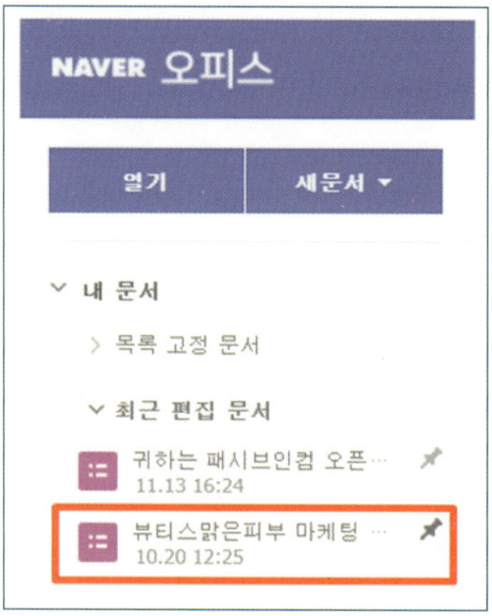

[그림44] 저장하기

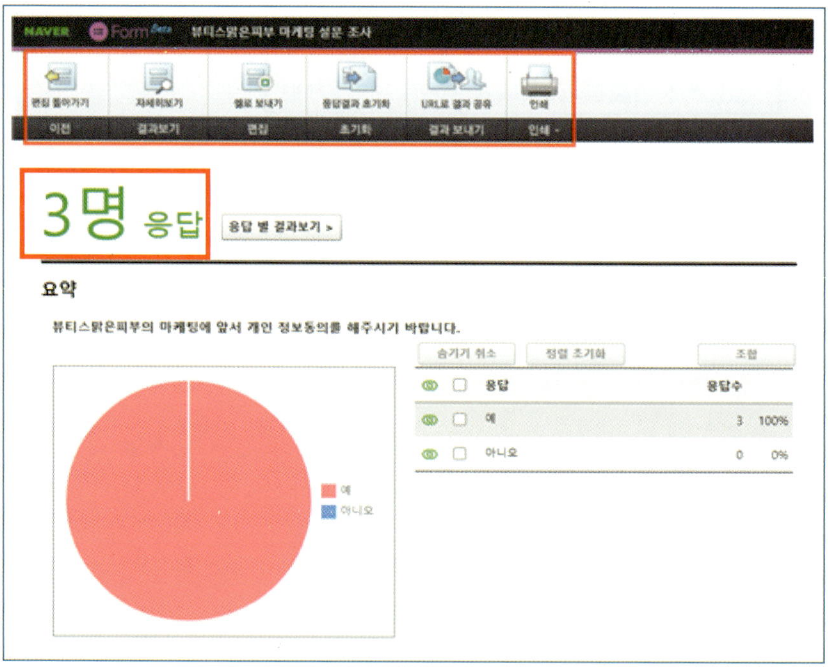

[그림45] 네이버 오피스 통계

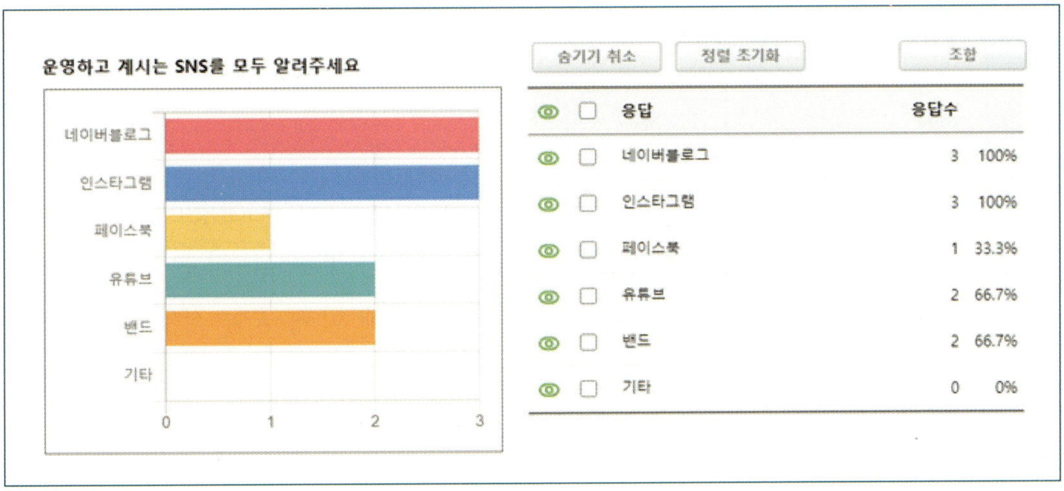

[그림46] 네이버 오피스 응답보기

5 Google로 협업하기

1) Google 드라이브

'Google 드라이브'는 클라우드 기반의 파일 공유 서비스로 Google 계정만 있다면 누구나 15GB의 저장 공간을 무료로 사용할 수 있다. Google의 문서 도구를 사용하면 언제 어디서나 간편하게 다양한 문서를 작성해 함께 공동 작업을 할 수 있는 장점이 있다. Google 드라이브는 Windows의 파일탐색기처럼 폴더를 만들거나 파일을 업로드 하는 부분이 비슷하기 때문에 어렵지 않게 사용할 수 있다.

(1) 구글 로그인하기

구글 크롬 브라우저 google.com 사이트 접속해 메인 화면 우측 상단의 로그인을 클릭한다.

[그림47] 구글 메인 화면

구글 로그인이 돼야 구글 드라이브 실행을 할 수 있다. [그림48]과 같이 이메일 또는 휴대전화 번호를 입력하고 다음을 선택한 다음 비밀번호를 입력하고 다시 다음을 클릭해 로그인 한다.

[그림48] 이메일, 비밀번호 입력하고 로그인하기

[그림49] 크롬 브라우저에 들어가서 바로 구글 드라이브로 가려면 검색 주소 창에 주소 'http://drive.google.com'을 입력하면 된다.

[그림49] 검색 창에서 구글 드라이브 주소로 바로가기

[그림50]의 우측 상단의 ① 구글앱 ⠿을 클릭 ② 드라이브 아이콘을 클릭한다.

[그림50] 구글 앱에서 드라이브 선택화면

(2) 구글 드라이브 문서 만들기 & 파일 업로드 하기

[그림51]처럼 내 드라이브에서 내가 만든 문서들을 볼 수 있으며 ③을 클릭해 새 문서를 만들 수 있다.

[그림51] 드라이브로 들어가면 보이는 만들어진 문서

[그림52] ④의 왼쪽 상단에서 '새로 만들기'를 한 다음 '파일 업로드' 또는 '폴더 업로드'를 클릭한다. 파일 업로드 또는 생성/ 컴퓨터의 파일을 업로드하거나 Google 드라이브에서 파일을 만들 수 있다.

[그림52] 새로 만들기나 파일&폴더 업로드 하기

[그림53]과 같이 파일이나 폴더를 공유해 다른 사용자가 볼 수 있고 수정도 하고 댓글을 남기도록 할 수 있다.

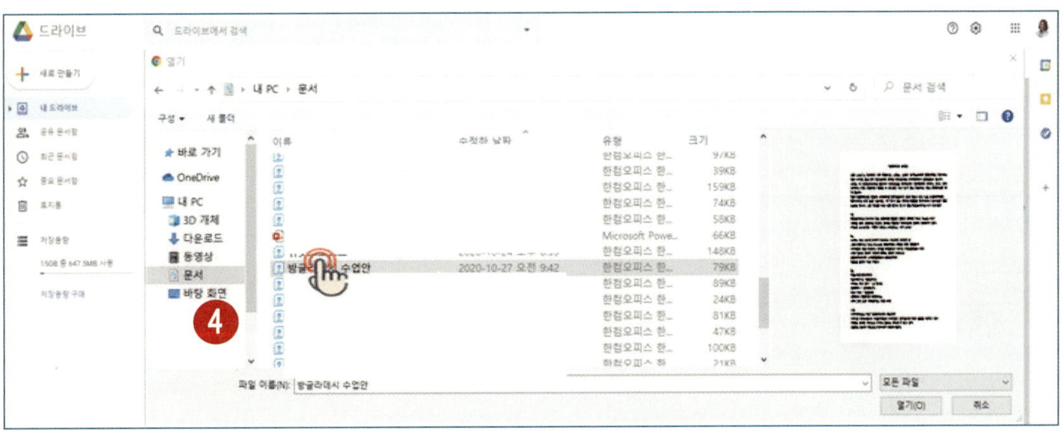

[그림53] 내 PC에 있는 파일 공유

[그림54]처럼 내 PC의 파일 업로드도 같은 방법으로 한다.

[그림54] 공유가 가능하도록 파일 업로드

(3) 공동작업이 가능토록 링크 공유하는 방법

파일을 업로드하면 [그림55]와 같이 내 드라이브에서 업로드 한 파일을 볼 수 있다. 여기서 내 드라이브를 클릭하고 ① 공유할 서류를 선택 후 ② 링크생성을 클릭한다.

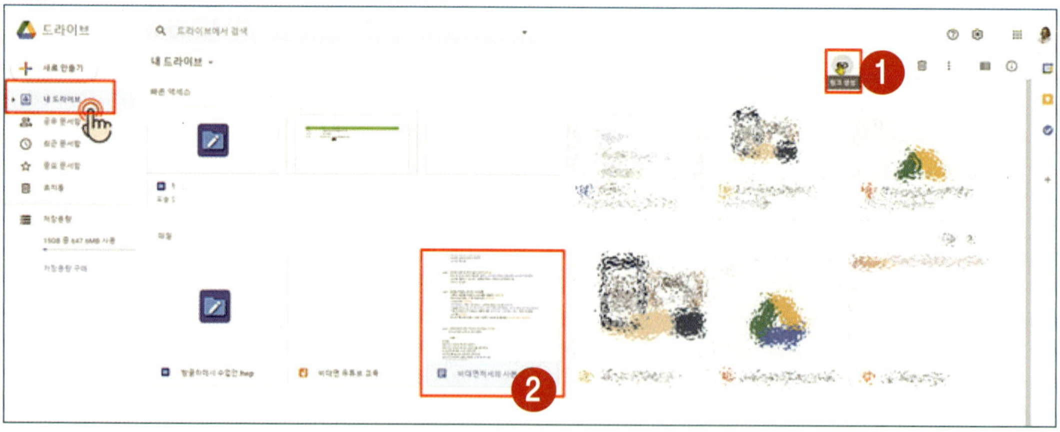

[그림55] 파일공유하기

[그림56]은 공동작업을 할 수 있는 링크 공유하는 방법으로 ③ 링크 공유 옵션 변경 확인 ④ 링크가 있는 사용자에게 공개 가능하도록 체크 ⑤ 링크가 업데이트 되는 것을 확인 ⑥ 업데이트됨을 확인한다.

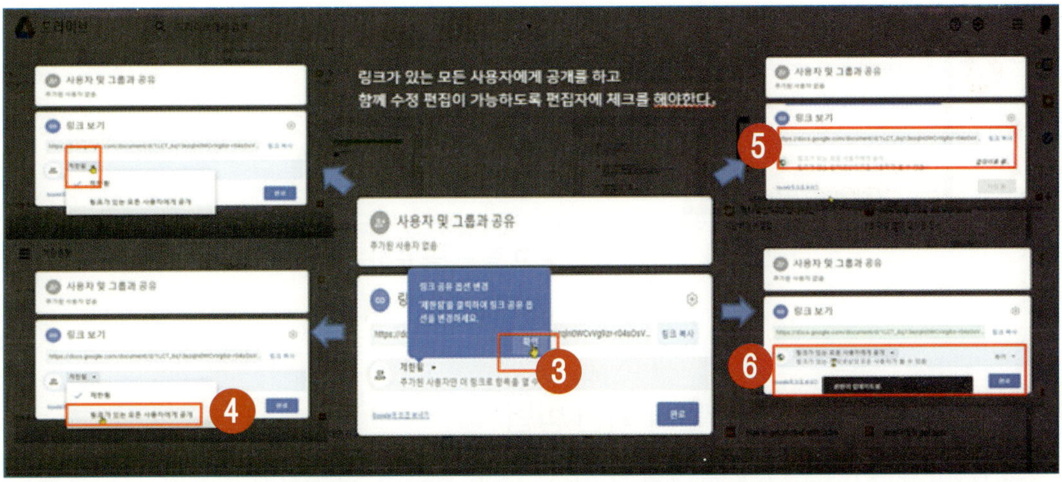

[그림56] 반드시 확인하고 링크 공유하는 방법1

[그림57]에서 '뷰어'는 공유한 항목을 보는 것만 할 수 있지만 수정하거나 댓글을 작성할 수 없다. '댓글작성만 가능'은 공유한 항목을 확인하거나 댓글을 작성할 수 있지만 수정할 수 없다.

⑦, ⑧ 편집자의 권한이 무엇인지 확인하고 '편집자'가 공유한 항목을 확인, 댓글 작성, 수정할 수 있도록 확인 후 링크 공유를 해야 한다. 다른 구글 문서(잼보드, 스프레드시트 등)들도 같은 방법으로 공유하면 된다.

[그림57] 반드시 확인하고 링크 공유하는 방법2

(4) 카카오톡에 링크 전달문서 확인 방법

[그림58] ⑨ 카카오톡에 작업할 수 있는 공유링크를 전달한다. ⑩ 링크를 클릭하고 문서가 열리면 공동 작업을 할 수 있게 된다.

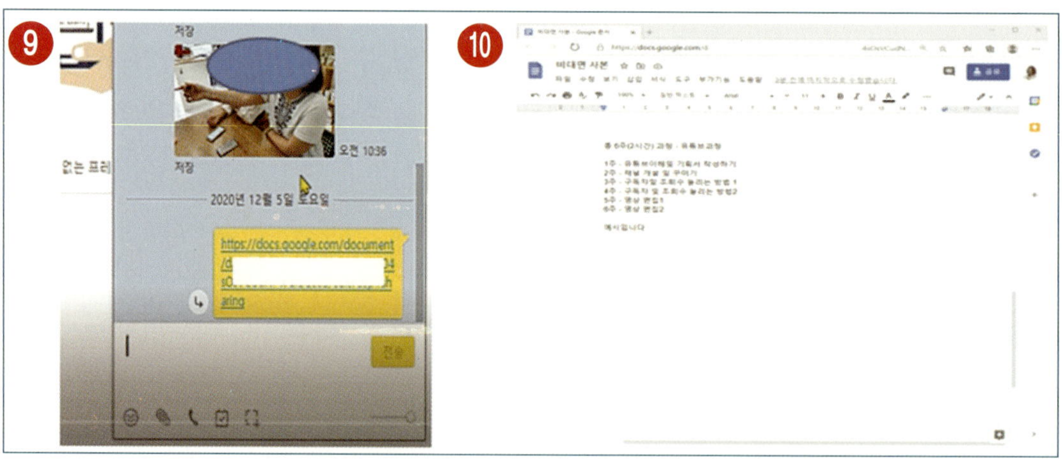

[그림58] 카톡에 링크공유, 클릭해서 문서 확인

2) Google 스프레드시트(PC 활용 버전)

'Google 스프레드시트'는 EXcel처럼 표에 숫자나 문자를 입력해 수치계산이나 통계, 도표와 같은 작업을 효과적으로 할 수 있는 프로그램으로 쉽게 만들 수 있다. Google 계정만 있다면 누구나 무료로 사용할 수 있고 EXcel에는 없는 유용한 함수 기능을 제공하고 있다. Google 스프레드시트는 스프레드시트를 만들어 서식을 지정하고 다른 사용자와 함께 작업할 수 있다.

(1) 구글 앱에서 스프레드시트 화면 선택하기

[그림59] 우측에 상단의 ① 구글 앱 ⠿ 클릭 ② 스프레드시트 아이콘을 클릭한다.

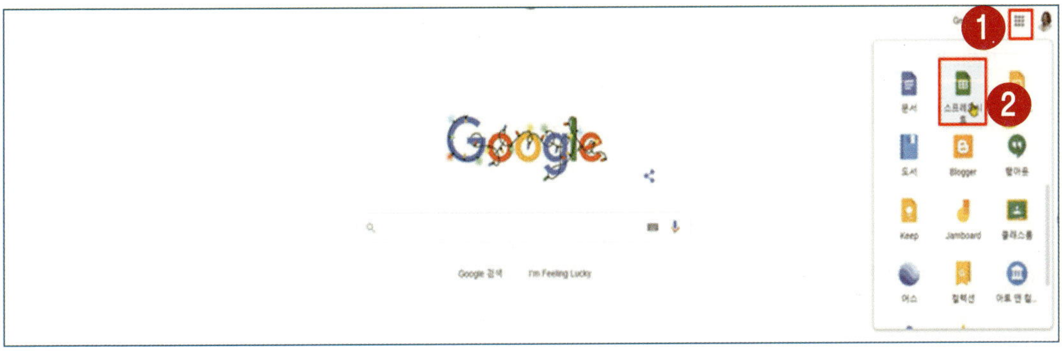

[그림59] PC 구글 앱에서 스프레드시트 선택화면

(2) 구글 스프레드시트 만들고 작성해보기

[그림60]의 상단처럼 크롬 브라우저에 들어가서 바로 구글 드라이브로 가려면 검색 주소 창에 주소 'http://sheets.google.com'을 입력하면 된다. ③ '새로 만들기 +'를 클릭 하면 새 스프레드시트가 생성 되서 열린다.

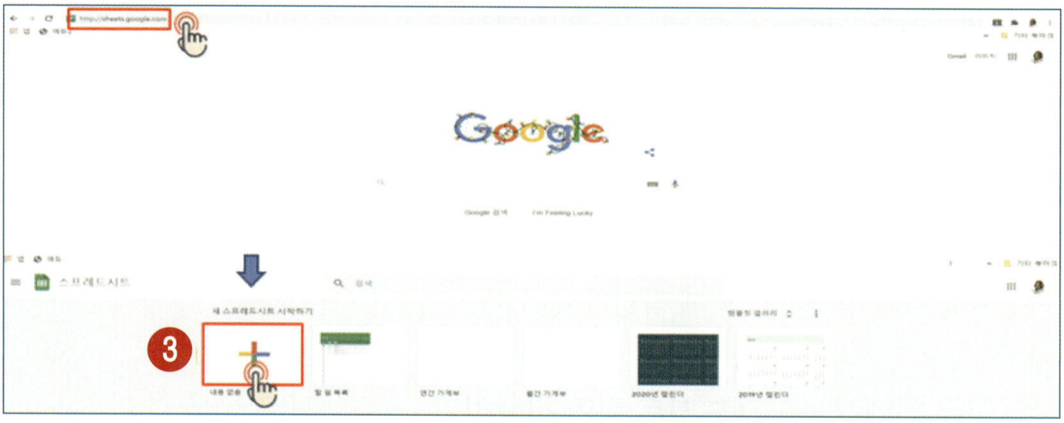

[그림60] 검색 창에 바로 스프레드시트 주소 입력 후 시트 만들기

[그림61]에서처럼 ④ 스프레드시트의 이름을 지정해서 제목을 바꿀 수 있고 ⑤ 시트 창에 텍스트를 입력하면 엑셀 파일처럼 입력이 된다. ⑥ 색상 변경이 가능하고 ⑦ 변경할 색상을 선택하면 된다. 색상변경 된 부분을 시트에서 확인할 수 있다. 스프레드시트에 텍스트, 숫자, 수식을 추가할 수 있고 수정은 물론 지정도 가능하다.

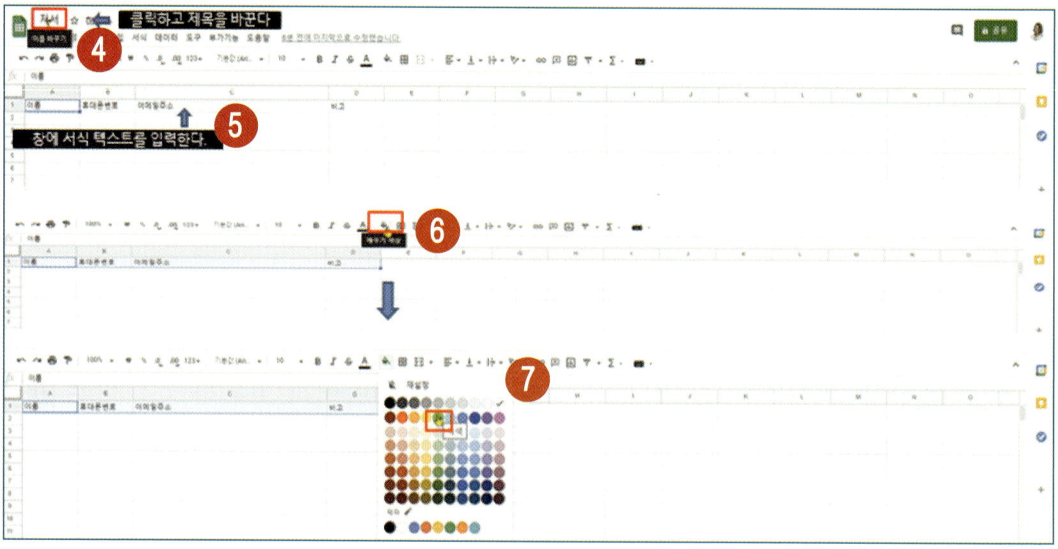

[그림61] 스프레드시트 제목변경과 작성

이를 [그림62] ⑧을 클릭해서 공유할 수 있다.

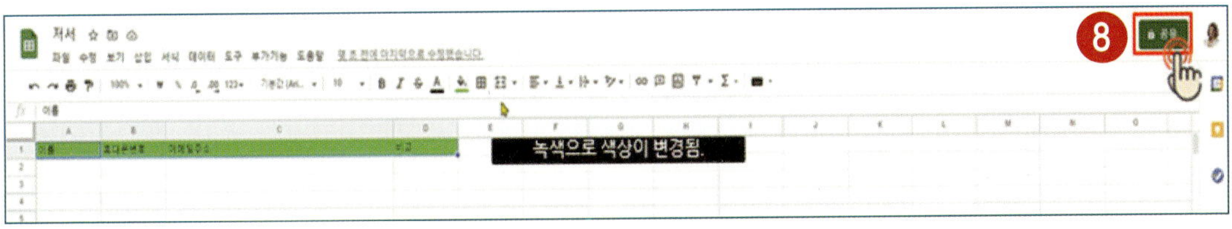

[그림62] 스프레드시트 작성해보기

(3) 공동작업이 가능토록 링크 공유하는 방법

[그림62]의 ⑧ 다른 사용자와 공유 및 함께 작업하기 위해서는 먼저 공유를 해야 한다. 다른 사용자와 파일 및 폴더를 공유하고 공유한 문서를 보기, 수정, 댓글 남기기 등을 선택할 수 있다.

[그림63]의 ⑨ 링크가 있는 사용자가 볼 수 있도록 권한을 변경하고 ⑩ 공동 작업을 할 수 있도록 편집자로 바꿔서 ⑪, ⑫ 카카오톡에 함께 작업할 수 있도록 링크를 전달하면 된다.

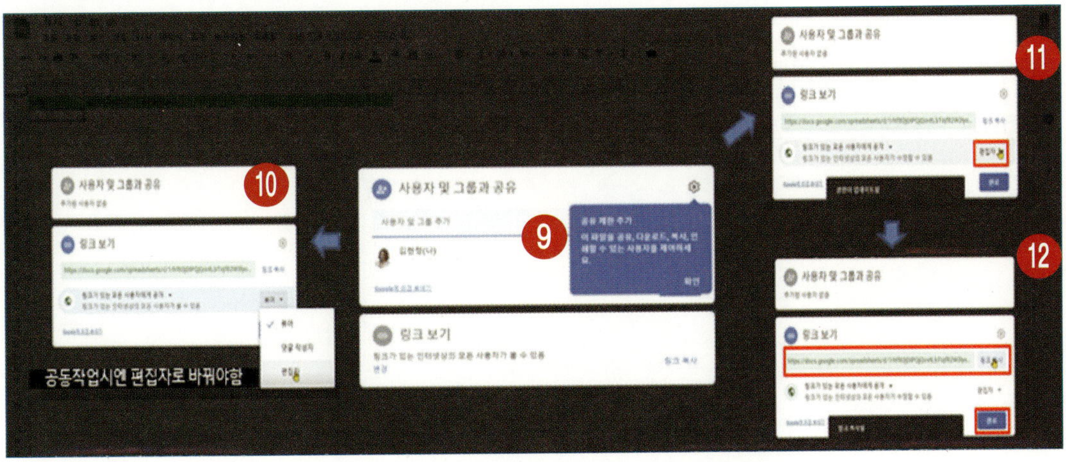

[그림63] 반드시 확인하고 링크 공유하는 방법

(4) 카카오톡에 링크 전달 문서 확인 방법

[그림64]의 ⑬ 공유할 링크를 카카오톡에 공유한다. ⑭ 문서 공유로 내용을 작성하면 공유된 문서를 클릭해 클릭부분에 작성자 이름과 커서가 표시 되서 다른 사람과 겹치지 않아 좋고 한눈에 보기 쉽게 내용정리가 돼 좋다.

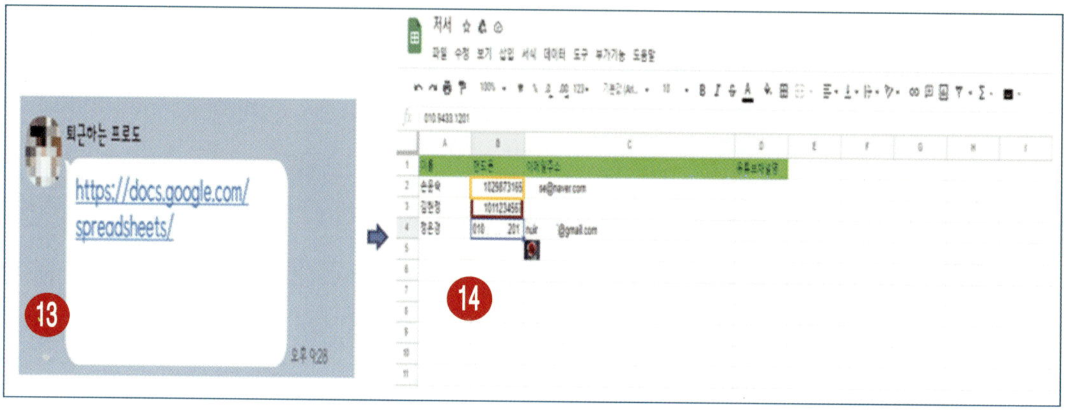

[그림64] 카톡에 링크공유, 클릭해서 문서 확인

3) Google 스프레드시트(스마트폰 활용 버전)

(1) 플레이스토어나 앱 스토어에서 구글 스프레드시트 다운로드 후 열기

[그림65]의 ① 플레이스토어나 앱 스토어에서 '구글 스프레드시트' 앱을 설치 후 열기를 한다. ② 열기를 터치하면 화면처럼 보인다. ③ 샘플 템플릿을 보려면 선택을 한다. ④ 새로운 스프레드시트를 작성하려면 터치한다.

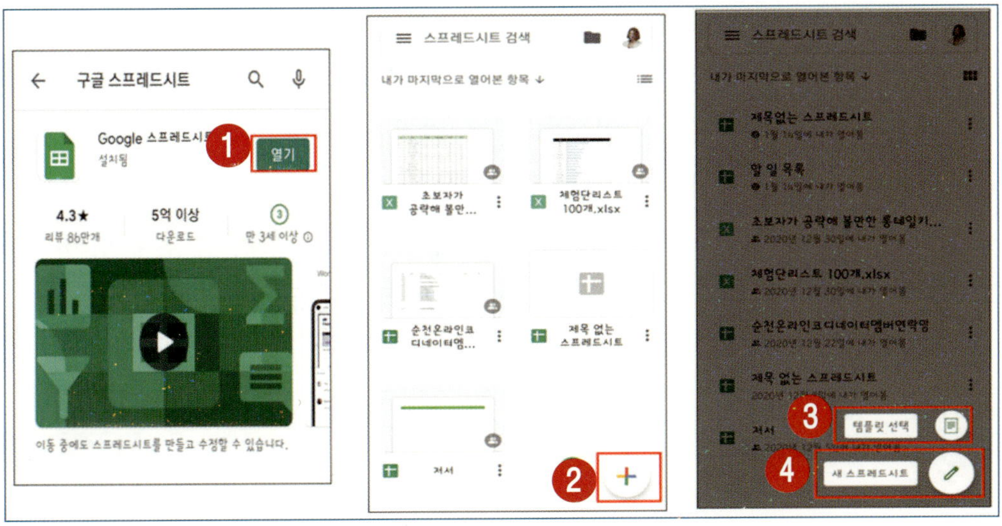

[그림65] 스마트폰으로 시작하는 구글 스프레드시트

(2) 템플릿 종류 선택 후 작성하는 방법

[그림66]의 ③ 템블릿을 선택하면 개인용이나 수업용 등의 샘플 템플릿을 보고 활용할 수 있다. ④ 새로운 스프레드시트를 작성하려면 터치하고 만들고자 하는 내용을 입력한다. 만약 색상을 변경하고 싶다면 블록을 씌우고 ⑤ 색상변경 아이콘을 터치한 후 원하는 색상으로 변경을 터치한다.

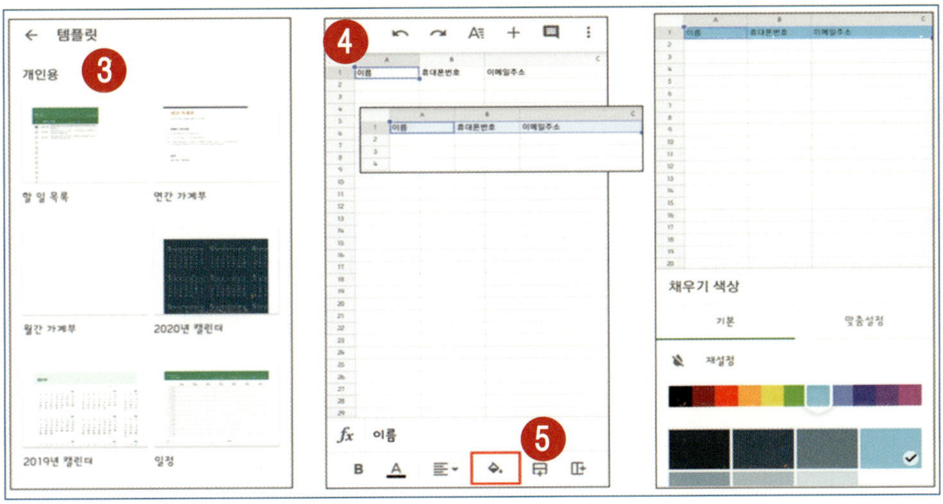

[그림66] 구글 스프레드시트

(3) 공동작업이 가능토록 링크 공유하는 방법

[그림66]의 ⑤ 확인 후 색상변경을 했다면 [그림67]의 ⑥처럼 완료가 됨을 확인할 수 있고 공동 작업을 할 수 있는 파일로 변경·공유해야 하기에 상단 우측 점 3개를 터치하고 공유 및 내보내기 → 공유를 터치한다. 오른쪽 이미지의 공유되지 않음을 터치해 공유가 되도록 편집자로 반드시 변경해야 한다. 변경 후 링크복사를 하고 카카오톡이나 문자로 작업할 사람들에게 링크를 전달하면 된다.

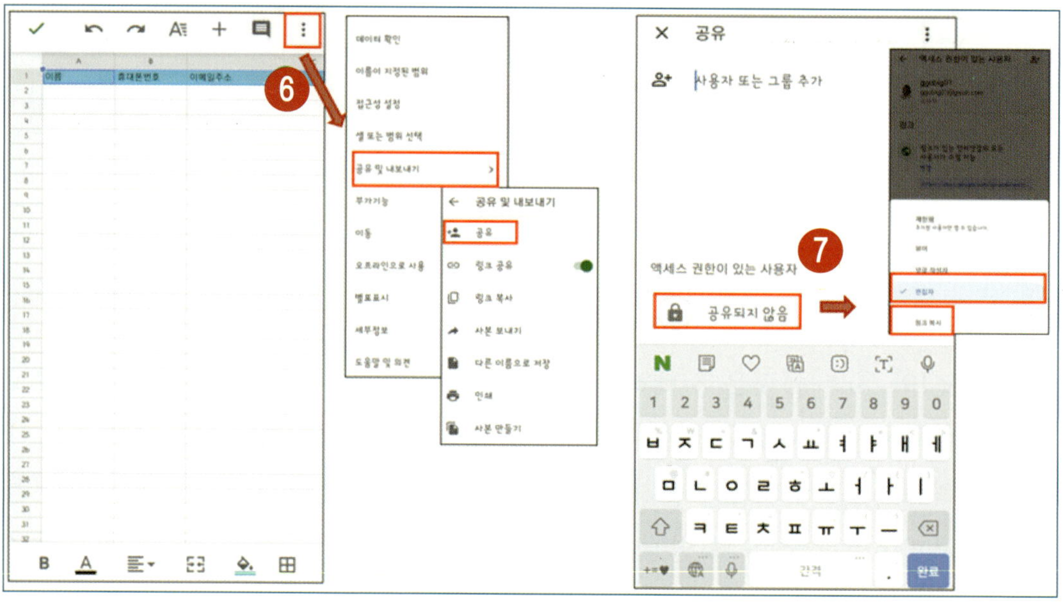

[그림67] 공유하는 방법

(4) 카카오톡에 링크 전달 문서 확인 방법

[그림68] 카톡으로 링크를 공유 받았다면 그 사이트를 터치하면 파일이 열린다. 그렇다면 ⑧ 펜 표시 된 부분을 터치해보면 하단의 '앱 사용하기'를 터치하고 내가 사용할 계정을 선택한 후 확인을 누른다. 오른쪽 이미지처럼 공동작업 문서로 사용할 수 있다.

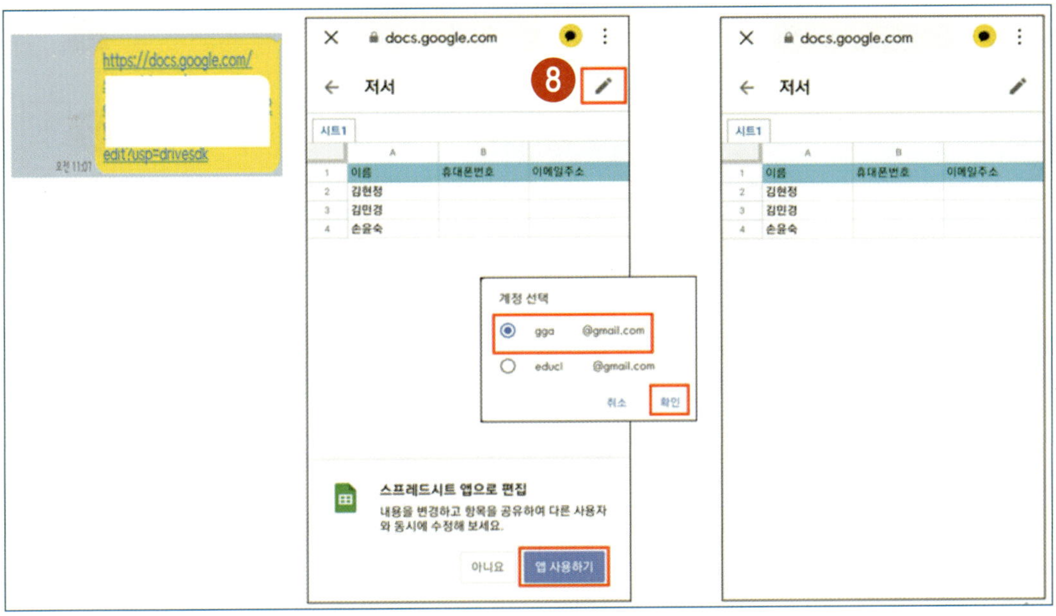

[그림68] 카카오톡에 링크공유, 클릭해서 구글 계정 선택 후 문서 확인

4) Google 프레젠테이션(PC 활용 버전)

'Google 프레젠테이션'은 PowerPoint처럼 발표 자료를 만들 수 있는 도구로 앞에서 설명한 Google의 다른 문서도구처럼 Google 계정만 있으면 누구나 편리하게 무료로 사용할 수 있다. 어디에서나 프레젠테이션을 작성함은 물론 수정하고 발표할 수 있으며 다른 사람과 공동작업을 할 수 있는 디지털 도구이다.

Google 프리젠테이션은 텍스트, 이미지, 동영상을 추가하거나 수정하고 서식을 지정할 수 있고 다른 사용자와 파일과 폴더 공유가 가능하고 문서를 볼 수 있고 수정과 댓글도 남길 수 있는 권한설정이 가능하다.

(1) 구글 앱에서 프레젠테이션 화면 선택하기

[그림69]의 ① 상단 우측의 구글 앱 ⠿을 클릭 ② 프레젠테이션 아이콘을 클릭한다.

[그림69] 구글 앱에서 프레젠테이션 선택화면

[그림70] 크롬 브라우저에 들어가서 바로 구글 프레젠테이션으로 가려면 검색 주소 창에 주소 'https://slides.google.com'을 입력하면 된다.

[그림70] 검색 창에 프레젠테이션 바로 입력

(2) 새로운 구글 프레젠테이션 문서 만들고 작성하기

[그림71]의 ③번을 누르면 [그림72]의 ④처럼 새로운 프레젠테이션이 열리고 파워포인트처럼 화면이 나타나며 사용법도 비슷해서 어렵지 않게 사용할 수 있다.

[그림71] 새 프레젠테이션 시작하기

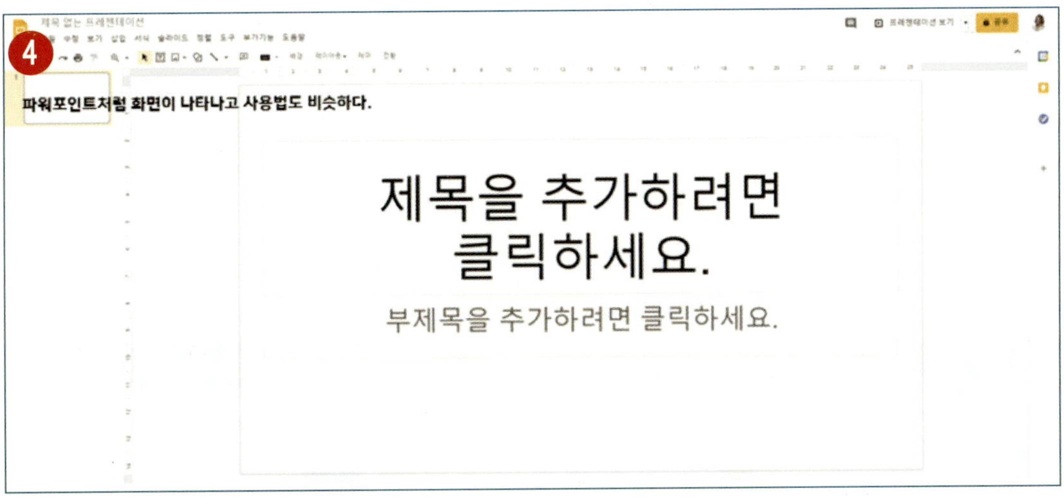

[그림72] 새 프레젠테이션 시트 열고 만들기

[그림73]의 ⑤번을 누르면 프레젠테이션의 이름을 바꿀 수 있고 ⑥번처럼 텍스트에 글쓰기는 물론 마우스 오른쪽 버튼을 누르면 도형이나 그림, 선들을 이용해서 파워포인트처럼 편집하면서 편리한 기능 등을 활용해서 사용할 수 있다.

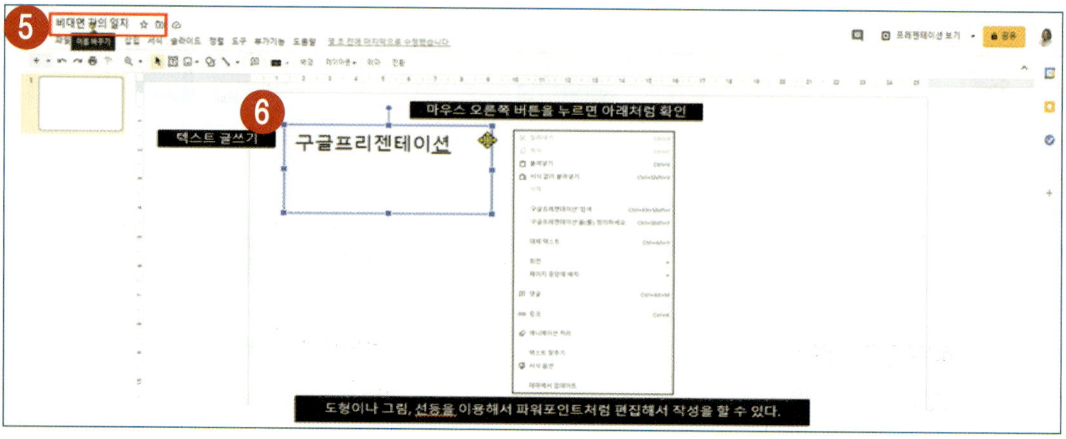

[그림73] 제목 바꾸고 문서 작성하기

(3) 공동작업이 가능토록 링크 공유하는 방법

[그림74]의 ⑦ 링크가 있는 사용자가 볼 수 있도록 권한을 변경하고 ⑧ 공동 작업을 할 수 있도록 편집자로 바꿔서 ⑨ 카카오톡에 함께 작업할 수 있도록 링크를 전달하면 된다.

[그림74] 반드시 확인하고 링크 공유하는 방법

5) Google 프레젠테이션(스마트폰 활용 버전)

(1) 플레이스토어나 앱 스토어에서 구글 프레젠테이션 다운로드 후 새 문서 만들기

[그림75]의 플레이스토어나 앱 스토어에서 '구글 프리젠테이션' 앱을 설치하고 다운로드가 다 됐다면 ①처럼 열기를 누른 후 ② +버튼을 누르면 프레젠테이션을 만들 수 있다. ③ 샘플로 들에 있는 템플릿을 선택하거나 ④ 새로운 프레젠테이션을 만들 수 있다.

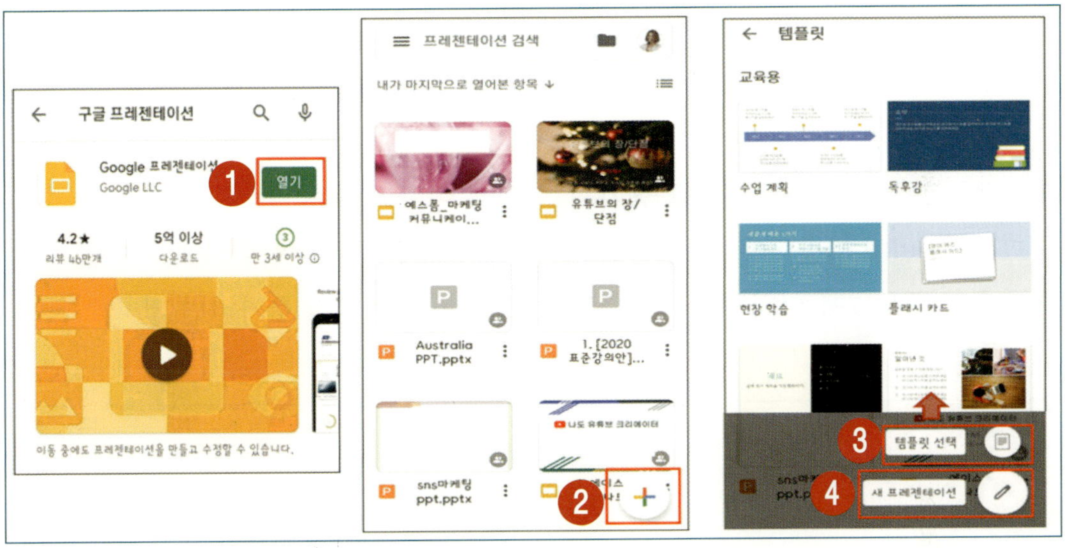

[그림75] 스마트폰으로 시작하는 구글 프레젠테이션

[그림76]의 ④ 새로운 프레젠테이션을 선택하면 제목이 없는 프레젠테이션이 만들어진다.

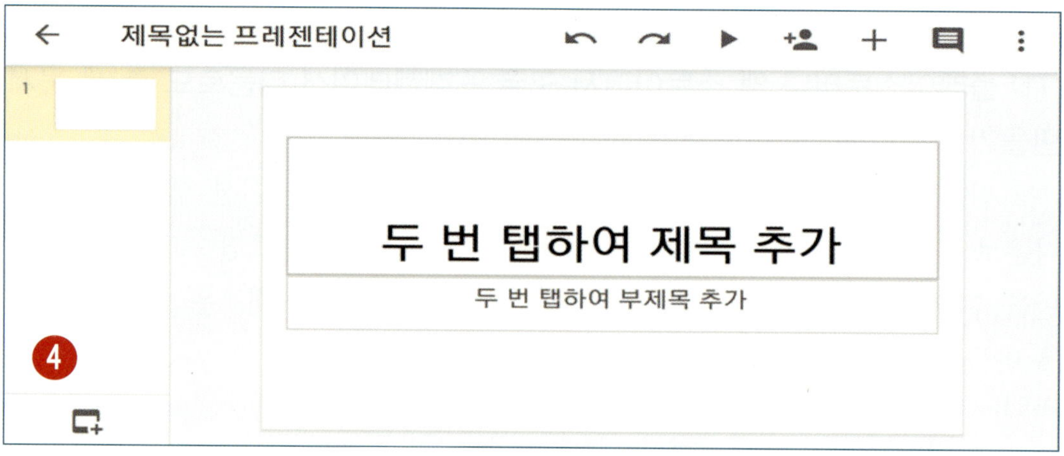

[그림76] 새로운 프레젠테이션 선택

(2) 제목과 부제목 사진 등을 추가해서 문서 만들기

[그림77] 먼저 만들어진 프레젠테이션에 제목과 부제목을 입력하고 시트를 추가하고자 한다면 ⑤를 터치해 추가할 모양의 슬라이드를 골라 추가하면 된다.

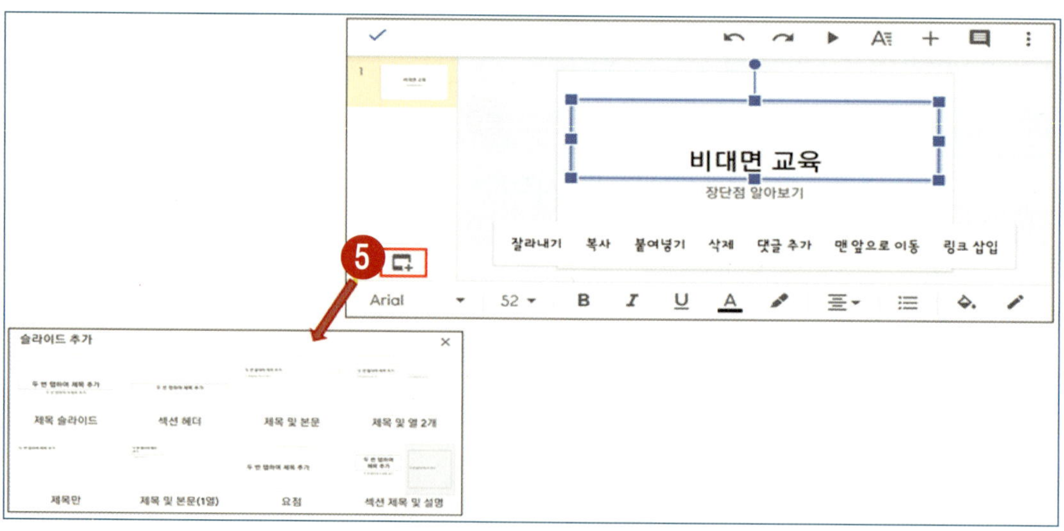

[그림77] 제목 부제목 입력 시트추가하기

[그림78] 추가한 슬라이드에 사진을 추가하고 싶다면 ⑥ +모양을 터치하면 된다. 터치하게 되면 삽입할 수 있다는 바가 하단에 생성되고 이미지를 추가하고자 한다면 사진을 선택하고 앨범에 있는 사진을 골라 삽입하면 된다.

[그림78] 시트에 사진추가하기

(3) 공동작업이 가능토록 링크 공유하는 방법

[그림79] 모두 만들어진 슬라이드는 함께 작업할 수 있는 파일로 공유를 해야 하는데 ⑦ 공유 및 내보내기를 선택하고 공유를 누른 후 공유가 되도록 편집자로 설정을 변경해야 함께 작업을 할 수 있다. 그리고 링크를 복사해서 카카오톡으로 전송하면 된다.

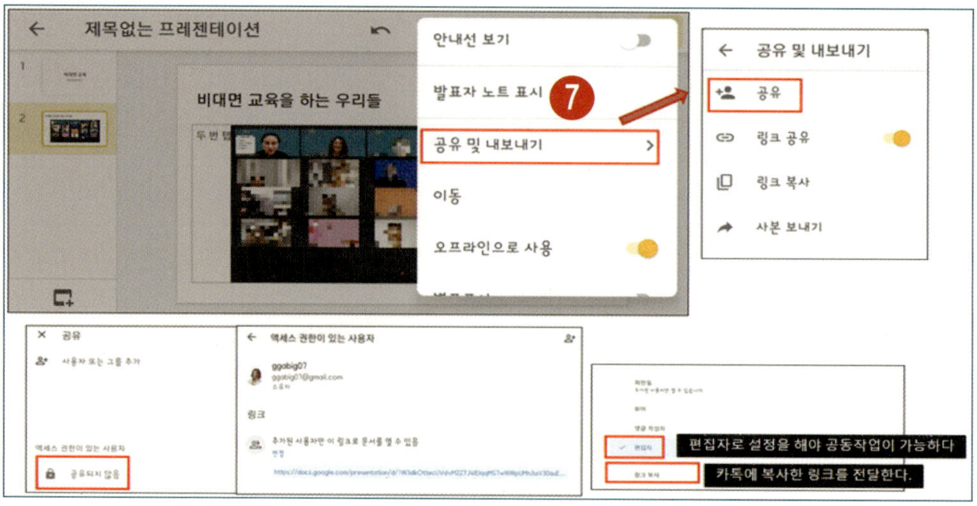

[그림79] 작성한 프레젠테이션 공유하기

(4) 카카오톡에 링크 전달 문서 확인 방법

[그림80]의 ⑧ 카카오톡에 공유한 링크를 터치하면 프레젠테이션 파일이 열리고 위쪽에 연필모양을 터치하면 아래처럼 앱으로 편집한다는 안내문구가 나오기 때문에 앱 사용하기를 누르고 내가 편집할 구글 메일주소를 확인 후 슬라이드 편집을 누르면 된다.

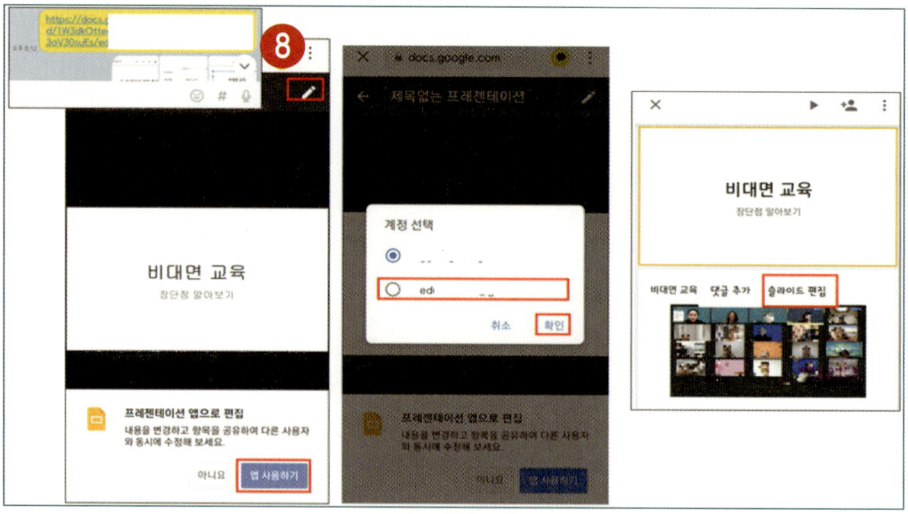

[그림80] 카카오톡에 링크공유, 클릭해서 구글 계정 선택 후 문서 확인

[그림80]에서 완료가 되면 [그림81]처럼 이렇게 내가 편집할 수 있게 된다.

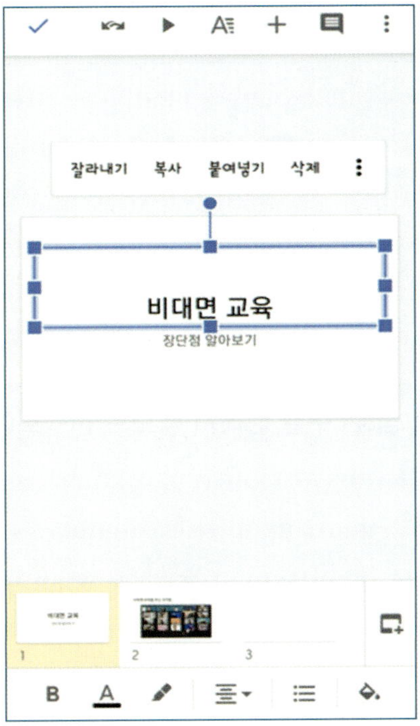

[그림81] 편집가능 문서 확인

6) Google 잼보드(PC 활용 버전)

'Google 잼보드'는 스케치북 같은 필기 툴로 오프라인처럼 포스트잇을 사용하는 기능을 할 수 있는 것은 물론 그림 그리기, 이미지추가, 파일추가를 할 수 있는 프로그램이다. 아이들이나 성인들과 의사소통이 잘 이뤄질 수 있다.

자동으로 변경되는 도형기능이 있어 대충 그려도 완성된 도형이 그려진다. 위에 설명한 다른 프로그램과 연동되기 때문에 삽입할 수 있는 장점이 있고 다른 사용자와 파일과 폴더 공유가 가능하고 문서를 볼 수 있으며 수정과 댓글도 남길 수 있는 권한 설정이 가능하다

(1) 구글 앱에서 잼보드 화면 선택하기

[그림82]의 ① 상단 우측의 구글앱 ⠿을 클릭 ② 잼보드 아이콘을 클릭한다.

[그림82] 구글 앱에서 잼보드 선택화면

[그림83] 크롬 브라우저에서 바로 가려면 주소 창에 'http://jamboard.google.com'을 입력하면 된다.

[그림83] 구글 검색 창에 잼보드 바로 입력

[그림84]의 ③+를 클릭하면 새로운 잼보드 판이 생성된다.

[그림84] +를 클릭하면 새로운 잼보드판 생성

(2) 새로운 잼보드판 만들기

[그림85]와 같은 새로운 잼보드 판이 열리면 ④ 제목을 입력해서 변경할 수 있고 ⑤ 도구들이 있어서 글씨를 쓰고 지우며 여러 기능 등을 활용해 작성내용을 적어 꾸밀 수 있다. ⑥ 작성하고 나면 공유파일로 설정해서 함께 작업할 수 있도록 공유할 수 있다.

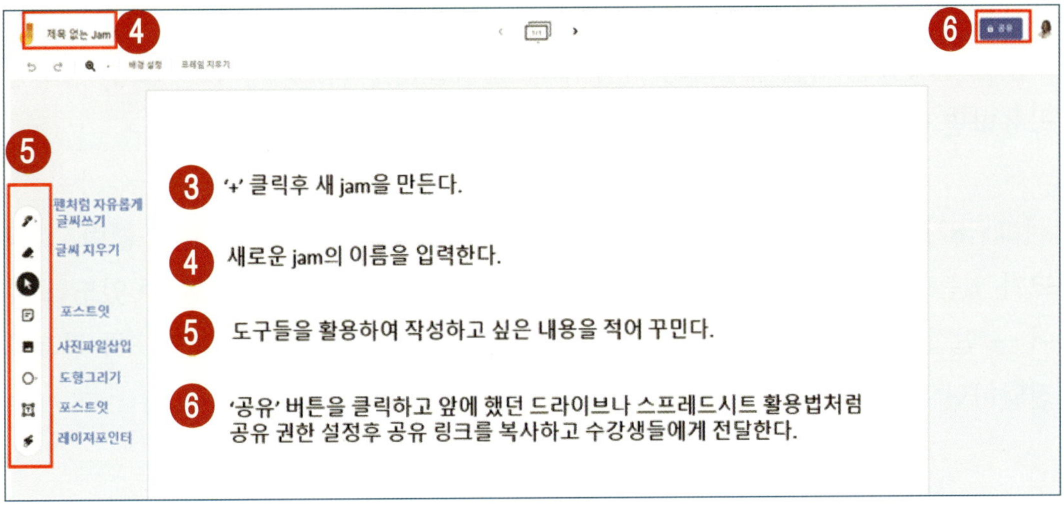

[그림85] 잼보드 화면의 주요 도구 소개

[그림86]의 화면 배경도 내가 원하는 배경으로 변경 설정이 가능하다. 오른쪽 이미지는 변경 후 그래프 화면으로 변경된 배경화면을 확인할 수 있다.

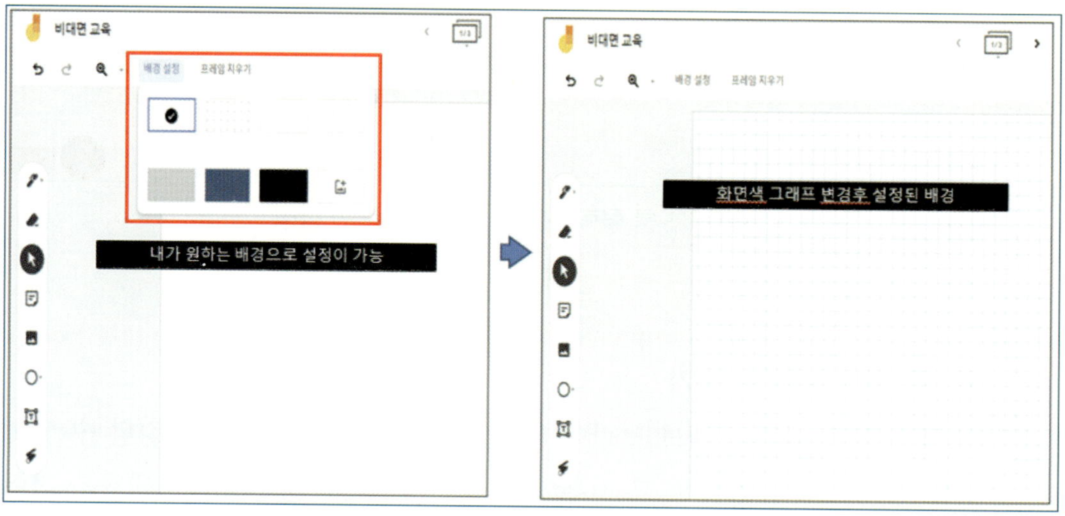

[그림86] 자유롭게 변경가능, 내가 변경한 화면

(3) 공동작업이 가능토록 링크 공유하는 방법

앞에서 배웠던 다른 소통도구처럼 구글 문서들은 [그림87]과 같이 모두 링크를 공유하면 공동작업이 가능하다.

[그림87]과 같이 공유하려면 앞에 다른 구글 문서들처럼 ①번 공유를 클릭 ② 링크가 있는 사용자가 볼 수 있도록 권한을 변경하고 ③ 공동작업을 할 수 있도록 뷰어 → 편집자 ④ 편집자로 설정 완료 ⑤ 카카오톡에 함께 작업 할 수 있도록 링크를 전달하면 된다.

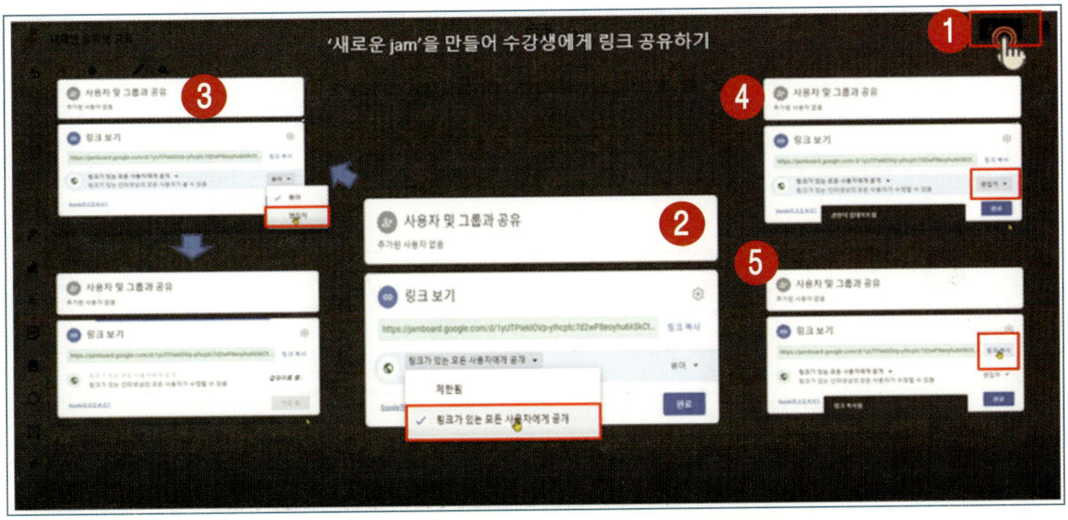

[그림87] 반드시 확인하고 링크 공유하는 방법

(4) 메뉴판 펜 기능 설명

[그림88]과 같이 위에서 공유한 파일을 카카오톡으로 보내면 그 링크로 들어와서 ⑦ 같은 기능을 활용해 소감이나 느낌을 기록할 수 있다. 펜의 종류와 색상변경이 모두 가능하다.

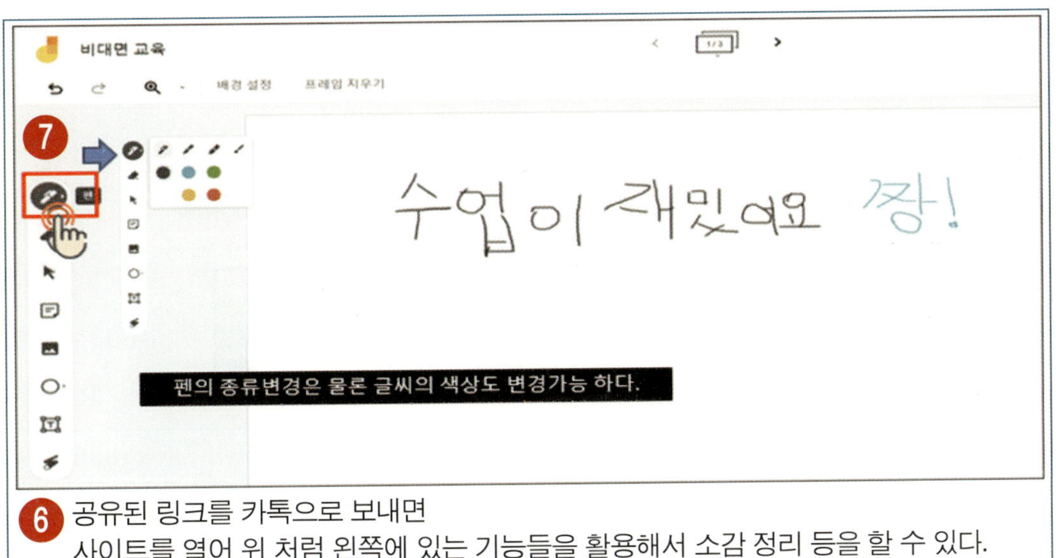

[그림88] 메뉴판의 펜의 기능 설명

만약 [그림88]에서 글씨에 오탈자가 있다거나 잘못 썼다면 [그림89]의 ⑧ 지우기 기능이 있어서 아주 쉽게 지우고 다시 작성할 수 있다.

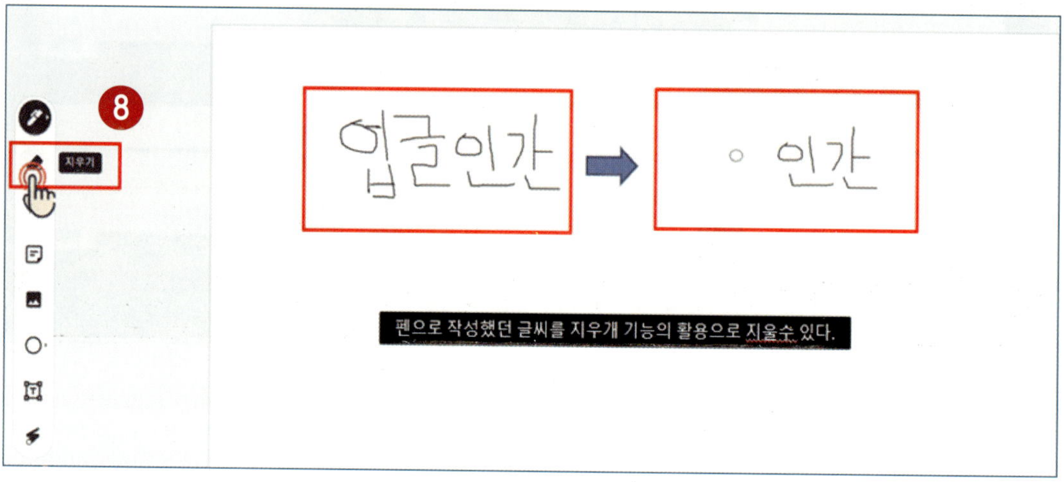

[그림89] 메뉴판의 지우기 기능 설명

구글 잼보드는 간단하지만 [그림90]의 ⑨ 같은 포스트잇 기능이 있어서 오프라인에서 수업할 때처럼 아이들과 수업도 성인들과의 수업도 모두 소통이 가능하다. 스티커 메모로 작성할 때는 바탕색의 변경도 가능하다.

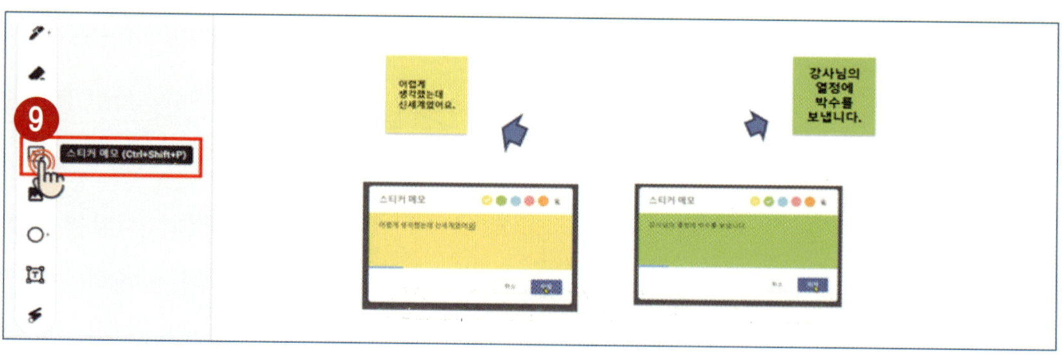

[그림90] 메뉴판의 스티커 활용법 설명

[그림91]의 ⑩처럼 이미지도 추가 할 수 있어서 내 PC에 저장된 사진이나 이미지를 선택해 잼보드 바탕화면에 삽입시킬 수가 있다.

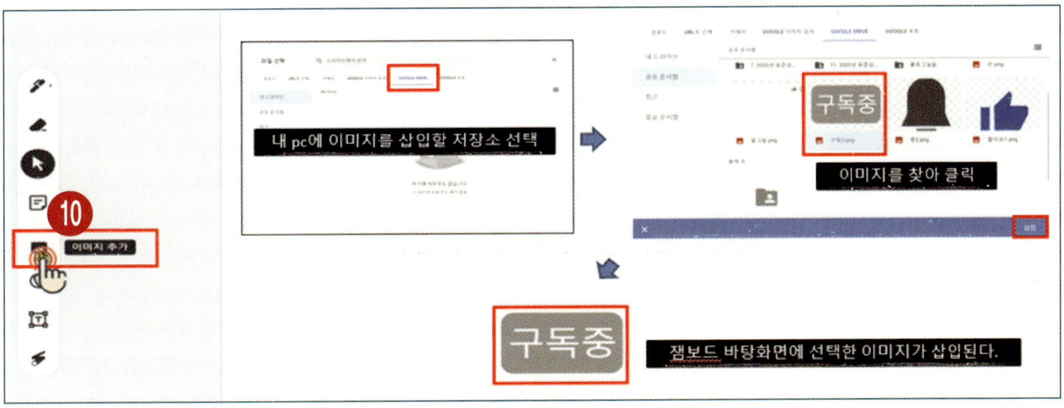

[그림91] 메뉴판의 이미지 추가 기능 설명

[그림92] ⑪ 원이나 도형기능이 있어서 내가 꾸미고 싶은 도형을 선택할 수도 있다.

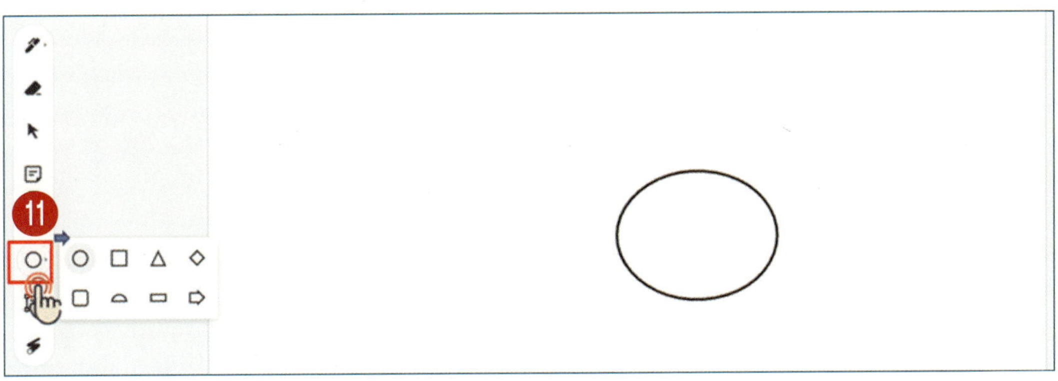

[그림92] 메뉴판의 도형삽입 변경 기능 설명

[그림93]에서 ⑫ 텍스트 삽입도 가능해서 그림처럼 글씨를 삽입할 수 있다.

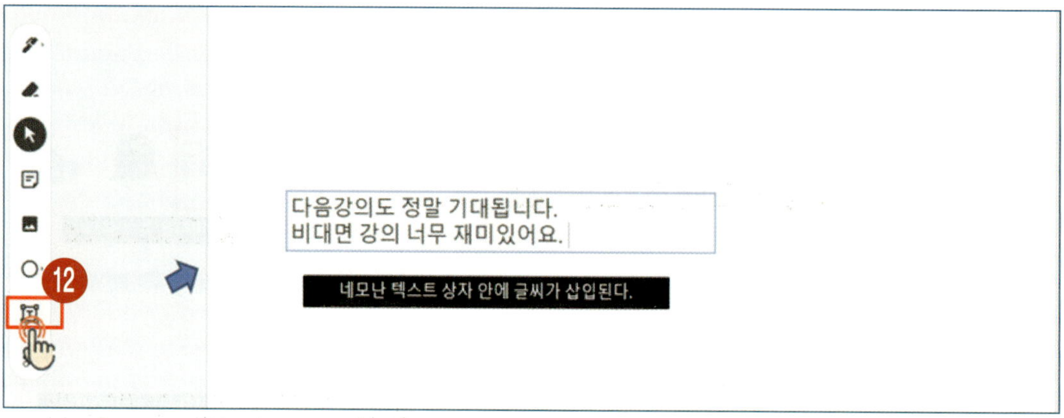

[그림93] 메뉴판의 텍스트 상자 설명

[그림94]는 구글 잼보드에 있는 다양한 기능들로 꾸며진 잼보드 판이다.

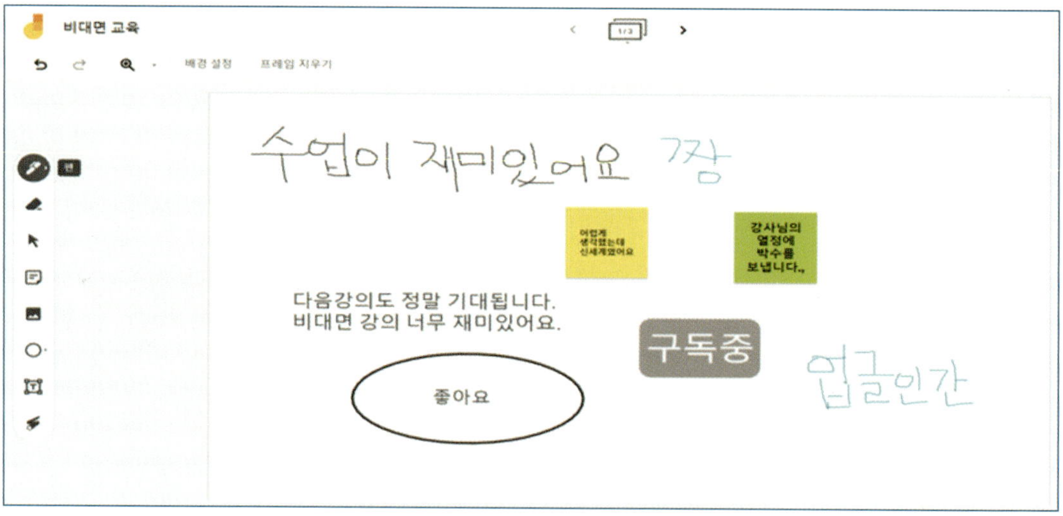

[그림94] 여러 기능으로 만들어진 잼보드 판

[표1]과 같이 여러 가지를 작업하면 소통도구로 활용할 수 있는 장·단점이 있다.

종 류	구글 문서의 장점	구글 문서의 단점
드라이브 스트레드 시트 프레젠테 이션	구글 계정이 없는 사람과도 공유가 가능하며 참여도와 몰입도를 높일 수 있다. 공유권한 설정에 따라 협업의 가능 여부가 결정 된다. 여러 사람이 공동 작업을 하더라도 각기 다른 커서 표시로 작업이 겹칠 우려가 없다. 간편하고 복잡한 작업도 가능하고 오류가 적다.	구글 계정이 있는 사람만 만들 수 있다. 사용법이 서투른 사람에겐 어려움이 있을 수 있다. PC로 작업은 편하지만 휴대폰으로 작업시에는 불편할 수 있다.
JAM보드	포스트잇을 사용하는 오프라인 활동과 비슷한 활동을 할 수 있다. 공유 링크만 접속하면 함께 사용이 가능하다.	내용이 많이 들어가지 않고 텍스트를 작성하는 도구의 한계가 있다. 구글 잼보드는 계정이 있어야만 만들 수 있다.

[표1] 구글 문서의 장·단점

7) Google 잼보드(스마트폰 활용 버전)

잼보드는 PC 버전, 태블릿, 휴대폰의 사양에 따라 사용하는 방법이 각각 조금씩 다르다. 그림에서 설명하겠지만 휴대폰에만 추가 되는 기능들이 몇 가지 있고 PC 버전을 사용할 때와는 다르게 모바일에서는 한글 지원이 되지 않는다. 그러나 글자나 도형이 자동으로 변환되는 기능이 있고 카메라 기능이 있어서 바로 사진을 찍어서 업로드 시킬 수 있는 것이 PC 버전과 모바일 버전의 차이점이다.

(1) 플레이스토어나 앱 스토어에서 구글 잼보드 다운로드 후 새 문서 만들기

[그림95]처럼 플레이스토어나 앱 스토어에서 '잼보드' 앱을 설치하고 다운로드가 다 됐다면 그림처럼 열기를 터치 후 우측 하단의 +버튼을 누르면 새로운 잼이 만들어 진다.

[그림95] 모바일 버전 잼보드 시작하기

[그림96]처럼 새로운 잼이 만들어졌다면 본인이 사용할 잼의 이름으로 변경해주면 된다. [그림95]에서 세 번째 이미지에서 상단 우측의 점 3개를 터치하고 [그림96]의 첫 화면에서 보이는 Rename을 눌러 이름 변경 후 Rename을 터치한다. 그럼 세 번째 이미지처럼 변경된 이름을 확인할 수 있다.

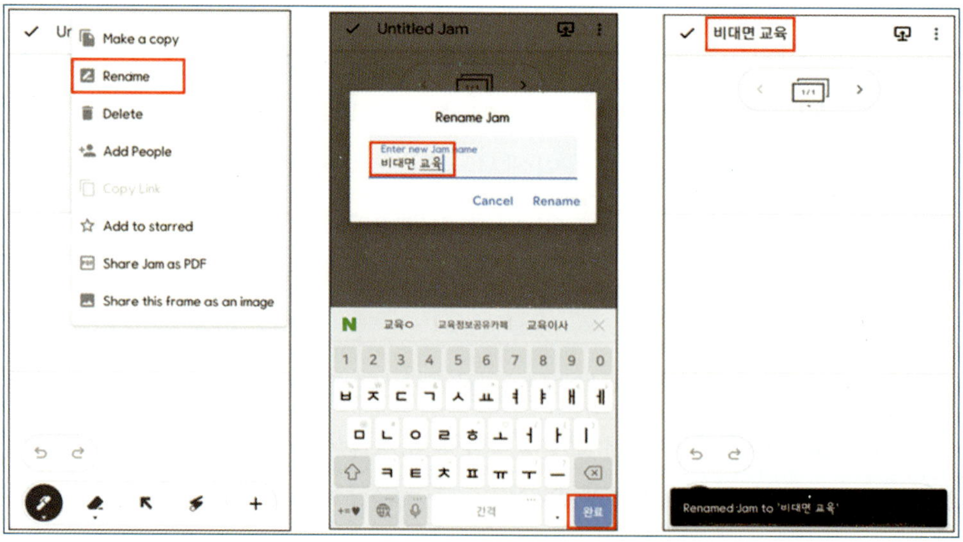

[그림96] 새로운 잼의 이름 변경하기

(2) 다양한 기능을 활용해 잼보드 판 만들기

[그림97]과 같이 변경한 이름 아래 ① 창처럼 생긴 곳을 터치하면 프레임이 나타나는 것을 알 수 있다. +를 누르면 추가가 되고 ② 점 3개를 터치하고 ③ Duplicate를 누르면 복사가 된다. ④ Background를 누르고 색상을 고른 후 ⑤ v를 체크하면 프레임의 배경색을 바꿀 수가 있다. ⑥을 누르면 전체 프레임의 색상을 변경할 수 있다.

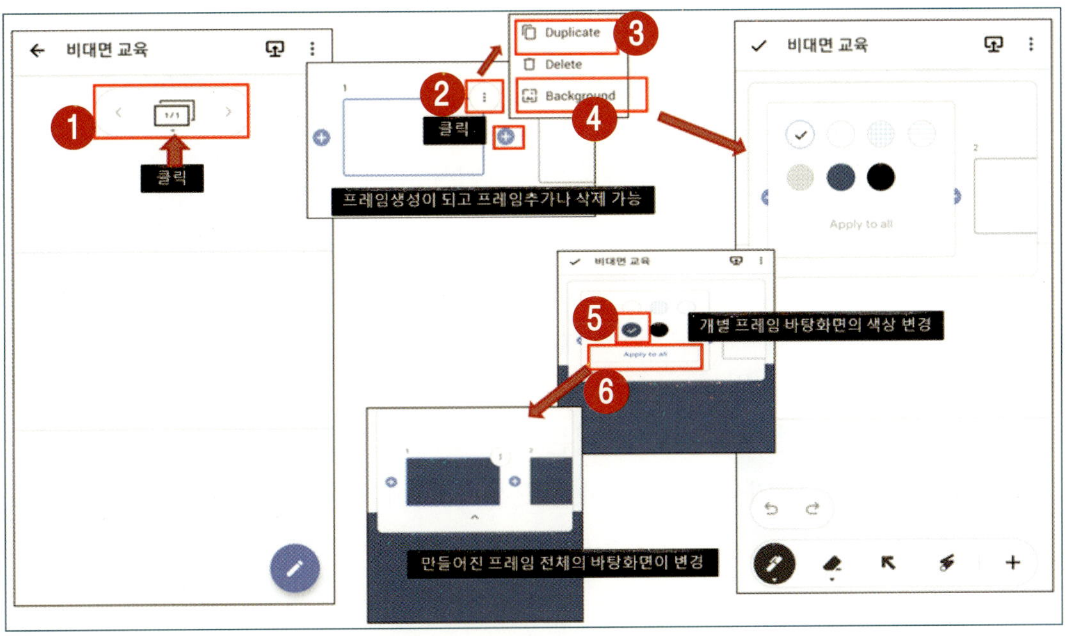

[그림97] 프레임 색상 변경해보기

[그림98]의 아래쪽을 보면 PC버전 [그림85]에 있던 안내바를 모바일 버전에서는 하단부분에서 확인할 수 있다. ① 펜을 터치하면 펜의 종류와 색상을 선택해 글자를 작성할 수 있다.

[그림98]은 PC 버전과는 다르게 모바일 버전에서만 볼 수 있는 기능이 있다. 'Assistive drawing tools'를 터치하면 오른쪽 이미지처럼 text와 도형이 자동으로 변환이 되는 기능을 사용할 수 있어서 PC 버전과는 다른 기능이라고 할 수 있다.

[그림98] 펜을 선택하고 글자 작성하기

[그림99]의 ② 지우기는 PC 버전과 같다. 글자를 입력하고 지우려면 지우개를 터치하고 지우면 가능하지만 조금 전 [그림98]에 추가됐던 기능을 사용했다면 그냥 지워지지 않는다. 그럴 경우 지우기 버튼을 손으로 '꾹' 눌렀을 때 가운데 이미지처럼 나타나는데 여기서 Clear를 터치하면 오른쪽 이미지처럼 깨끗하게 지워진 화면을 볼 수 있다.

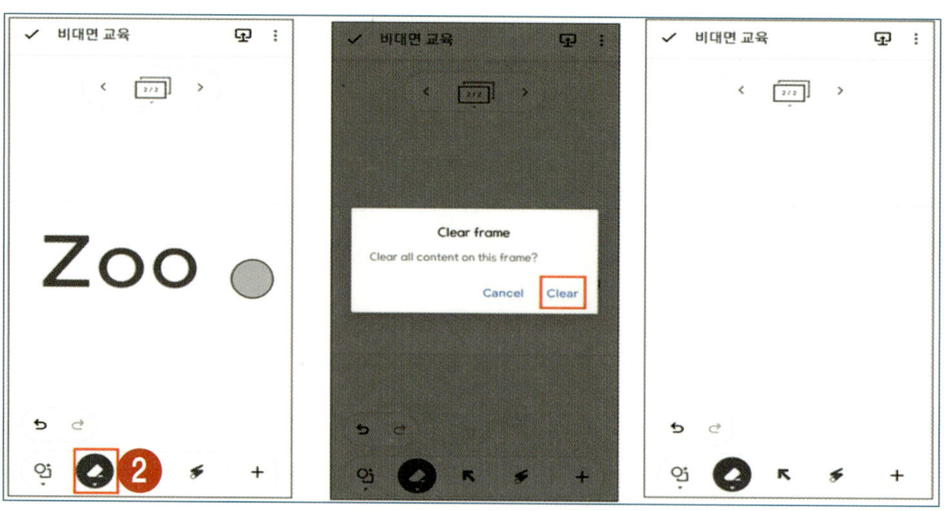

[그림99] Clear 클릭하고 글자 지우기 기능

[그림100]의 ③에 있는 기능도 PC 버전에서는 나타나지 않는 기능이다. 화살표를 터치하고 구역을 지정해 삭제도 가능하고 바로 옆으로 드래그도 가능하다. ④ 레이저 포인터 기능은 PC에서 사용할 수 있는 기능과 동일하다.

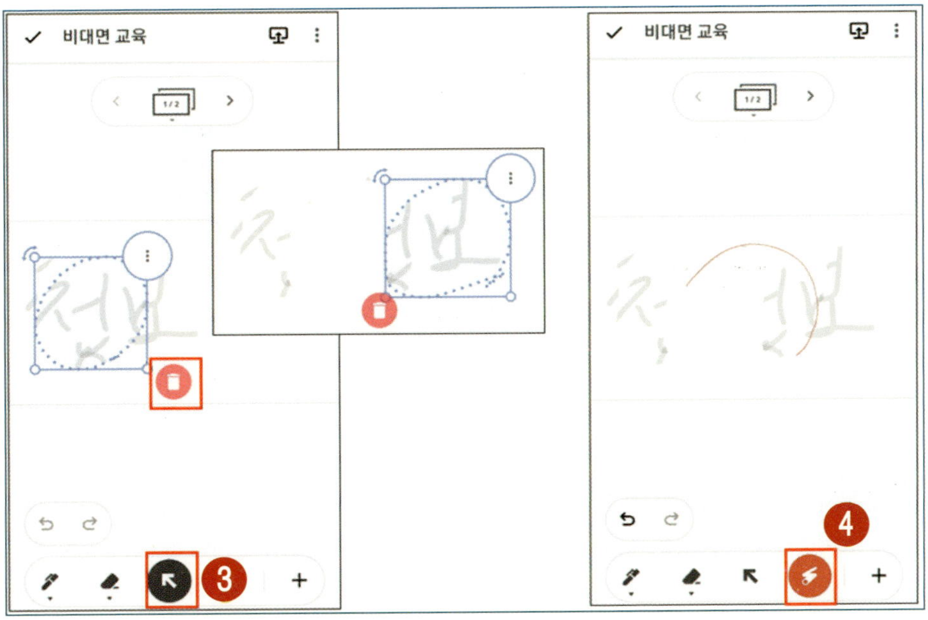

[그림100] 모바일만 있는 드래그 기능, PC와 동일한 포인터 사용기능

(3) PC 버전과 스마트폰 버전의 다른 점 확인하기

[그림101]의 ⑤ +버튼을 터치하면 잼보드에서 많이 사용하는 'Sticky note' 기능이 있다. 위쪽에서 색상 변경을 할 수 있고 텍스트를 입력하면 되는데 모바일 버전에서는 한글지원이 불가하다. 세 번째 이미지처럼 '???'로 입력된다. 이름을 입력하더라도 영문으로 입력해야 하는 불편함이 있을 수 있다.

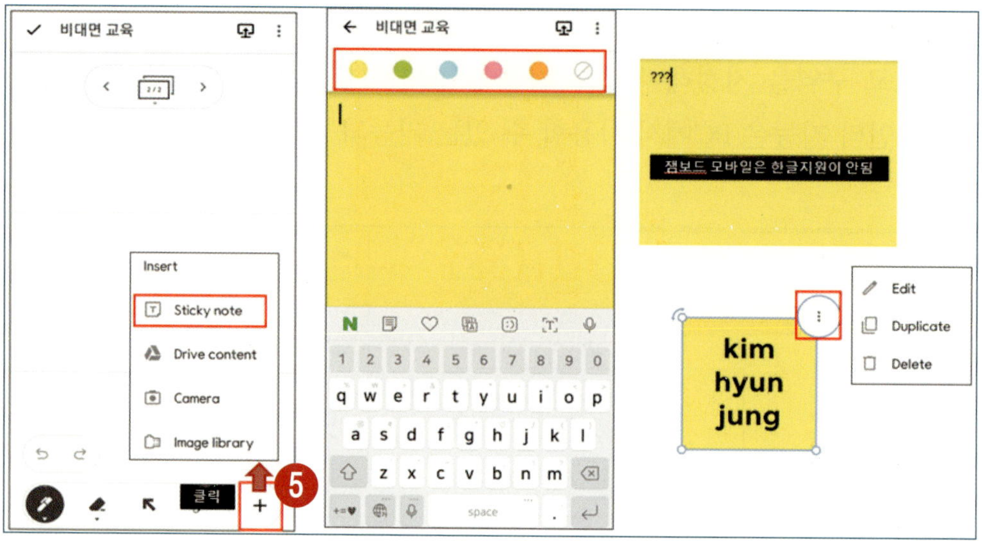

[그림101] 모바일에서는 한글 지원이 불가

[그림102]의 ⑥ +를 터치했을 때 위에 나타나는 기능 중 'Drive content'를 터치하면 파일 업로드를 쉽게 할 수 있다. 그리고 PC에는 없는 기능인 'Camera' 기능이 있어서 세 번째 이미지처럼 직접 내 휴대폰으로 사진을 찍어 첨부할 수 있다.

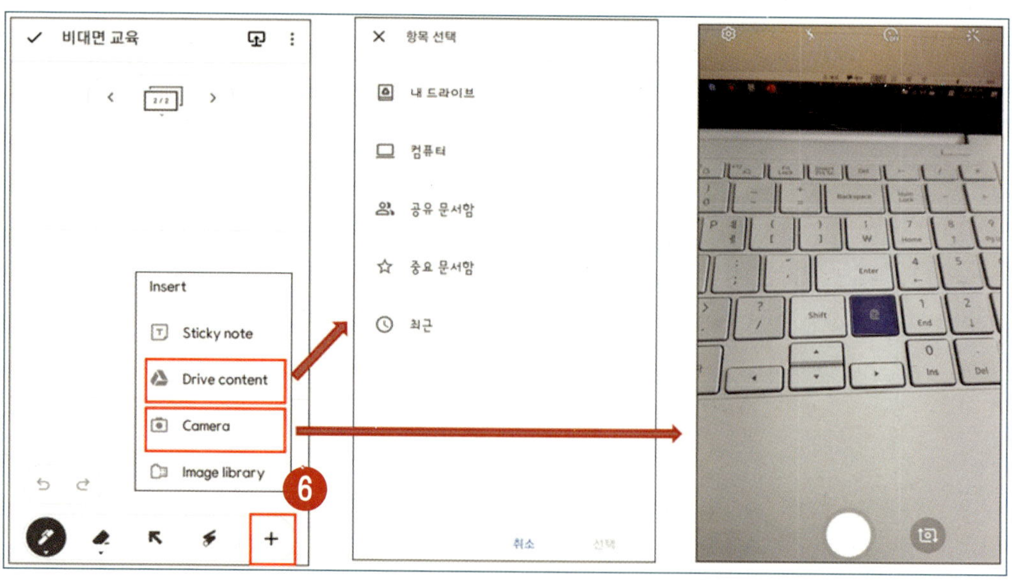

[그림102] PC버전에는 없는 카메라 기능

6 온라인 수업에서 빠질 수 없는 도구들

우리가 흔히 알고 사용하는 PPT의 정식 명칭은 마이크로소프트(MS) 오피스 파워포인트이다. 정보를 기반으로 제품, 서비스, 솔루션을 하나로 통합해 효과적인 협동작업을 할 수 있도록 플랫폼을 제공하는 오피스 시스템에 포함돼 있다.

회의를 포함한 모든 발표는 상황과 목적에 맞아야한다. 이러한 발표 자료로써 PPT도 마찬가지이다. PPT는 각종 프레젠테이션을 하는데 있어서 시각적 보조 자료로 사용하는 마이크로소프트사의 소프트웨어이다. 발표 자료를 효과적으로 작성하고 시청각적인 발표를 할 수 있다는 장점이 있으며 자료를 제작하는 가장 큰 기능이 있다. 제작한 PPT를 스크린을 이용해 화면을 띄어 사용할 경우 프레젠테이션 효과를 극대화할 수 있다.

PPT의 목적으로 누군가는 창업 아이템을 심사자에게 제시하고 설득을 통해 통과시켜야하며 또 누군가는 디테일하고 방대한 회사의 포트폴리오를 함축해 소개해야 한다. 또 누군가는 조별 과제나 논문을 발표해야하며 각자 여러 가지 상황에 맞게 PPT도 다르게 제작돼야 한다. 또한 상대방이나 청중이 어떤 성향을 가졌느냐에 따라서도 달라지고 발표자가 어떤 발표 성향을 가졌는지에 따라서도 달라진다. 그러므로 그 상황과 목적에 맞는 제작이 중요하다.

PPT의 디자인은 프레젠테이션하려는 내용과 어울리는 사진이나 이미지 또는 영상 등을 사용하며 화려한 이미지보다는 깔끔하고 집중할 수 있는 이미지를 사용하는 것이 좋다. 또 가능한 일관성 있게 디자인을 구성하는 것이 청중의 집중력을 높이는 방법이다.

특히 온라인 강의와 회의에서 빠질 수 없는 프레젠테이션의 자료는 대부분 마이크로소프트사의 파워포인트를 이용해 제작한다. 요즘은 구글이나 네이버에서도 프레젠테이션 템플릿을 제공한다. 그러나 템플릿이 다양하지 않아서 복잡하고 세

밀한 작업을 하기에는 부족하다. 편집 작업을 많이 해야 할 때는 포토샵에서 작업해야 한다.

그런데 포토샵은 배우는데 시간과 노력이 많이 들고 어려워서 일반인들이 쉽게 사용하기에는 용이하지 않다. 그래서 포토샵을 따로 배우고 익히지 않아도 얼마든지 편집 작업할 수 있는 템플릿을 제공하는 편집 플랫폼이 많이 생겨나서 편리하게 이용할 수 있다. 그 가운데 몇 가지를 소개하려고 한다.

1) 협업 디자인 툴 '캔바(Canva)'

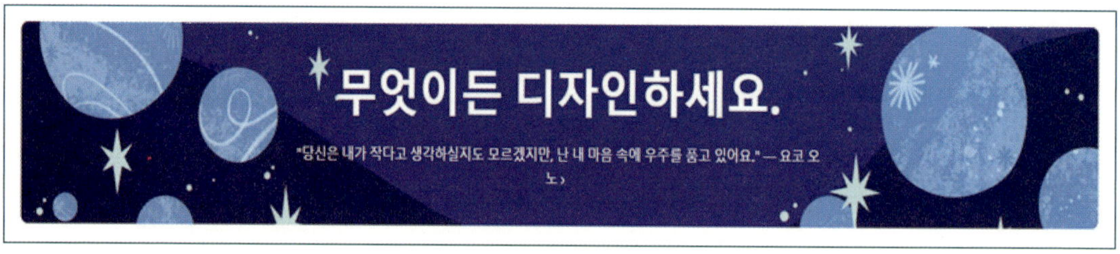

[그림103] 캔바 알아보기

'캔바(Canva)'는 6만개가 넘는 방대한 카테고리의 템플릿을 제공하는 플랫폼이다. 캔바는 자신의 메일주소를 제공해 계정을 만든 후 나만의 소식카드 디자인을 시작하라고 피드한다. 누구나 무료로 로그인하고 작업했던 디자인은 캔바의 내 디자인 파일에 자동저장 된다. 물론 내 작업 물이 몇 개가 되더라도 최종 작업했던 작업 물로 저장된다. 그리고 폴더를 만들어서 편집디자인을 분류별로 정리할 수도 있고 자신이 업로드 했던 이미지도 관리할 수 있다.

글꼴, 색상 등의 디자인 요소를 간편하게 편집할 수 있다. 캔바의 직관적인 인터페이스와 사용법으로 간단한 디자인 도구를 활용해 템플릿을 원하는 대로 편집할 수 있다. 단 몇 번의 작업으로 100가지가 넘는 참신한 글꼴 가운데 원하는 글꼴로 변경할 수도 있고 색상환에서 새로운 색을 선택할 수도 있다. 수천 개의 디자인 요소를 원하는 곳에 끌어다 놓아 모서리를 잡아당기거나 안으로 밀어서 위치와 크기를 조절할 수도 있다.

디자인이 만들어졌다면 저장하고 공유하면 된다. 또는 인쇄용 파일로 다운로드할 수도 있다. 디자인은 인쇄용 파일이나 고해상도의 PNG, JPEG 파일로 저장이 가능하다. 그리고 메일이나 공유 사이트로 주고받을 필요 없이 수십 명에 달하는 팀원들을 설정하고 초대해 같이 작업하는 것이 가능하다.

스마트폰에서도 편집 작업을 하고 싶은가? 가능하다. iso, android 기기에 캔바 앱을 설치하면 이동 중에도 디자인 작업을 할 수 있다. App Store 또는 Google Play에서 앱을 무료로 다운로드해보자.

캔바는 자주 업데이트를 하는 편이어서 필자가 사용한 화면과 약간 다를 수 있다. 그러나 전체적인 편집 방법은 그대로이니 양해를 바란다.

[그림104] 무료 캔바 사용

(1) 나만의 템플릿 선택

라이브러리에서 전문가들이 디자인해 놓은 템플릿 중 하나를 골라 자신만의 문구와 사진 또는 영상을 가져다 붙이기만 하면 된다. 사진이나 영상이 없다면 스톡 이미지에서 선택해도 되며 이미지를 수정하거나 화려한 필터와 효과를 적용하고 텍스트를 편집하면 된다.

캔바는 프레젠테이션 작업을 하고 바로 녹화하기 들어가서 프레젠테이션 녹화를 하고 URL만 공유하면 상대에게 바로 전달할 수 있는 장점이 있다.

[그림105]처럼 발표자의 영상이 나온다. 다만 마이크와 카메라가 준비돼야 한다. 자신의 노트북에 카메라가 내장돼 있다면 스마트폰의 이어폰이나 블루투스 이어폰만 있으면 가능하다. 만약 PC라면 마이크와 캠이 따로 준비돼야 한다. 그림처럼 하단에 발표자의 영상이 나온다. 그리고 사용가능한 마이크와 카메라 기종을 표기한다.

[그림105] 영상 PPT 마이크 설정

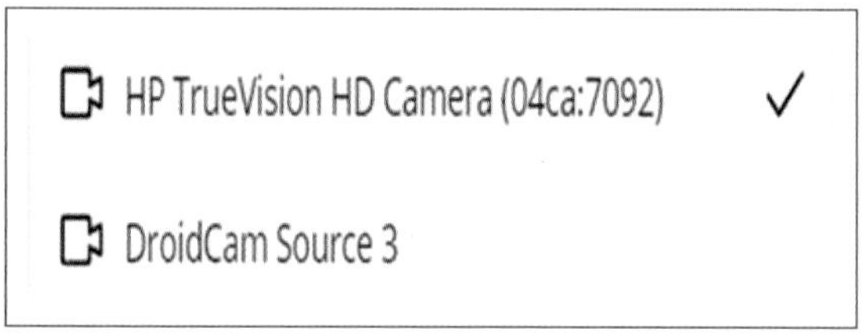

[그림106] 영상PPT 비디오 설정

(2) 디자인하기 전 계정 만들기

디자인을 만들려면 일단 캔바에 로그인해야 하는데 구글 계정으로 가입한다.

[그림107] 구글 검색 창에서 캔바 검색

구글에서 사이트를 검색해 찾았다면 [그림108]처럼 이메일 계정으로 회원가입을 한다. 이메일 계정으로 가입을 터치하면 [그림109]의 계정 만드는 과정이 나온다. 이름, 이메일, 암호를 넣고 시작하세요!를 터치한다.

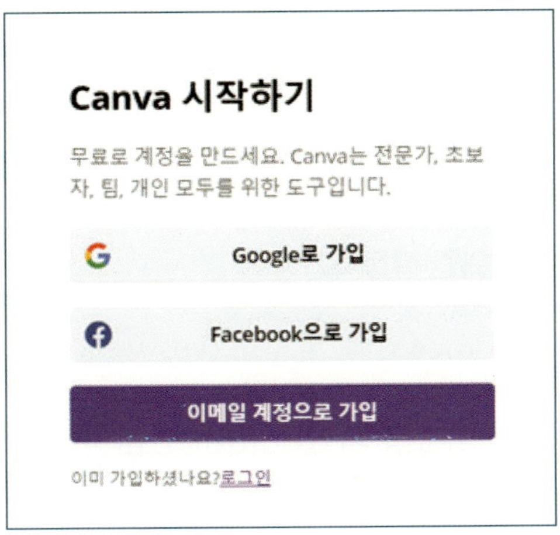

[그림108] G메일로 가입

[그림109] 계정 만들기

[그림110]은 가입완료 시 나오는 화면이다. 혹 프레젠테이션을 만들고자 할 경우 두 번째 프레젠테이션을 클릭하고 만들기를 시작하면 된다.

[그림110] 가입완료 된 화면

계정설정은 다음과 같다. [그림111]의 오른쪽 상단에 설정을 들어가면 내 정보를 변경할 수 있다.

[그림111] 정보 변경 위한 설정하기

[그림112]에서 ①의 설정을 들어가면 ②와 ③처럼 이름과 메일을 변경할 수 있다.

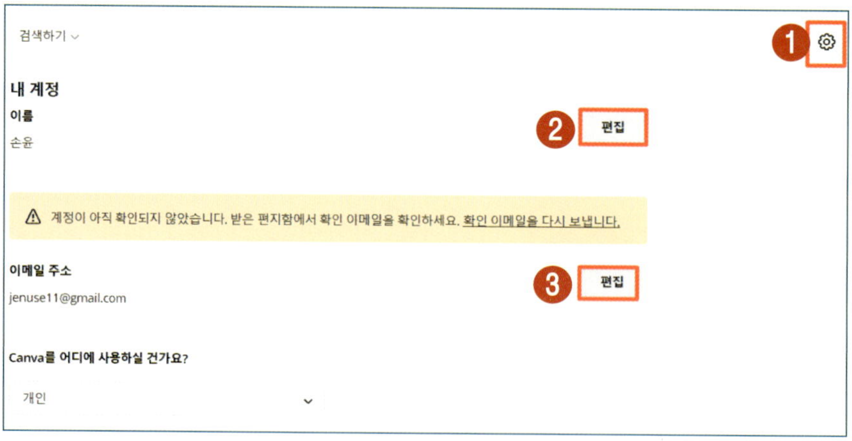

[그림112] 내 정보 변경하기

(3) 멋진 디자인하기

본격적으로 디자인을 만들어 보자. [그림113]과 같이 설정 옆 ① 디자인 만들기 박스를 터치한다. ②는 다양한 디자인 도구들로 원하는 디자인을 선택한다. 여기서 원하는 디자인을 ③ 검색을 통해 찾을 수도 있다.

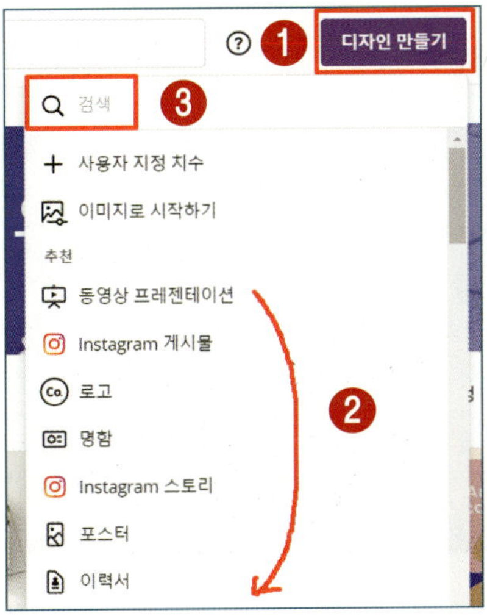

[그림113] 도구설명

샘플로 [그림114]처럼 명함을 선택했다. 혹은 명함의 주제를 검색 창에서 검색하면 보다 빠르게 원하는 템플릿을 찾을 수 있다.

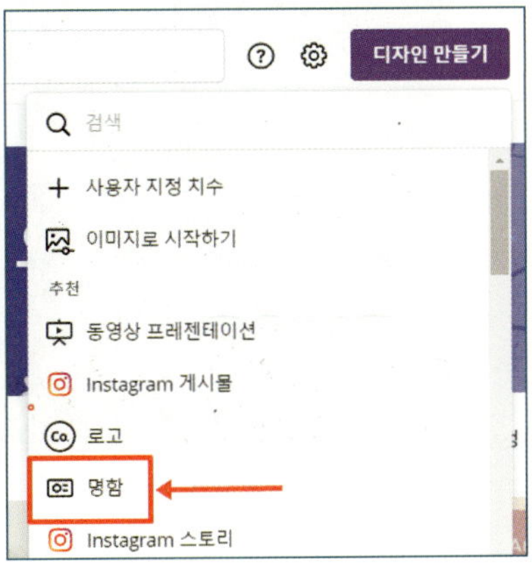

[그림114] 명함 선택

[그림115]처럼 ① 검색 창에서 검색하거나 ② 명함을 양면으로 제작하려면 두 페이지 모두 적용을 선택한다. ③ 필자는 모바일 명함으로 사용할 것이므로 단면 하나만을 선택했다.

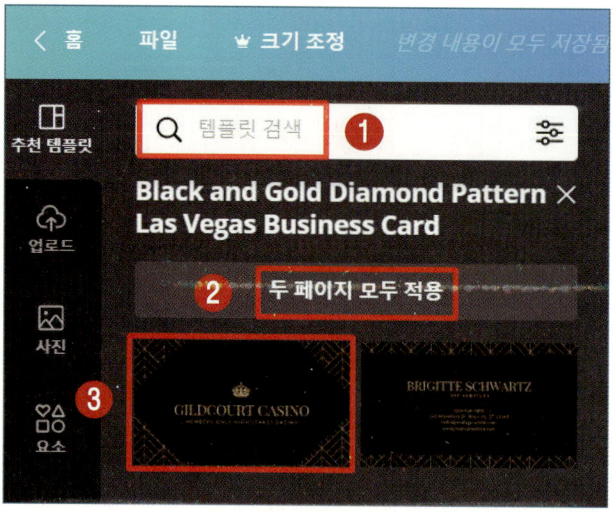

[그림115] 템플릿선택

[그림116]처럼 단면을 선택하면 오른 쪽 작업창에 명함 템플릿이 들어간다.

[그림116] 단면적용

[그림117]과 같이 문구를 삽입하려면 묶여있는 그룹 해제를 해줘야 편리하게 작업할 수 있다.

[그림117] 그룹해제 하기

[그림118]처럼 명함에 들어갈 문구를 넣는다. 그룹이 해제되고 손윤숙강사로 이름을 바꿨다. 글자색과 글자크기, 폰트도 바꿀 수 있다. 로고를 바꾸려면 [그림119]와 같이 업로드하거나 미디어 업로드를 선택한다.

[그림118] 문구 삽입

[그림119]는 업로드 기능으로 '미디어 업로드'에는 캔바에서 과거에 업로드 했던 이미지들이 저장돼있다. 필자는 과거에 업로드 했던 이미지를 선택하고 사용했다. 하지만 여러분은 로고를 만들어서 업로드하면 된다. 만약 로고가 없다면 캔바의 로고 템플릿이 다양하게 준비돼 있으니 거기서 작업하면 된다.

[그림119] 미디어 업로드

(4) 상단의 작업 줄에 대해 알아볼까?

캔바에는 [그림120]과 같이 상단 작업 줄을 통해 사용할 글자체를 다양하게 변형할 수 있는 여러 기능들이 있어 하나씩 클릭해 보면서 적용해 보면 편리하고 재미있는 작업이 될 것이다.

① 글자체 변경 ② 글자 크기 변경 ③ 글자 색 변경 ④ 글자 굵기 조정 ⑤ 기울기 조정 ⑥ 글자에 밑줄 긋기 ⑦ 알파벳의 대소문자 변경 ⑧ 글자 정렬 ⑨ 문단 조정 ⑩ 행간 조정 ⑪ 텍스트를 세로로 ⑫ 다양한 효과를 연출할 수 있다.

[그림120] 도구표시

[그림121]과 같이 글꼴도 다양해서 마음에 드는 글꼴을 선택하면 된다.

[그림121] 글꼴 선택

[그림122]와 같이 글꼴에 다양한 효과를 줄 수 있다.

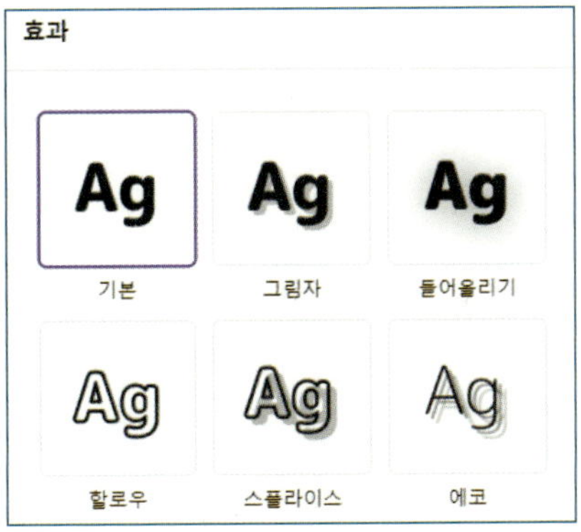

[그림122] 글꼴 효과

(5) 사 진

작업하다 보면 사진이 많이 필요하다. 왼쪽 작업 줄에서 사진을 검색하거나 선택하면 어마어마한 양의 사진을 무료로 가져다 사용할 수 있다. 물론 픽사베이가 제공하는 저작권 걱정 없는 무료 이미지를 캔바가 엄선해 제공한 것이다. [그림123]은 사용할 사진을 찾는 방법으로 ① 사진을 터치하거나 ② 검색을 통해서 찾을 수 있으며 검색창 밑의 테마에서 찾을 수도 있다.

[그림123] 사진 찾기

(6) 요 소

요소에는 다양한 이미지가 준비돼 있다. [그림124]와 같이 ① 요소를 터치해 보거나 ② 검색해서 자신에게 딱 맞는 이미지를 사용하면 된다.

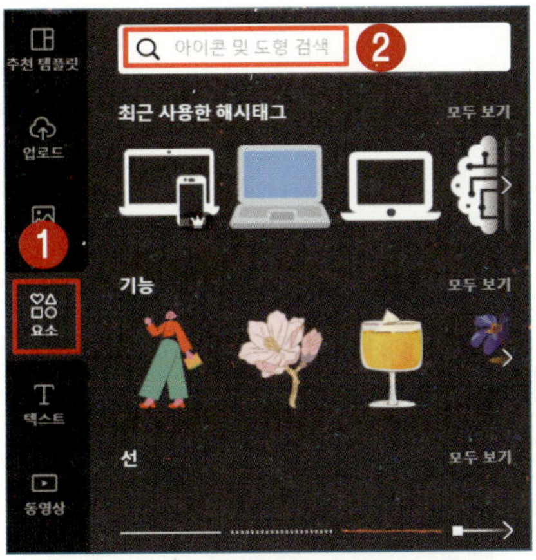

[그림124] 요소 검색

(7) 글자 도구

[그림125]는 글자 도구로 ① T(텍스트)를 선택하면 신박한 텍스트가 준비돼 있으니 다양하게 적용하면 디자인을 풍성하게 해줄 것이다. ② 텍스트 폰트 검색 ③ 제목의 크기와 글자체 선택 ④ 다양한 글자 등이 있다.

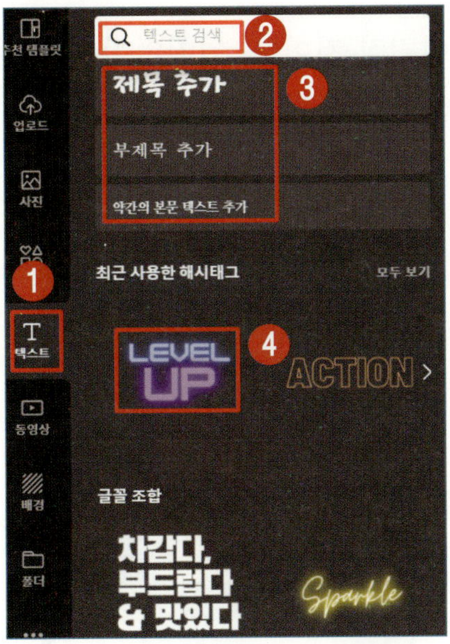

[그림125] 글자도구

(8) 동영상

동영상도 [그림126]처럼 다양하게 준비돼 있으니 기탄없이 사용해 보길 바란다. 물론 ② 주제별 검색도 가능하다.

[그림126] 동영상 선택

(9) 배경색

배경색도 원하는 대로 이뤄질 것이다. 거침없이 사용하라. [그림127]과 같이 ① 배경을 선택하거나 ② 검색해서 찾을 수도 있다.

[그림127] 배경색 선택

(10) 더보기

더보기 항목에는 이모티콘 등 깜찍한 소소함이 가득하다. 필자는 이모티콘에서 멋진 하트를 발견해서 바로 적용해 봤는데 하트 크기와 위치를 손으로 끌어서 조정하면 된다. 이모티콘 활용은 [그림128]과 같이 ① 더보기 터치 ② 이모티콘 선택 ③ 이모티콘을 검색하면 된다. 그러면 [그림129]와 같이 왼쪽 줄 하단에 [그림128]에서 선택한 이모티콘 모양이 보이면서 우측에 다양한 이모티콘들이 뜬다. 거기서 원하는 것을 선택해 사용한다.

[그림128] 이모티콘 찾기

[그림129] 이모티콘 선택

[그림130] 하트검색

[그림 131] 하트 선택

[그림132]는 하트 이모티콘을 삽입한 화면이며 [그림133]은 끌어온 이모티콘을 원하는 곳에 적당한 사이즈로 수정해서 옮겨 놓은 화면이다. 귀염이 뿜뿜한 하트가 안착했다. 비로소 완성이다.

[그림132] 이모티콘 삽입

[그림133] 이모티콘 수정

(11) 다운로드

이제 다운로드를 하면 끝이다. 다운로드는 [그림134]와 같이 우측 상단 공유 옆에 있다.

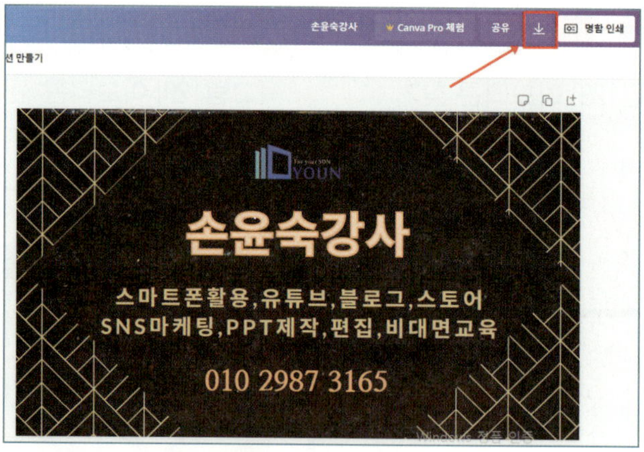

[그림134] 다운로드

캔바의 내 디자인 항목에는 사용자가 작업했던 모든 작업이 자동 저장된다. [그림135]는 내 디자인에 담겨 있는 필자의 작업물이다.

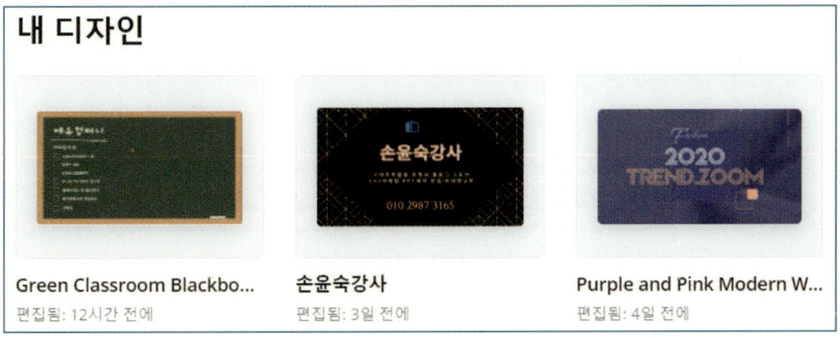

[그림135] 디자인 자동저장

(12) 공 유

이렇게 만든 디자인은 물론 공유도 가능해 다른 사용자와 함께 공동 작업도 가능하다. [그림136]과 같이 우측 상단의 공유를 터치하고 [그림137]과 같이 링크복사를 누르면 [그림138]처럼 '복사 되었습니다'라고 바뀐다. 복사된 링크는 카톡이나 이메일로 보내기도 가능하다.

[그림136] 공유

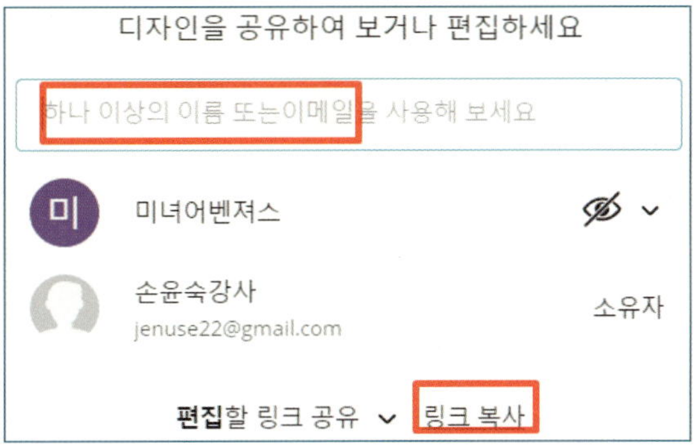

[그림137] 링크복사

[그림138] 복사하기

(13) 캔바의 기능들

캔바에는 [그림139]에서 볼 수 있듯이 다양한 기능이 있다. ① 맞춤추천은 캔바가 제공하는 가장 최신의 핫한 디자인 템플릿이다. 전체 디자인에는 모든 카테고리가 들어있다. ② 폴더를 생성해 편집한 디자인을 관리할 수도 있다. ③ 캔바 요금제이다.

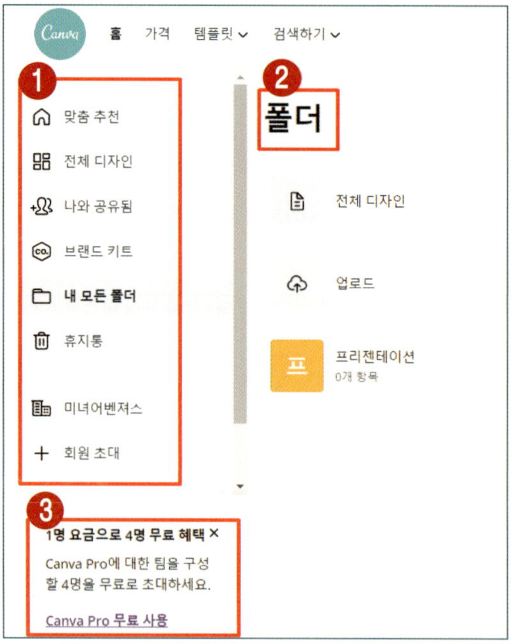

[그림139] 기능

(14) 동영상

[그림140]처럼 점 3개 더보기 기능을 클릭하면 [그림141]과 같이 프레젠테이션 및 녹화를 통해 동영상을 촬영할 수 있다.

[그림140] 더보기

[그림141] 더보기로 들어간 화면

[그림142]에서 프레젠테이션을 편집하고 [그림143]처럼 녹화버튼을 선택하면 녹화 스튜디오로 이동한다.

[그림142] 동영상 프레젠테이션

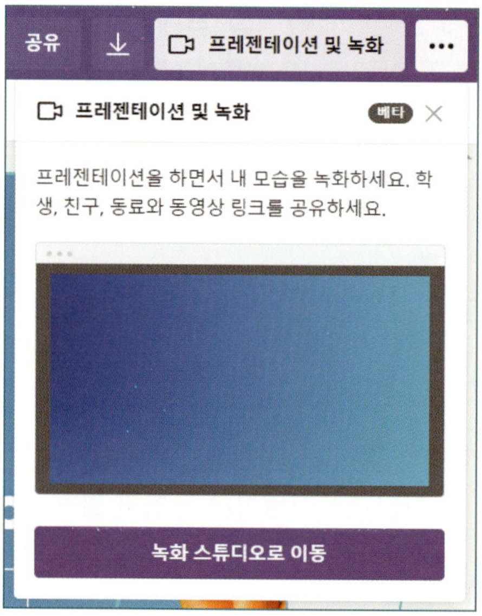

[그림143] 녹화

[그림144] 동영상 프레젠테이션 및 녹화

(15) 녹화하기

[그림145]와 같이 카메라 마이크를 설정한다. [그림146]과 같이 녹화시작 버튼을 선택하고 발표하면 프레젠테이션 화면과 함께 화면의 원안에 발표자의 영상이 재생된다.

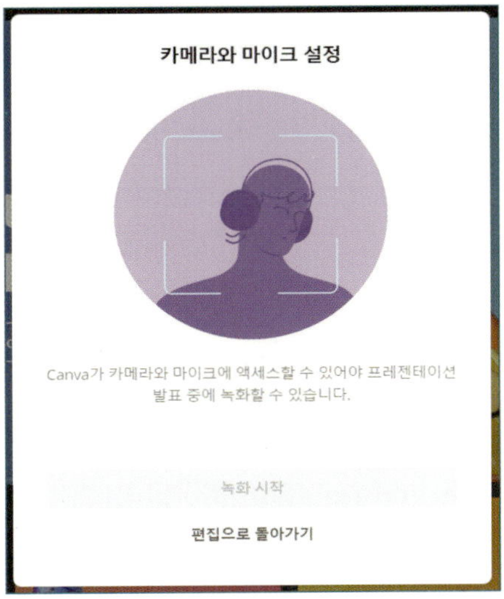

[그림145] 카메라 마이크설정

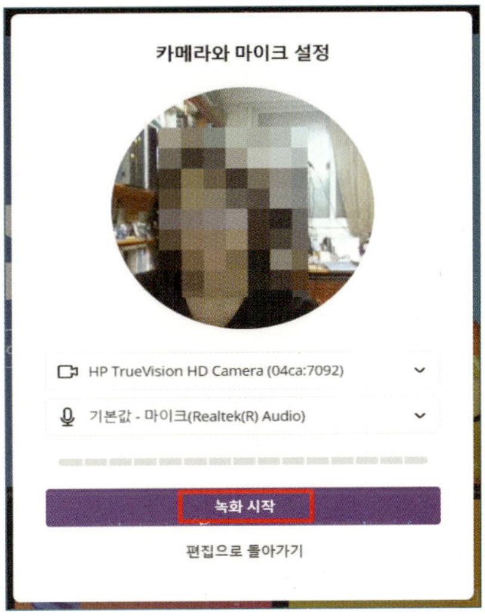

[그림146] 녹화시작

[그림147]처럼 왼쪽 하단에 발표자가 크롭 영상으로 녹화중이라고 나온다.

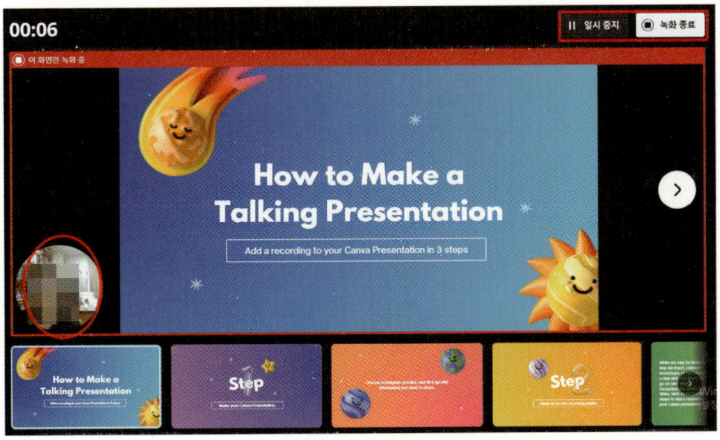

[그림147] 녹화 중

[그림148~153]처럼 업로드가 끝나면 링크를 복사해 공유하거나 다운로드 받고 저장한다.

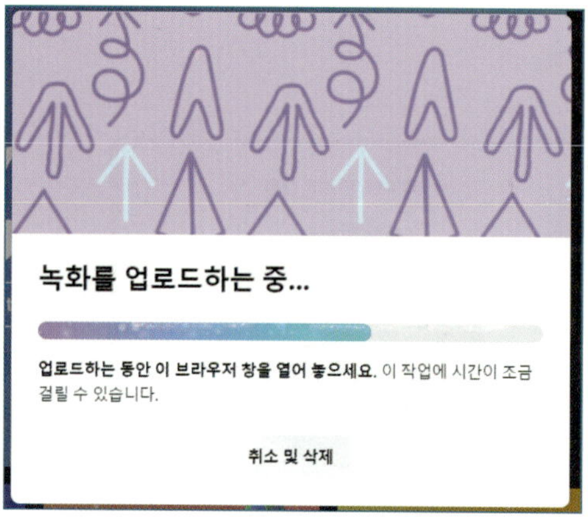

[그림148] 업로드 중

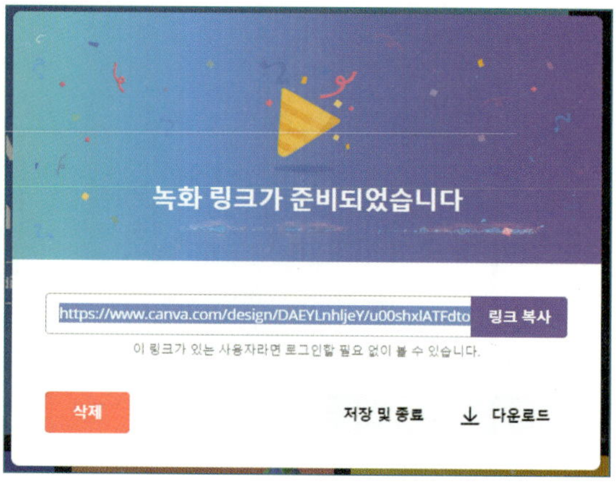

[그림149] 링크복사

[그림150] 파일 다운로드

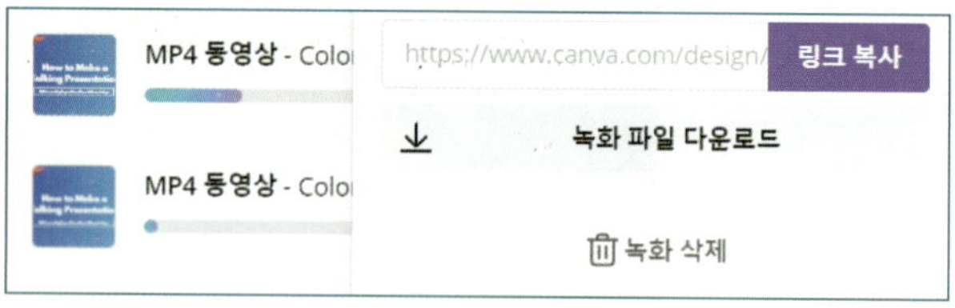

[그림151] 녹화 파일 다운로드 중

[그림152] MP4 동영상 다운로드 중

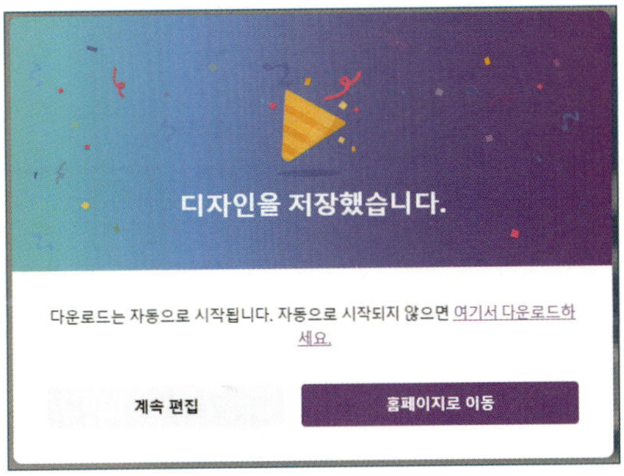

[그림153] 저장

(16) 공 유

이렇게 동영상까지 완성 됐다면 [그림154]는 필자가 완성한 녹화 영상이며 이를 [그림155]처럼 공유를 하거나 공유를 통해 다른 사람들과 공동 작업도 가능하다.

[그림154] 녹화영상 완성

[그림155] PPT녹화 공유

※ 만약 캔바의 모바일 앱에서 이와 같은 화면이 아니라면 자신의 정보에 들어가서 업로드 해야 한다.

2) 저작권 걱정 없는 무료디자인 웹 디자인 툴 '미리캔버스'

이제 '미리캔버스'를 알아보자. 미리캔버스는 아주 직관적이며 쉽게 편집할 수 있는 내용으로 누구에게나 진입장벽이 낮게 구성돼 있어서 필자가 누구에게나 추천하는 무료 편집 툴이다. 미리캔버스도 물론 아주 일부는 유료가 있으나(일부 이모티콘) 대부분 무료이고 다양한 템플릿은 저작권에 대한 걱정 없이 완전 무료 디자인을 누구나 사용할 수 있다는 최강의 장점을 갖고 있다. 특히 시스템이 좋아서 3분 만에 하나의 디자인을 완성할 수 있다.

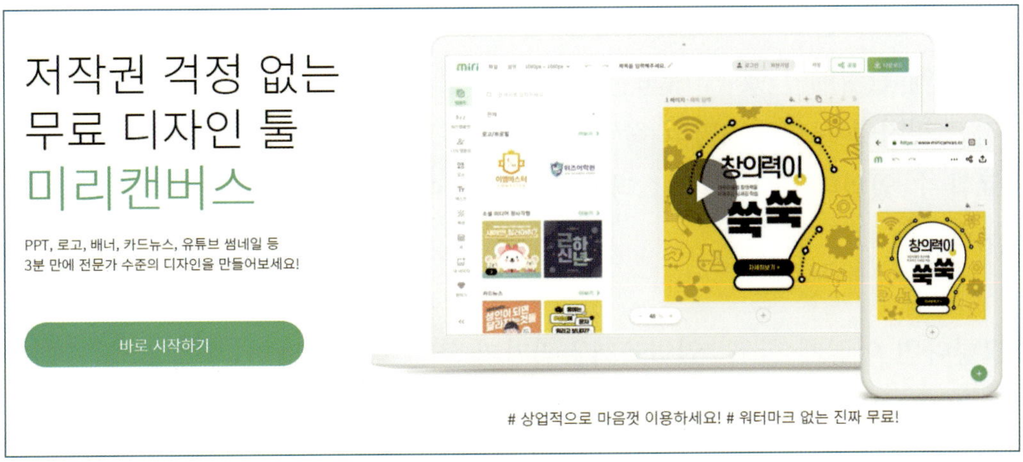

[그림156] 저작권 걱정 없는 무료디자인

그리고 수 만 가지의 무료템플릿을 100% 무료로 제공받을 수 있다. 그리고 캔바처럼 사용자의 작업물이 저장돼서 나중에 수정하거다 다운로드 할 수 있다. 미리캔버스는 로그인을 하면 내가 작업했던 내용도 저장하게 돼있어서 이어서 작업도 가능하다. 게다가 더욱 좋은 점은 그룹 편집이 가능하다는 강점을 갖고 있다. 한 사람이 제작하다가 다른 사람에게 공유하면 그 사람이 이어서 편집할 수 있다.

[그림157] 다양한 기능을 갖고 있는 미리캔버스

필자는 얼마 전에 어느 언론사의 30페이지 리플릿을 제작하게 됐는데 편집을 하룻밤 만에 완성해야 했다. 바로 다음날이면 인쇄를 해야 할 상황이었으니 말이다. 그리고 필자를 포함해 3명의 작업자가 9시간 만에 줌 화상회의를 하면서 작업을 완료할 수 있었다. 물론 만족스러운 결과물은 아니었지만 공황상태는 면했다는 사실이다.

그렇다면 어떻게 할 수 있었을까? 필자가 조금 해놓았었던 작업 결과물과 슬라이드 마스터가 있었기 때문에 그걸 그대로 사용하기로 했다. 필자가 작업을 하면 화상으로 화면을 공유하고 작업공유가 가능한 미리캔버스를 일부 적용하면서 화상회의로 의견을 교환했기 때문이다. 즉 바로 화상회의와 화면공유가 많은 도움이 됐던 것이다.

작업자들이 서로 작업했던 장면도 화면공유와 의견을 제시하면서 작업했기 때문에 가능했다. 만나서 같이 작업을 하지 그랬냐고 묻고 싶은가? 그건 바로 저녁 9시 넘어서 갑자기 들어온 일이었기 때문에 불가능한 일이었다. 전날 저녁 9시부터 다음날 아침 6시까지의 밤샘 작업은 완료됐고 필자가 마지막 작업하고 작업 결과물을 팀원들과 공유했었다.

물론 작업 결과물은 만족스럽지 못했다. 업체에서 준 자료의 질이 현저하게 떨어져서 작업물의 완성도가 떨어질 수밖에 없었기 때문이다. 그러나 리플릿 없는 행사를 하는 것 보다는 나아서 안타깝지만 마무리를 해야 했다. 이렇듯이 미리캔버스는 빠르게 디자인을 완성할 수 있고 메일이나 카카오톡 공유로 공동작업이 가능하다는 강점을 갖고 있다.

미리캔버스는 템플릿이 웹용과 인쇄용으로 나뉘는데 상세페이지, 유튜브, 팟빵, 소셜미디어 정사각형, 프레젠테이션, 카드뉴스, 웹 포스터, 문서서식, 이벤트 팝업, 로고, 프로필, 배너, 모니터 배경화면, 북 커버, 디지털 명함, 팬시 배너가 있다.

[그림158] 프레젠테이션 기능

이제 마지막으로 미리캔버스의 저작권에 대해 알아보자. 미리캔버스를 이용하는 사용자라면 누구나 미리캔버스의 저작권(라이선스) 정책을 따라야 한다. 이 정책은 사용자들이 저작권 분쟁으로부터 보호받기 위해 지켜야 할 필수적이고 상식적인 원칙을 다루고 있다. 미리캔버스를 사용하는 사용자는 아래의 항목에 동의한 것으로 간주한다.

[그림159] 저작권 걱정이 없는 미리캔버스

미리캔버스에서 제공하는 디자인 요소의 저작권과 사용허가는 다음과 같다. 미리캔버스 편집기에서 제공되는 모든 템플릿과 디자인 요소는 미리캔버스에서 저작권을 소유하고 있거나, 제휴사로부터 미리캔버스 편집기에서 사용이 가능토록 허가를 받아 제공하고 있다.

사용자는 미리캔버스 편집기에서 제공되는 템플릿과 디자인 요소를 활용해 자유로이 편집할 수 있다. 각각의 디자인 요소에 대한 저작권은 미리캔버스 혹은 미리캔버스의 제휴사가 갖고 있으므로 저작권사의 권리를 보호하기 위해 단일 디자인 요소를 개별적으로 캡처 혹은 다른 이름으로 저장 등을 통해 복제하거나, 이를 수정해 사용할 수 없다.

따라서 미리캔버스에서 제공하는 템플릿을 복제 및 수정해 이를 편집 가능한 템플릿 형태로 재판매하거나 무료로 배포하는 행위를 금한다. 미리캔버스에서 다운로드한 파일에 포함된 디자인 요소와 그 일부를 캡처, 복제, 수정해 다른 디자인 작업 또는 문서 작업에 사용할 수 없다.

(예시 1) 미리캔버스에서 PPT 파일형식으로 다운로드한 파일을 파워포인트 프로그램에서 연 후, 문서 안에 포함된 아이콘 등을 복제해 다른 문서를 만드는 데 사용할 수 없다.

[그림160] 워터마크

디자인 요소의 사용범위는 임의로 고지 없이 변경될 수 있으며 다운로드 시점의 라이선스 규정에 따른다.

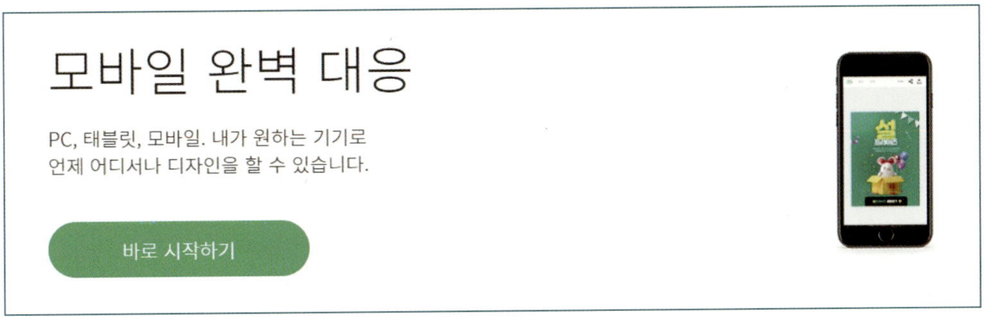

[그림 161] 모바일과 PC 연동

이제 사용자 디자인의 사용여부를 알아보자. 미리캔버스 편집기에서 제공되는 템플릿과 디자인 요소로 만든 사용자 디자인은 상업적 혹은 비상업적 용도로 사용할 수 있다. 인터넷 게시와 전자우편 및 기타의 방법으로 전송, 인쇄가 자유로이 가능하다.

사용자는 미리캔버스에서 제공하는 템플릿 및 디자인 요소를 이용하고 이에 창작성을 가미해 만든 '사용자 디자인'을 판매할 수 있다. 단, 이를 편집이 가능한 템플릿 형태로 배포 또는 판매하거나 미리캔버스 편집기 이외의 다른 편집기로 재편집한 사용자 디자인을 판매하는 것을 금한다. 또한 아무런 창작성이 가미되지 않은 복제물을 판매할 수 없다.

(예시 2) 디자인 외주 요청을 받은 디자이너가 미리캔버스에서 제공하는 템플릿 그대로를 사용해 고객에게 납품하는 것은 불가하다.

사용자는 미리캔버스에서 제공하는 '디자인 요소'가 포함된 사용자 디자인을 갖고 지식재산권(저작권, 상표권, 디자인권, 특허권)의 권리를 등록하거나 주장할 수 없다. 지식재산권을 주장할 수 없음에 따라 사용자 디자인을 사용하는데 다음과 같은 제약사항이 있다.

① 사용자는 미리캔버스로 만든 로고를 상표권 등록에 사용할 수 없다.
② 사용자는 미리캔버스에서 만든 사용자 디자인을 출품조건에 저작권의 귀속을 요구하는 공모전에 출품할 수 없다.
③ 미리캔버스에서 만든 사용자 디자인에 대해서 사용자가 배타적 권리(지식재산권)를 주장할 수 없다. 타인을 비방하는 용도 또는 기타 어떠한 비합법적인 용도로는 사용할 수 없다.
④ 미리캔버스 편집기의 저작권과 사용허가를 알아보자. 미리캔버스 편집기에 대한 저작권은 미리캔버스에 있다. 사용자는 미리캔버스 웹 사이트(https://www.miricanvas.com/)에서 미리캔버스 편집기를 사용할 수가 있다.
⑤ 사용자는 회사의 허락 없이 미리캔버스의 편집기를 다른 서버에 미러링하거나 회사의 허락 없이 미리캔버스 편집기를 이용해 상업적인 활동을 할 수 없다. 또한 미리캔버스 웹 사이트 혹은 '편집기'를 역 어셈블리, 역 엔지니어링, 디 컴파일 등의 행위를 할 수 없다.
⑥ 회사의 면책은 다음과 같다. 사용자가 미리캔버스에 업로드 한 디자인 요소의 일부 혹은 전부가 타인의 권리를 침해한 경우의 책임은 회사에 있지 않고 이를 업로드 한 사용자에게 있다.

[그림162, 163]과 같이 회원가입하고 로그인하면 사용자의 작업이 자동 저장되니 언제든지 작업을 이어갈 수 있다. 그리고 로그인하면 파일을 만들어 편리하게 이용할 수 있다.

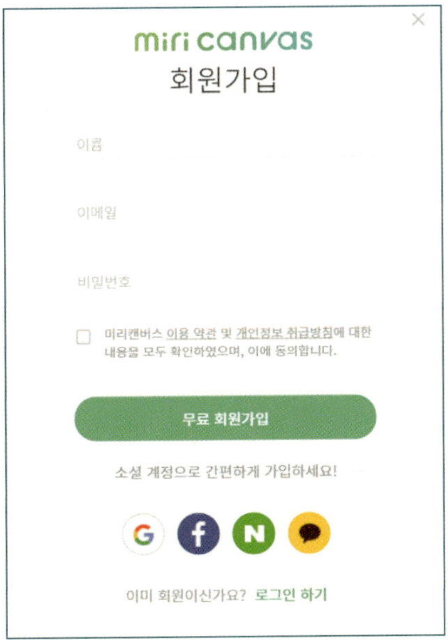

[그림162] 회원가입

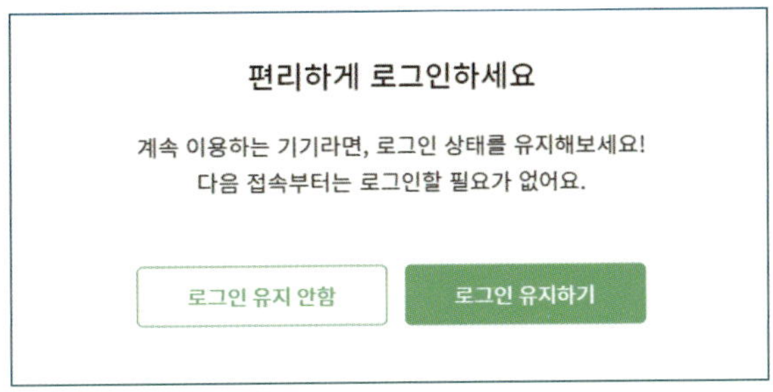

[그림163] 로그인

미리캔버스의 작업과정은 캔바와 비슷하다. 여기에서는 캔바와 다른 점만 다루기로 하겠다. 무료버전에서 캔바는 사이즈 조절기능이 없었으나 미리캔버스는 사이즈, 픽셀 조정이 가능하다. 그리고 인쇄용과 웹용으로 나눠 출력하는 기능이 있다.

[그림164]는 미리캔버스 내 디자인 홈이다. 디자인을 하려면 빨간 네모 안의 +버튼을 클릭한다. [그림165]에서 목적에 맞는 템플릿을 선택한다. 또는 [그림167]의 ①처럼 검색해서 찾아도 되고 ②처럼 아래에 나와 있는 템플릿을 선택해도 된다. [그림166]은 디자인의 크기와 픽셀을 조정해준다.

[그림164] 디자인하기

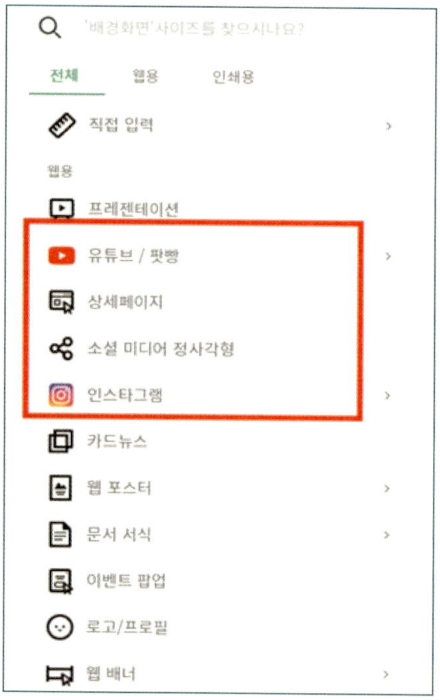

[그림165] 디자인 사이즈 선택하기

[그림166] 크기 조절 직접 입력

PPT를 편집해보자. 먼저 템플릿을 선택한다. 그리고 [그림169]처럼 덮어쓰기 한다.

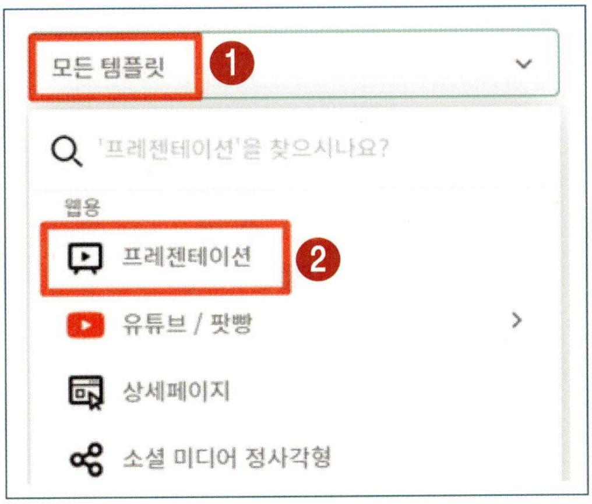

[그림167] 템플릿 검색

[그림168] 템플릿 선택

[그림170]처럼 수정하려는 글씨를 드래그하거나 더블클릭한다. 그리고 원하는 문구를 입력하면 된다.

[그림169] 덮어쓰기

[그림170] 글 수정

[그림171]의 '피피티연습'이라는 글의 색을 변경하려면 다시 글을 선택한다. 그러면 [그림172]처럼 색상표가 나타나는데 여기서 원하는 색을 선택한다.

[그림171] 글자 색 변경

[그림172] 색 선택

[그림173]은 변경된 색상의 글자 모습이며 [그림174]는 그라데이션 효과를 주기 위한 화면이다.

[그림173] 변경된 글자색

[그림174] 그라데이션 효과 주기

[그림175]처럼 원하는 색을 선택하면 [그림176]처럼 글자 색이 그라데이션 처리 됐음을 확인할 수 있다.

[그림175] 그라데이션 선택

[그림176] 글자의 그라데이션 효과

도구에는 [그림177]과 같이 ① 스타일 복사 ② 잠금 ③ 복제 ④ 삭제하기 ⑤ 정렬([그림178] 정렬 도구) ⑥ 순서([그림179] 순서 도구)가 있다.

[그림177] 도구

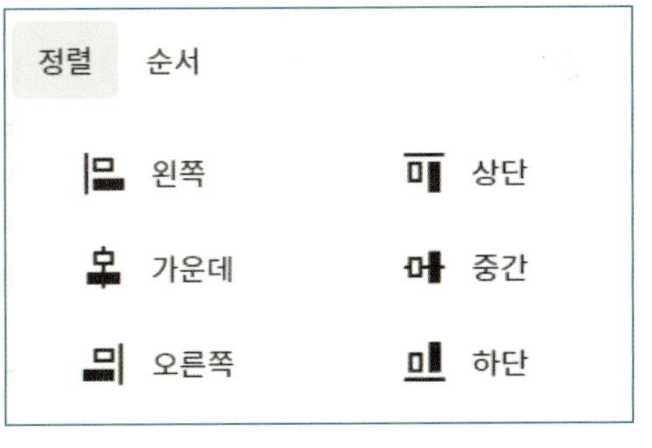

[그림178] 정렬

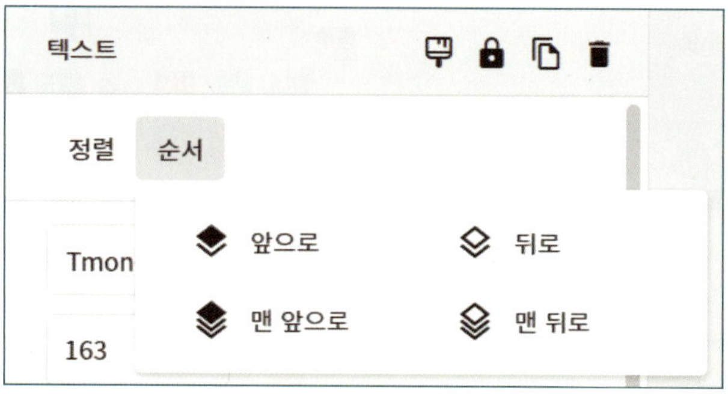

[그림179] 순서

글자편집 도구는 [그림180]처럼 ① 글자체 변경 ② 글자 크기 ③ 글자 진하게 ④ 글자 기울기 ⑤ 밑줄 ⑥ 가운데 줄 ⑦ 꺽쇠(도구상자 더보기) ⑧ 왼쪽 정렬 ⑨ 가운데 정렬 ⑩ 오른쪽 정렬 ⑪ 양쪽 정렬 ⑫ 상단정렬 ⑬ 가운데 정렬 ⑭ 하단정렬이 있다. [그림181]은 ⑦ 꺽쇠의 더보기 기능에서 볼 수 있는 것들이다.

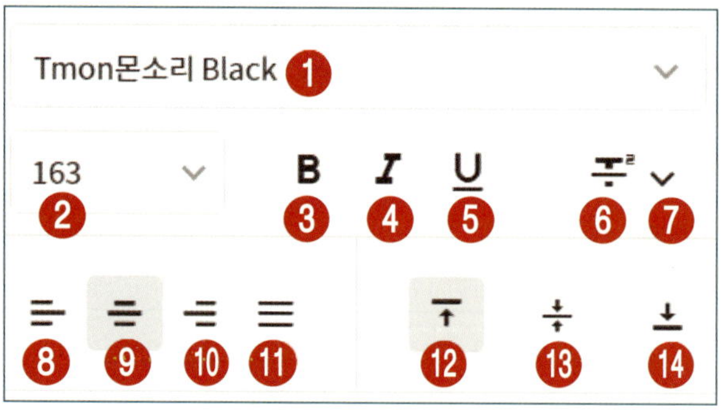

[그림180] 글자 편집도구

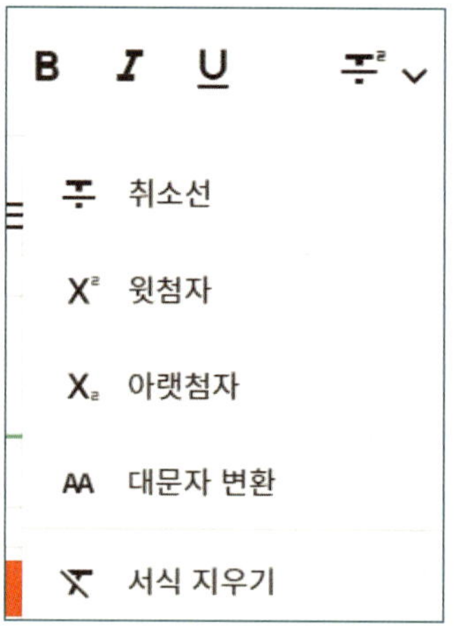

[그림181] 도구 더보기

[그림182]는 페이지 편집 기능으로 ① 메모 ② 애니메이션 ③ 배경색상 ④ 새 페이지추가 ⑤ 복제하기 ⑥ 페이지 위로가기 ⑦ 페이지 아래로 가기 ⑧ 삭제하기 기능이다.

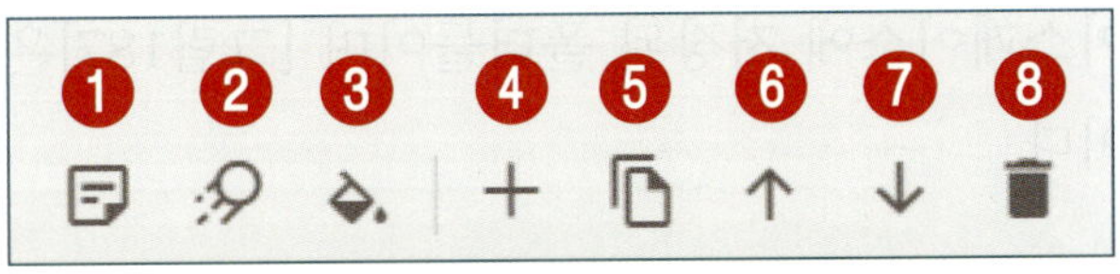

[그림182] 페이지 편집 기능

[그림183]처럼 다운로드하고 [그림184]처럼 파일 형식을 선택하고 페이지를 지정하면 된다.

[그림183] 다운로드 하기

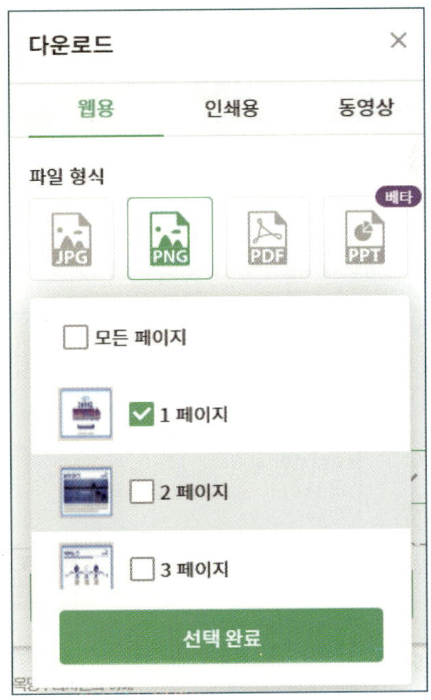

[그림184] 완료

[그림185]에서 ① 공유하기 ② 문서 공개 활성화 ③ 보기가능 선택은 보기만 가능하다. 여기서 ④ 복제가능을 선택해 공유하면 다른 사람도 편집이 가능하다. ⑤ URL복사해 공유하거나 공동 작업한다.

[그림186]은 마이스페이스에 저장된 폴더들이며 [그림187]은 내가 디자인한 문서가 저장된 화면이다.

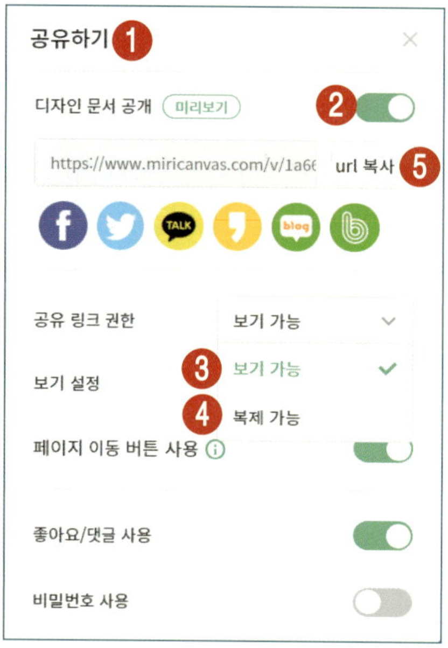

[그림185] 공유하기

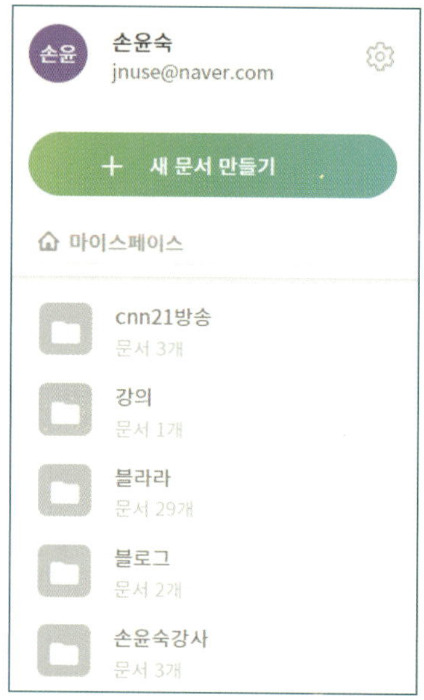

[그림186] 마이스페이스에 저장된 폴더

[그림187] 내 디자인 문서

3) 엣지 있는 디자인을 원한다면 '망고보드'

'망고보드(Mango board)'가 뭘까? 망고보드는 바로 아주 쉽고 빠르게 편집할 수 있는 편집 툴을 제공하는 회사이다. 물론 한국회사이고 소셜에 최적화 된 인포그래픽이나 카드뉴스, 상세페이지, 프레젠테이션, 배너, 포스터, 전단지, 유튜브 썸네일, 네임카드, 현수막, 이벤트 홍보페이지, 유튜브 배너아트, 웹툰 스타일 등을 제작할 수 있는 사이트이다. 이미지는 물론이고 동영상 편집도 가능해 영상의 인트로나 아웃트로 편집도 할 수 있다. 그리고 화소도 뛰어나서 아주 선명하다는 강점이 있다.

그러나 안타깝게도 대부분 유료이다. 물론 저장되는 작업 물 가운데 10개까지는 무료이니 하나를 삭제하면 하나를 다시 편집할 수 있다. 망고보드는 오랜 시간 교육받은 전문가가 아니어도 인터넷과 연결돼 있고 브라우저만 있다면 높은 퀄리티를 자랑하는 결과물을 만들어 낼 수 있기 때문에 디자인 감각이 그리 높지 않아도 누구나 자신이 원하는 디자인을 만들어 낼 수 있다. 망고보드는 미리캔버스와 캔바에서의 편집과정 툴이 비슷하니 소개하는 정도로 넘어가겠다.

[그림188] 망고보드

망고보드는 무료사용자, 학생, 일반, 프로로 가입해 이용할 수 있다. 여기에서는 무료사용자 위주로 소개하고자 한다. 앞서 말했듯이 무료사용자는 작업저장 디자인 개수가 10개로 제한돼서 작업 완료된 디자인을 삭제하고 나서 다른 작업이 가능하다는 제약이 있다.

그리고 유료 템플릿을 사용해 작업하면 워터마크가 나타난다. 그 외에 이미지 업로드는 용량이 50MB로 제한되며 슬라이드 크기를 조절할 수 없다. 그리고 슬라이드가 10장을 넘을 수 없다. 만약 초과해 제작하고 싶다면 새로 제작해야 한다.

학생이용자는 저렴하게 이용할 수 있으나 작업저장 개수는 50개로 제한된다. 그리고 과제, 공모전 등을 위한 작업에 사용가능하며 상업적 용도로는 사용할 수 없다. 일반사용자는 작업저장 개수가 무제한이어서 선호도가 높으며 프로 폰트를 제외한 망고보드의 모든 기능을 이용할 수 있다.

개인일 경우 3개월에 8만원의 서비스 비용이 발생한다. 프로사용자는 고급 대용량 사용자, 기업이나 공공기관을 위한 계정이다. 가장 큰 장점은 프로 사용자간의 협업기능이 있다는 점이다. 템플릿 발송, 수신이 가능해 단체의 협업도 가능하다. 또 기업의 로고, 컬러, 아이콘 등을 등록해 사용할 수 있다.

이미지 다운로드 형식은 PNG, JPG로 가능하다. 크기는 원본, 1.5배, 2배로 조정이 가능하다. 슬라이드 전체 또는 일부 지정이 가능하며 이미지를 한 장의 이미지로 이어붙일 수도 있다. PDF 다운로드 이미지 형식은 이미지, 인쇄용 선택이 가능하다. 인쇄 전용 설정도 가능하며 슬라이드 전체 또는 일부 지정이 가능하다.

PPT 다운로드에서 주의할 사항은 PPT 변환 시 텍스트 상자는 각각의 이미지로 저장된다는 사실이다. 텍스트를 제외한 나머지 이미지들은 결합된 하나의 이미지로 저장된다. 동영상 다운로드는 카드뉴스나 프레젠테이션 등의 콘텐츠를 동영상으로 자동 변환해주는 서비스다.

무료회원일 경우 미리보기만 가능하며 계정등급에 따라 1일 제작물 다운로드 횟수와 작업 당 최대 슬라이드 개수가 지정돼 있다. Dynamic 다운로드는 정지된 콘텐츠를 반복적으로 움직이는 GIF 또는 MP4로 바꿔주는 서비스이다. 무료회원도 1일 2회 다운로드가 가능하며 유료회원일 경우 학생은 5회, 일반은 7회, 프로는 4회까지 다운로드가 가능하다.

작업을 완료한 결과물은 즉시 웹상에 공유가 가능하도록 돼 있다. 보기는 옆으로 넘기기, 위아래로 스크롤 중에 선택이 가능하며 보안을 위해 비밀번호를 설정하게 돼 있다. 하이퍼링크 활성화, 유튜브 재생, 슬라이드 쇼로 활용도 가능하다.

4) 진입장벽이 낮아서 친숙한 '네이버 밴드 라이브'

2020년에 새로운 라이브 기능이 탑재된 '밴드'는 라이브 기능으로 인해 강의도 하고 실시간 장터를 열기도 한다. 쉽게 중년, 노년층이 사용할 수 있다는 장점이 있다. 물론 전반적으로 쌍방향이 아니어서 상대의 의견이나 반응을 보기 어렵다는 단점이 있다.

네이버 검색 창에서 '네이버밴드'를 검색해서 찾아 열기를 하고 회원가입 후 로그인하고 들어가면 [그림192]와 같이 +밴드 만들기를 클릭하고 [그림193]과 같이 직접 만들기를 클릭한다.

[그림189] 밴드 앱 검색하기

[그림190] 밴드 설치 후 열기

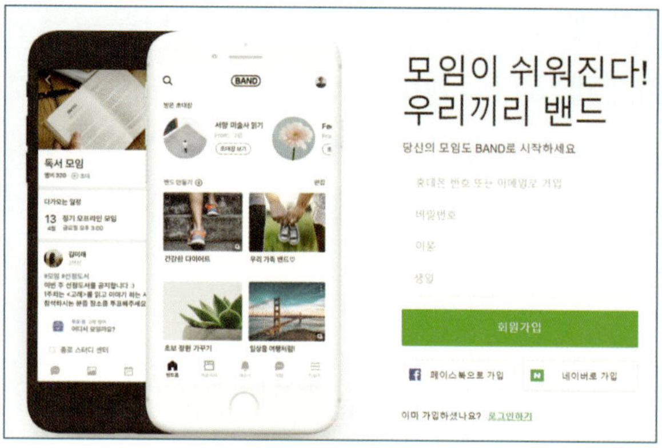

[그림191] 회원가입 하기

[그림192] 밴드 만들기

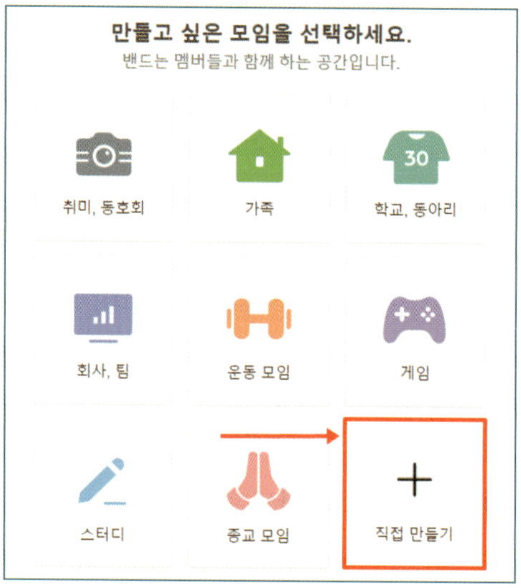

[그림193] 직접만들기

그러면 중간에 [그림194]와 같이 작은 '라이브' 이미지를 볼 수 있다. 이것을 클릭하고 [그림195]처럼 확인을 누르고 라이브를 시작한다.

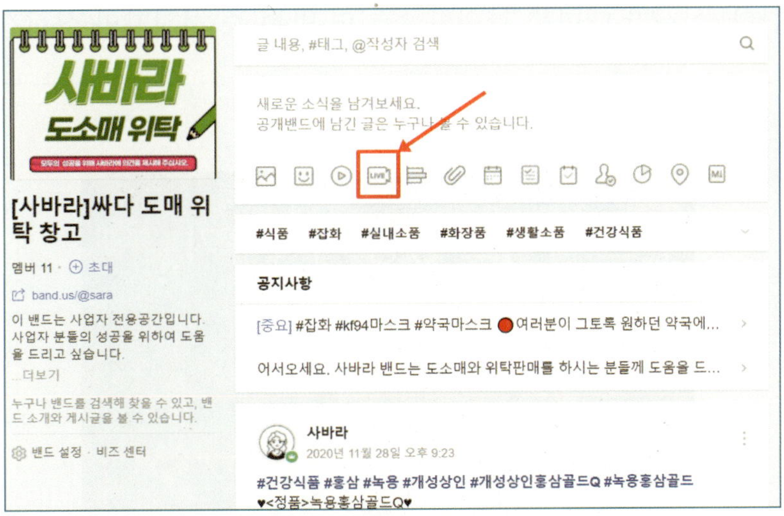

[그림194] 라이브 선택하기

[그림195] 방송 시작 확인 클릭하기

'인코더 가이드'를 클릭하면, PC 라이브 방송에 필요한 인코더 프로그램을 설치할 수 있다. 그 후 [그림196]의 01에 밴드 라이브 방송을 시작하기에 앞서 자신의 밴드를 소개하는 소개 글을 작성한다. 그리고 필요에 따라 하단의 실시간 대화창을 활성화한다. 실시간 대화를 활성화 시키면 방송 중 시청자와 실시간 대화가 가능하다.

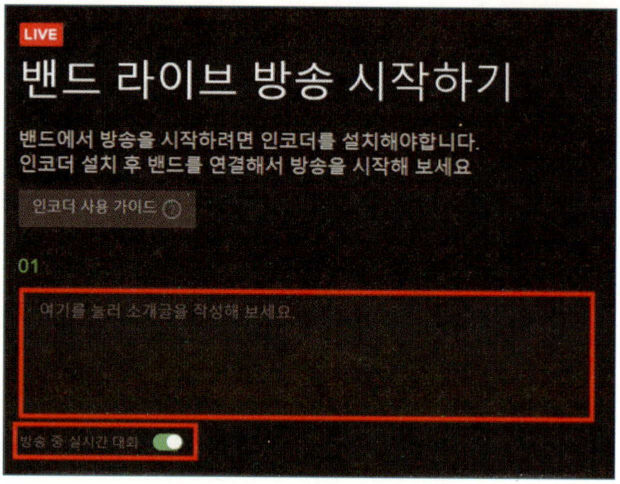

[그림196]의 소개글 작성하기

[그림197]처럼 스트림 URL과 스트링 키를 발급 받아 복사한 후 인코더에 붙여넣기 하는데 발급 받은 후 3분 내에 방송을 해야 한다. 그러기 위해 인코더를 미리 세팅해 놓는다.

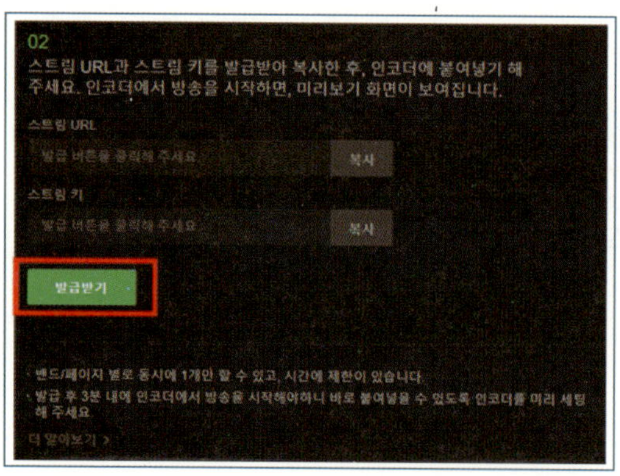

[그림197] 스트림 URL과 스트림 키 발급받기

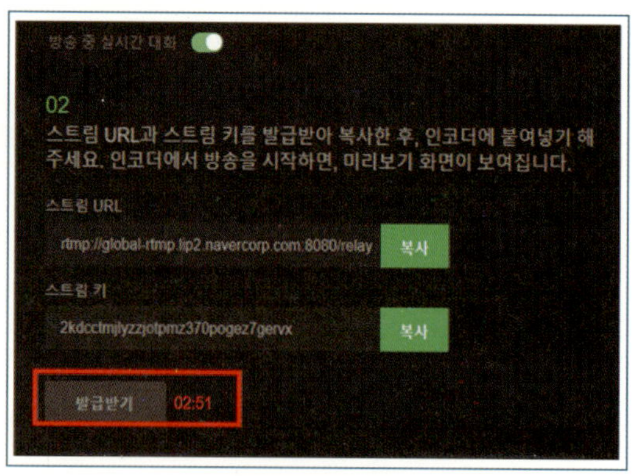

[그림198] 발급

[그림198]의 프리즘 프로그램을 설치 후 실행한다. 무료로 사용할 수 있는 방송 프로그램인 OBS 프로그램을 설치해본다. [그림198]의 가이드보기를 선택하면 다운로드 사이트로 이동되어 새로운 창이 열린다. [그림200]에서 인코더 사용가이드를 선택하면 OBS 설치창이 열린다.

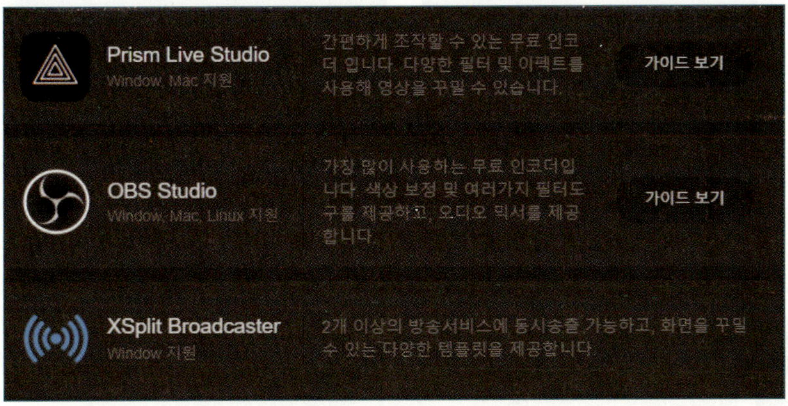

[그림199] 인코더 사용 가이드

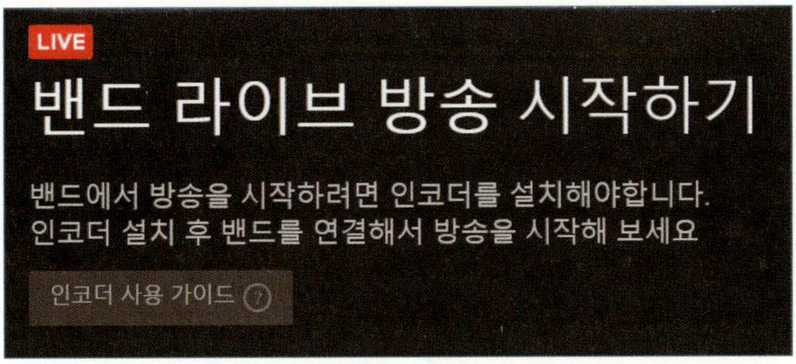

[그림200] OBS스튜디오 설치

[그림201]에서 '윈도우'를 선택하고 [그림202]와 같이 윈도우 다운로드 실행한다.

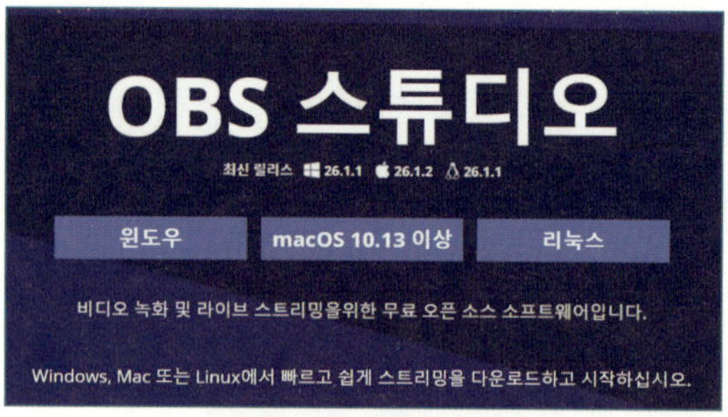

[그림201] OBS스튜디오

[그림202] 다운로드

[그림203~206]의 단계를 거치며 다음을 선택한다.

[그림203] 설치 시작 다음

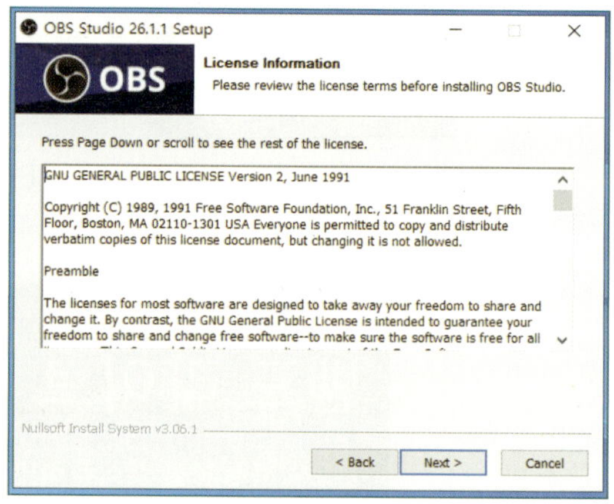

[그림204] 다음

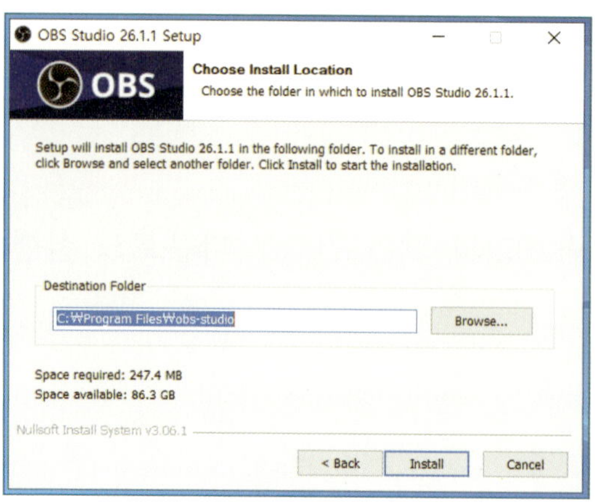

[그림205] 설치

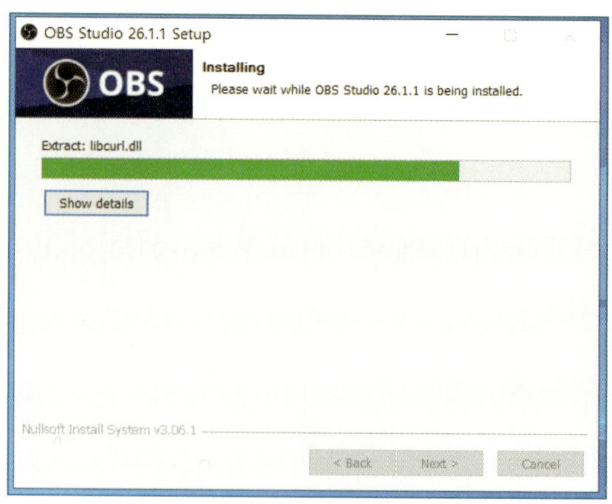

[그림206] 다운로드 중

[그림207]과 같은 OBS 스튜디오 바로가기 아이콘이 바탕화면에 설치된 것이 보이면 아이콘을 선택한다.

[그림207] OBS 스튜디오 바로가기 아이콘

파일이 열리고 구성 마법사 팝업창이 나타나면 [그림208, 209]처럼 다음을 선택한다.

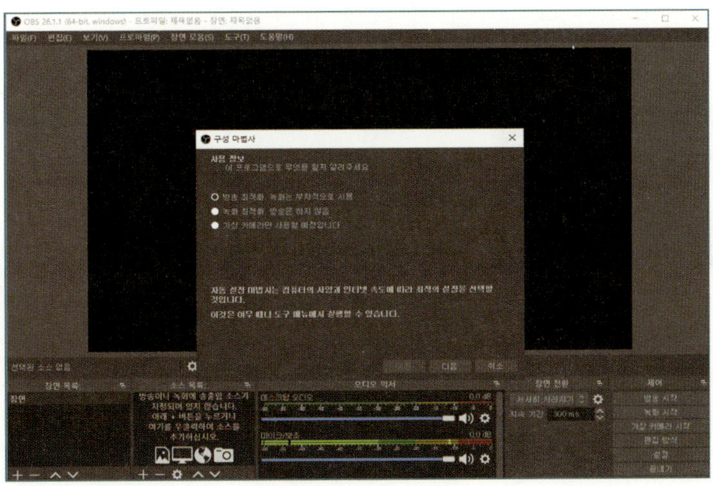

[그림208] 구성 마법사

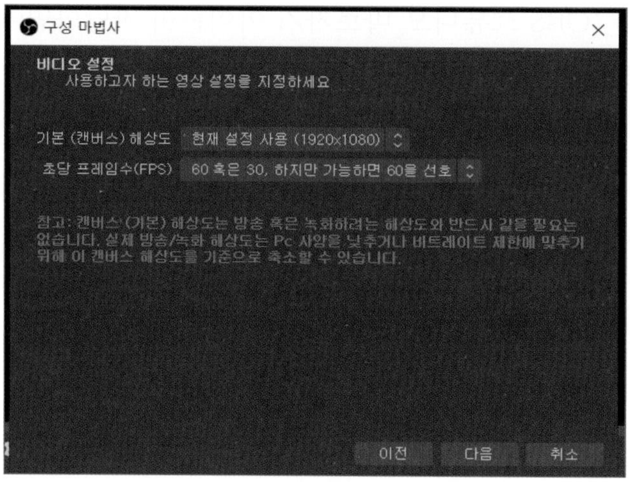

[그림209] 설정

[그림210]에서 설정을 선택하고 [그림211]에서 두 번째 있는 방송을 선택한다. 다시 [그림197]의 창으로 돌아가서 url을 복사해 [그림212, 213]에 붙여넣기 한다.

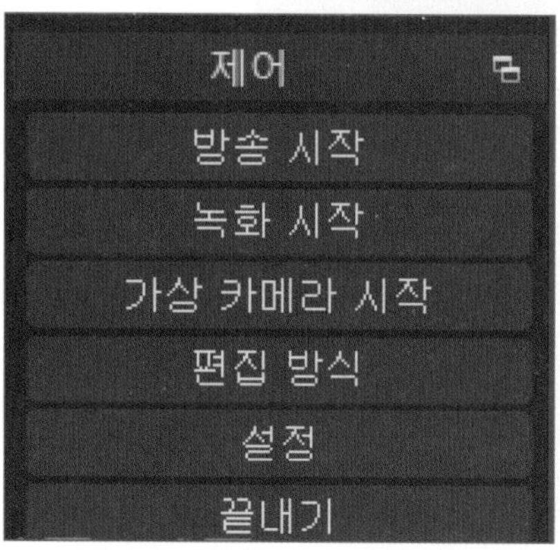

[그림210] 설정

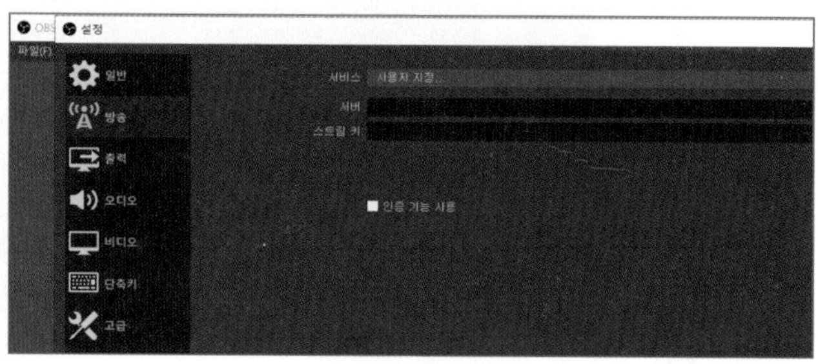

[그림211] 방송

[그림212] 서버

[그림213] 스트림 복사

[그림214] 스트림 키

[그림215] 스트림 키 복사

[그림216]과 같이 확인하고 적용하면 된다.

[그림216] 확인 적용

적용까지 마치면 [그림217]처럼 소스추가를 해 줘야 빈 화면이 송출되지 않는다.

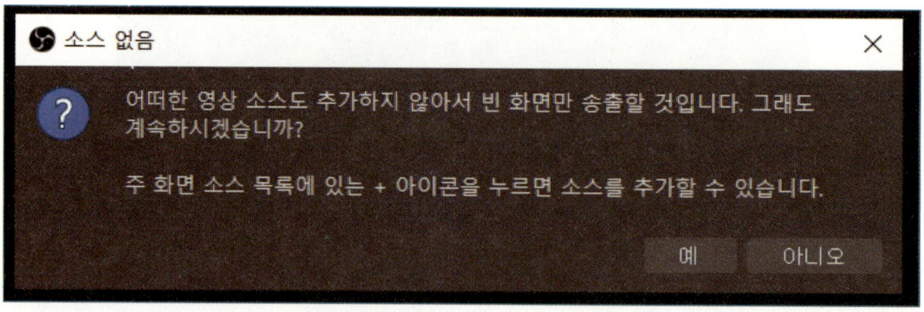

[그림217] 소스 추가하기

[그림218]의 ① 채널 설정을 클릭하고 ② 채널추가를 한다.

[그림218] 채널 추가

[그림219]의 ③ 'RTMP 수동 입력' 버튼을 클릭한다. ④ 스트림 URL 입력창과 ⑤ 스트림 키 입력창이 표시되는데 이 값을 입력하기 위해 다시 밴드라이브 화면 창으로 돌아간다.

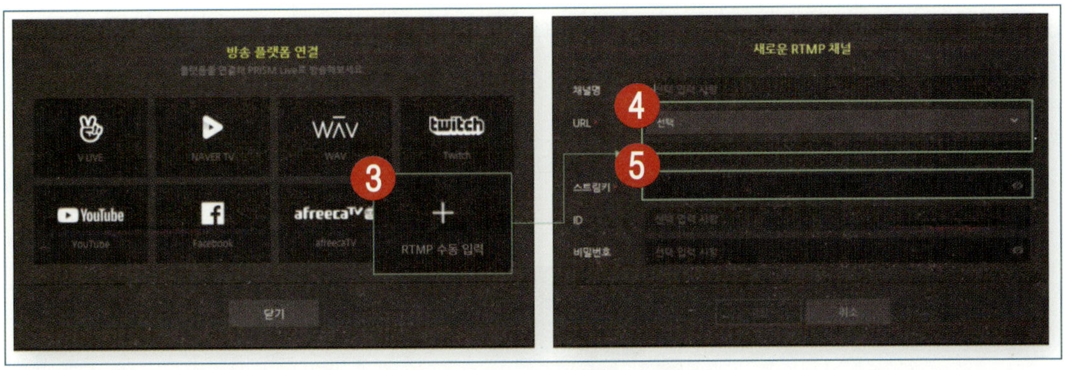

[그림219] 방송 플랫폼 연결

[그림220]의 ⑥ 밴드 라이브 방송 시작하기 창에서 '발급받기' 버튼을 클릭한다. ⑦ 밴드의 스트림 URL을 입력한 후 ⑧ [그림214]에서 발급받은 '스트림 키'를 입력한다. 이때 발급받은 버튼은 최대 3분간만 유효하다.

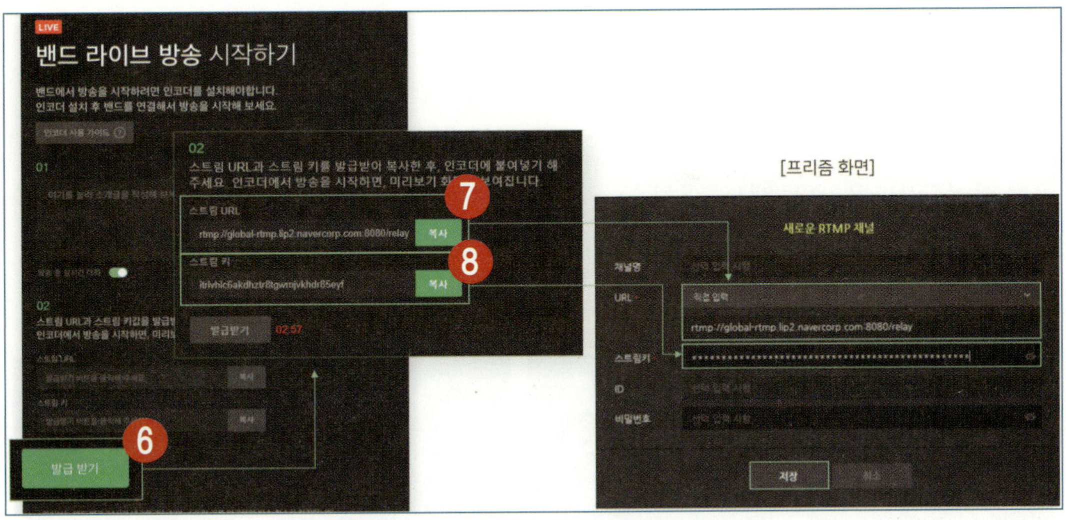

[그림 220] 스트림 키 입력

[그림221]의 ⑨ RTMP 설정이 완료되면 [확인]을 클릭한다. ⑩ 채널 설정에서 등록한 밴드 채널을 ON으로 켠다.

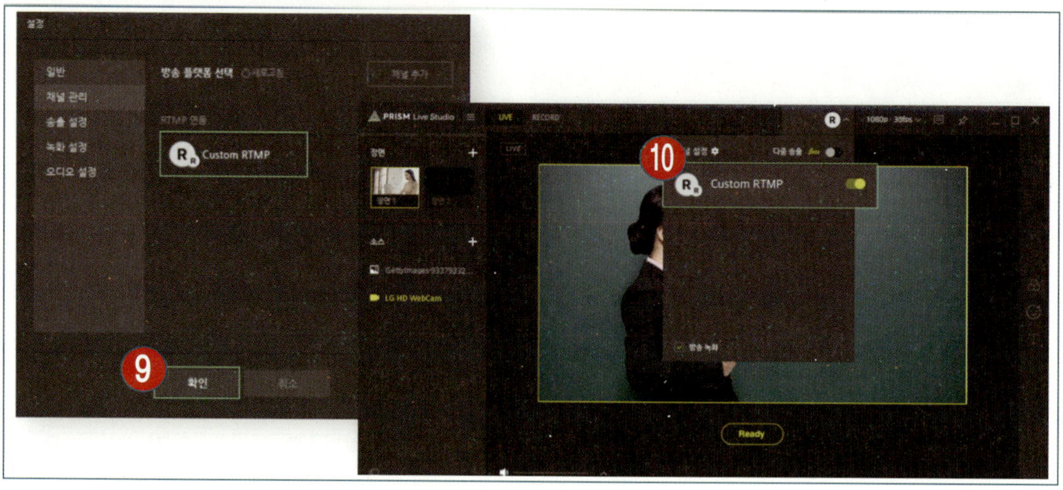

[그림 221] RTMP 설정

[그림222]의 ① '소스추가' 버튼을 클릭한 후 '윈도우 캡처'를 선택한다. 여기서 '윈도우 전체 캡처'를 선택하면 화면에서 사용자가 지정한 프로그램의 전체화면이 공유되며 '윈도우 오브젝트 캡처'는 윈도우에서 사용자가 지정한 일부 영역만 공유할 수 있다.

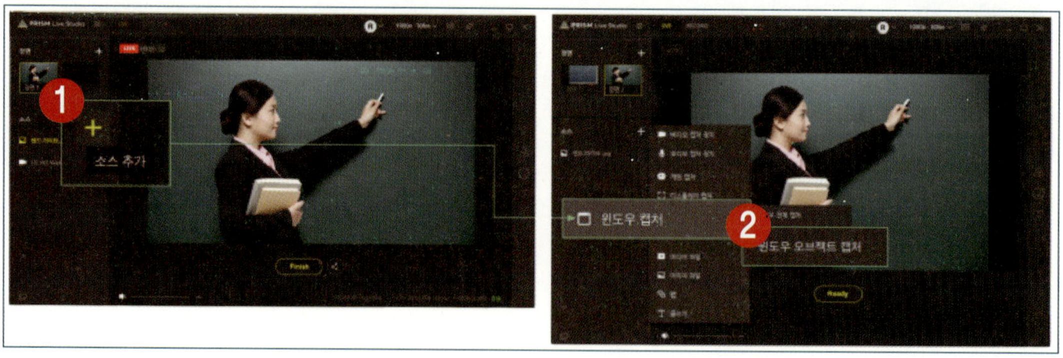

[그림222] 소스 추가, 윈도우 오브젝트 캡처

방송 채널 설정이 완료되면 [그림223]의 ① 화면 하단의 'Ready' 버튼을 눌러 방송할 채널을 확인한다. ② 'GO RIVE' 버튼을 누르면 라이브 방송이 시작된다.

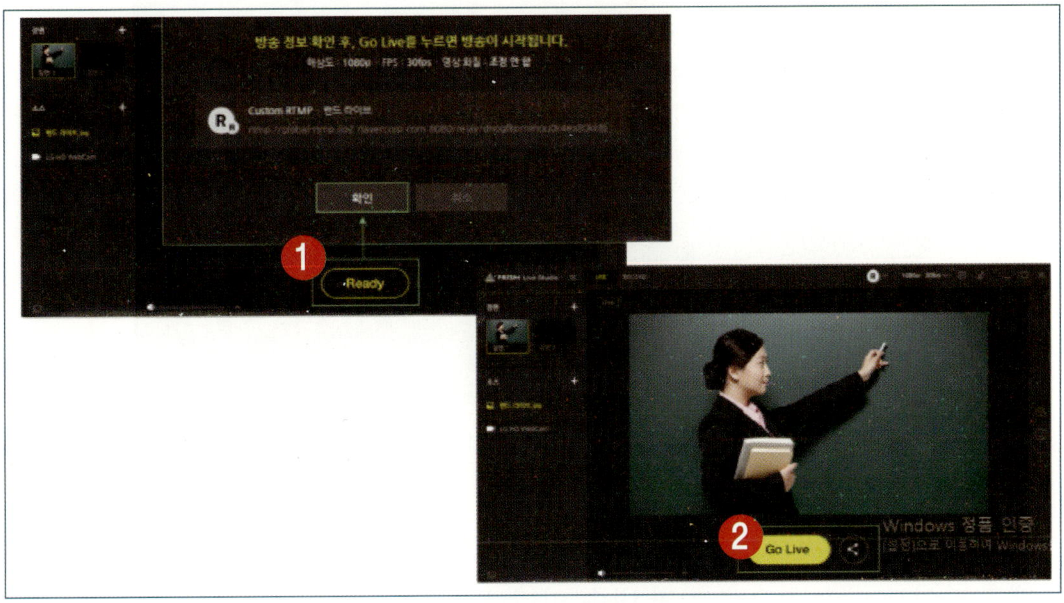

[그림223] 방송할 채널 확인

라이브 방송에서도 학습 자료를 보여주며 수업할 수 있다. 즉 [그림224]와 같이 PC의 화면을 공유함으로 PC화면과 내 얼굴을 같이 방송할 수 있다. 라이브 영상화면 안에서 윈도우 캡처한 영역을 보여줄 위치와 크기를 조정할 수 있다. 또한 라이브 방송 중에 PC로 디자인 수업이나 다른 참여도 가능하다.

[그림224] 캡처 영역지정

밴드 라이브 방송 창으로 가면 방송 미리보기 화면이 보인다. [그림225]처럼 '라이브 방송 시작'을 선택한다. 이제 모두에게 화면이 보인다.

[그림225] 방송시작

라이브 방송 중에 중요한 채팅은 상단에 고정할 수 있다. [그림226]의 고정을 원하는 메시지 옵션은 '메시지 고정'을 클릭하면 라이브 방송의 채팅 상단에 고정된다.

[그림226] 메시지 고정

방송을 종료하려면 [그림227]처럼 ① 먼저 프리즘에서 'Finish' 버튼을 선택한다. ② 밴드 페이지 하단의 '라이브 방송 종료하기'를 선택한다.

[그림227] 종료하기

라이브 방송 종료 후에 [그림228]의 ③처럼 '게시글로 공유'하기를 선택하면 밴드에 게시글로 방송을 공유할 수 있다.

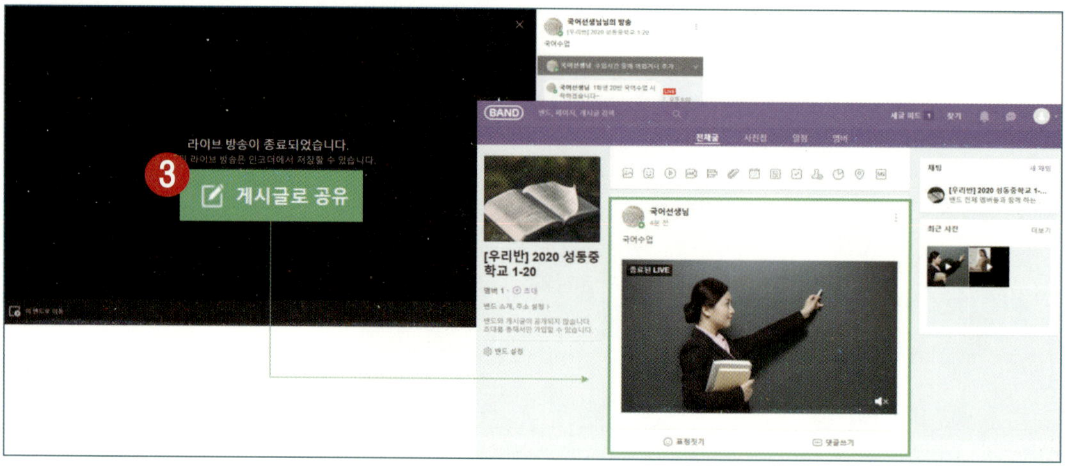

[그림228] 게시글 공유(출처 : 네이버)

같은 컴퓨터에서 밴드 라이브 방송과 프리즘 인코더를 실행하면 오디오 출력과 입력이 반복돼 방송 중에 목소리 울림 현상(하울링)이 발생할 수 있다. 이럴 때는 [그림229]처럼 밴드 라이브 화면의 볼륨을 끄면 해결된다.

[그림229] 볼륨 끄기(출처 : 네이버)

방송 중에 버퍼링 또는 끊김 현상이 자주 발생하면 원활한 방송 진행을 위해 [그림230]처럼 프리즘 인코더에서 해상도와 비트레이트 값을 최적의 환경으로 설정해준다. 해상도를 720p(1280x720), 비디오 비트레이트를 2000kbps로 설정하면 보다 안정적인 방송환경이 된다.

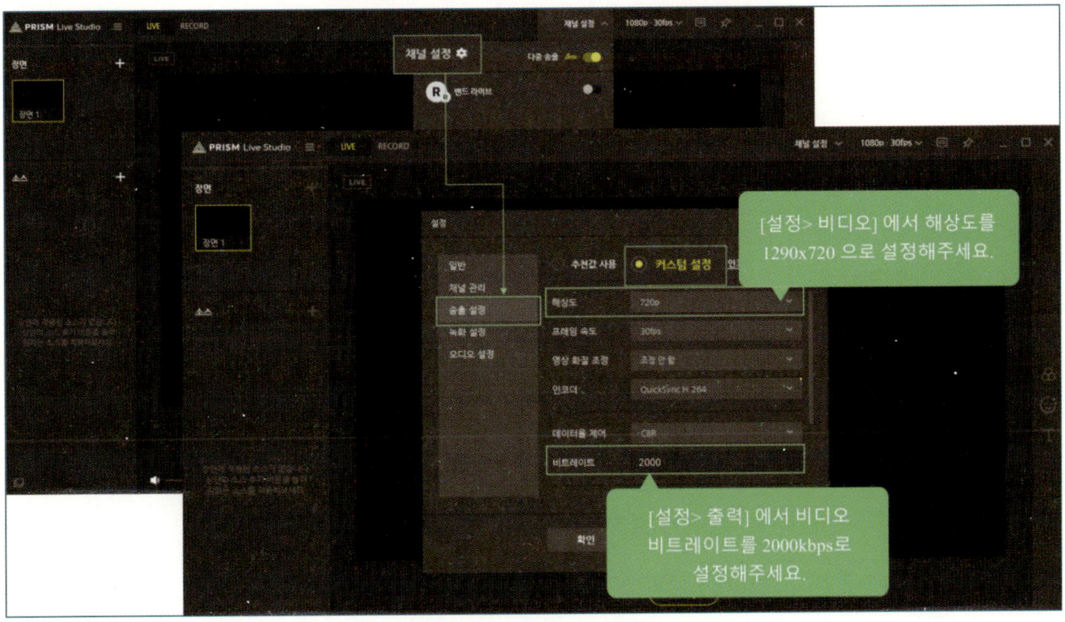

[그림230] 채널 해상도 설정

5) 전문가가 만든 것 같은 쇼트영상 템플릿을 원한다면 '멸치'(2021년 최신판)

새로운 '멸치'는 회원가입을 할 필요 없이 템플릿으로 영상을 만들 수 있고 간단 제작도 가능해졌다.

[그림231] 멸치 이미지

(1) 간단제작

플레이스토어에서 [그림232]의 멸치 앱을 다운로드 받는다.

[그림232] 앱 설치

[그림233]과 같이 새로운 멸치가 탄생했다. [그림234]와 같이 메인화면에는 ① 간단 제작 ② 편집의 기능이 있다.

[그림233] 새로운 멸치

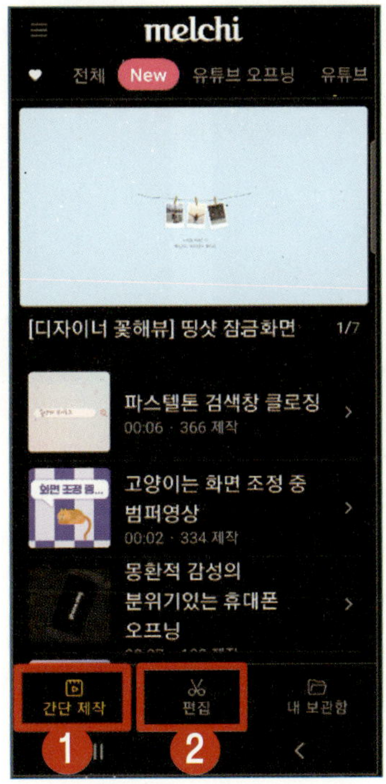

[그림234] 간단 제작과 편집

[그림235]와 같이 하단의 간단 제작 위쪽의 카테고리 중에서 선택하는데 필자는 '내게 가장 소중한 당신에게'를 선택했다. 그러면 [그림236]과 같은 화면이 나온다. 여기서 하단의 '이 영상으로 만들어 볼까요?'를 터치한다. 터치하면 [그림237]과 같이 '사진 1개와 텍스트 2개를 수정해 주세요'라는 문구가 있는 화면으로 전환되고 세 개의 박스 중 첫 번째 1번 위의 교체를 터치하면 교체할 이미지를 선택할 수 있도록 화면이 [그림238]과 같이 갤러리로 이동한다. 여기서 선택한 테마가 마음에 들면 바로 하단의 완료를 선택해도 된다. [그림237]은 기존에 선택한 카테고리 속의 문구를 편집하는 화면으로 두 번째 박스를 한 번 터치하면 박스 안에 연필모양 아이콘이 나오고, 한 번 더 터치하면 문구 삽입이 가능한 키보드 판이 나온다.

[그림235] 카테고리 선택

[그림236] 영상 만들기

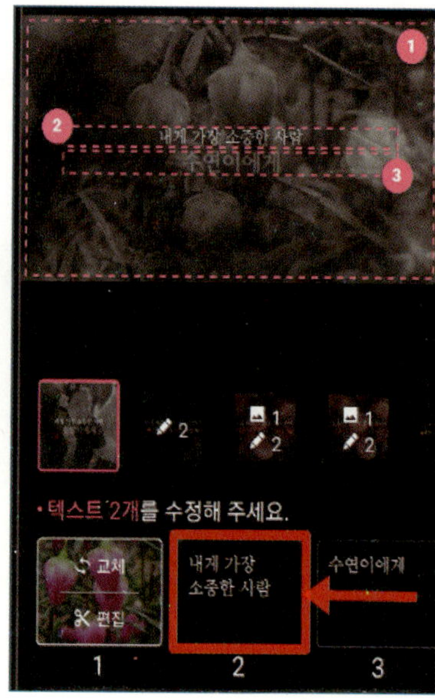

[그림237] 편집

필자는 [그림238]과 같이 첫 번째 꽃 이미지를 선택하고 하단의 확인을 터치했다.

[그림238] 갤러리 사진 선택

[그림239]는 갤러리에서 가져온 이미지를 편집하는 화면으로 좌우 반전, 90도 회전 기능이 있다. 편집이 완료되면 하단의 완료를 터치한다.

[그림239] 편집

[그림240]도 문구편집 화면으로 세 번째 박스를 한 번 터치하면 먼저처럼 박스 안에 연필모양의 아이콘이 생기고 한 번 더 터치하면 문구 삽입이 가능한 키보드판이 나온다. 3의 두 줄의 문구를 수정하고 완료를 선택한다. 바로 비디오 제작 중이라고 화면이 바뀐다.

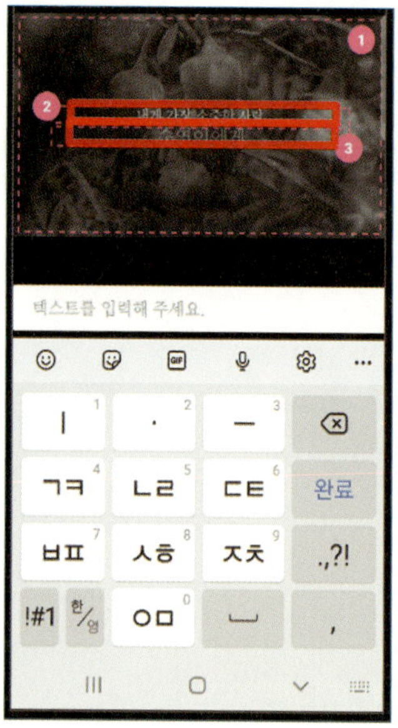

[그림240] 문구 편집

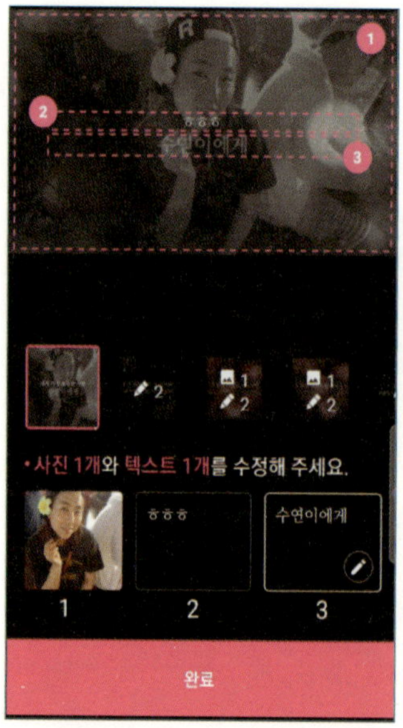

[그림241] 문구편집 완료

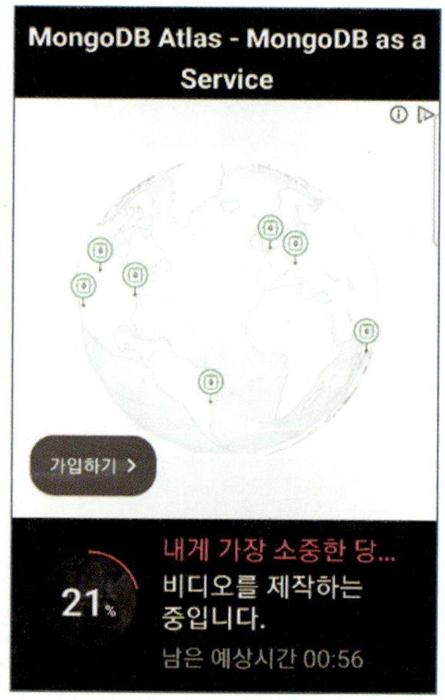

[그림242] 제작 중

따로 저장완료하지 않아도 완성된 것이 [그림243]처럼 자동으로 갤러리의 'Melchi Encoded'라는 폴더에 들어가 있다.

[그림243] 갤러리의 멜치인코디드

(2) 편 집

다음은 편집으로 [그림244]의 ② 하단의 편집을 터치하면 [그림245]와 같이 ① 전체 ② 사진 ③ 비디오 ④ 최근순서로 구분돼 있다. 여기서 원하는 사진을 선택하고 하단의 계속 버튼을 터치한다.

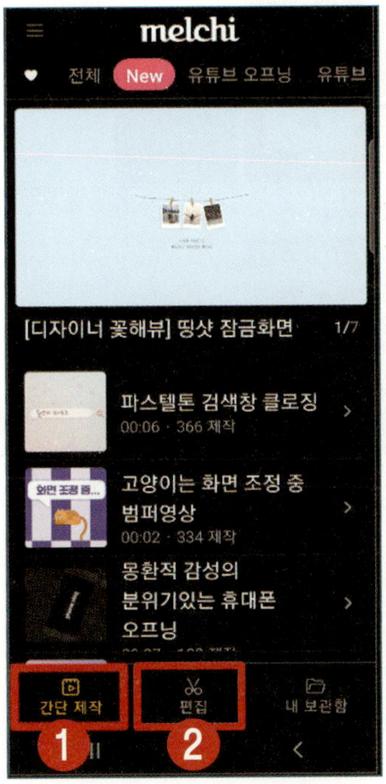

[그림244] 편집하기

[그림245] 편집

필자는 [그림246]과 같이 사진을 선택하고 이미지 중에서 하나를 선택하고 하단의 계속을 터치한다. [그림247]은 비디오를 선택할 수 있는 화면이다.

[그림246] 사진 선택

[그림247] 비디오 선택

(3) 편집도구

① 미디어

[그림248]은 편집도구로 ① +를 터치하면 추가할 미디어를 선택할 수 있는 화면으로 이동한다. 거기서 앞에서와 동일한 방법으로 추가할 이미지를 선택한다. 그러면 [그림249]처럼 추가된 이미지를 볼 수 있다.

[그림248] 편집도구

[그림249] 미디어 추가하기

② 요소추가

요소추가는 테마별로 다양한데 각 요소들을 다운로드 해서 사용한다. 손가락으로 원하는 요소를 꾹 눌러 드래그해서 화면이나 영상 위에 올려다 놓으면 [그림250]과 같이 된다.

[그림250] 요소추가하기

③ 텍스트 편집

T는 문구편집 기능으로 터치하면 [그림251]처럼 텍스트를 입력할 수 있도록 키보드가 뜬다.

[그림251] 문구 넣기

문구를 입력하면 [그림252]처럼 문구의 ① 글씨체 ② 스타일 ③ 자막 바를 원하는 것으로 선택할 수 있다. 영상 화면에 활성화된 텍스트를 드래그해서 문구 위치, 크기, 기울기 등을 조절할 수 있다.

[그림252] 텍스트 편집하기

[그림253]은 글씨체를 선택할 수 있는 화면이고 [그림254]와 같이 하단의 글씨 색도 바꿔보자. 단 스타일 또는 자막 바가 선택됐을 경우에는 글씨 색의 변경이 불가능하다.

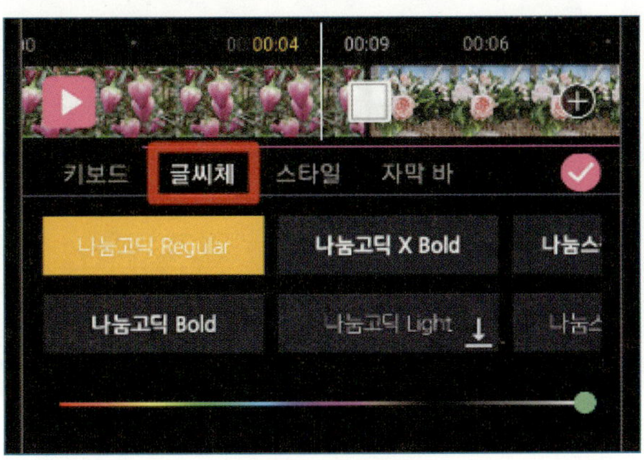

[그림253] 글씨체

[그림254] 글씨 색 바꾸기

글씨체가 완성 됐으면 [그림255, 256]처럼 스타일을 선택하고 완료를 한다. [그림257]은 자막 바를 선택하는 코너이다. 그리고 삭제하고자 하는 요소나 사진은 꾹 누르면서 아래로 끌어주면 [그림258]처럼 삭제하기가 나온다. 그리고 그 옆의 '여기까지'는 글이나 이모티콘을 나타내는 영역을 지정하는 도구이다. 멸치의 장점 가운데 하나는 사용할 수 있는 요소 스티커가 엄청나게 많다는 점이다.

[그림255] 스타일

[그림256] 스타일 선택

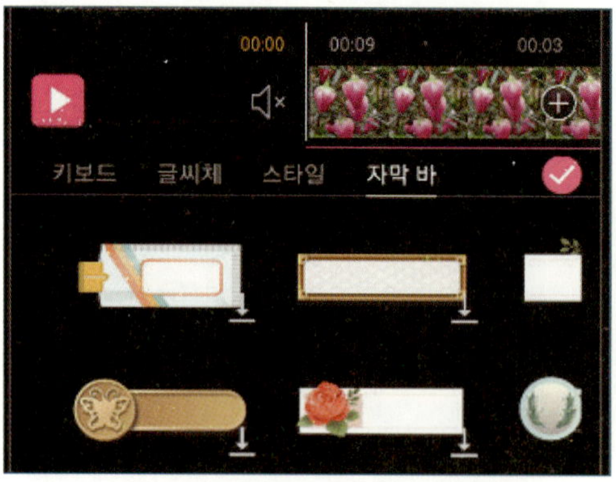

[그림257] 자막 바 선택

[그림258] 요소 삭제하기

④ 음 악

다음은 음악 넣기로 [그림259]에서처럼 배경음악, 효과음, 내 음악에서 선택할 수 있다. 음악을 선택하면 자동으로 미디어에 영상이 입혀진다.

[그림259] 음악 넣기

⑤ 레이어 편집

[그림260]처럼 레이어 미디어를 터치하고 원하는 영상을 선택하면 영상이 추가된다. 이 영상을 드래그하면 영상에서 [그림261, 262]와 같이 위치와 길이를 조절할 수 있다.

[그림260] 레이어 선택

[그림261] 레이어 크기 조절하기

[그림262] 레이어 위치 조절하기

⑥ 스타일

[그림263]처럼 스타일을 선택하고 [그림264]처럼 스타일을 적용시키면 [그림265]와 같이 완료됐다는 화면이 뜨며 하단의 확인을 터치하면 멸치는 저장을 따로 하지 않아도 편집한 영상이 갤러리에 들어가 있다.

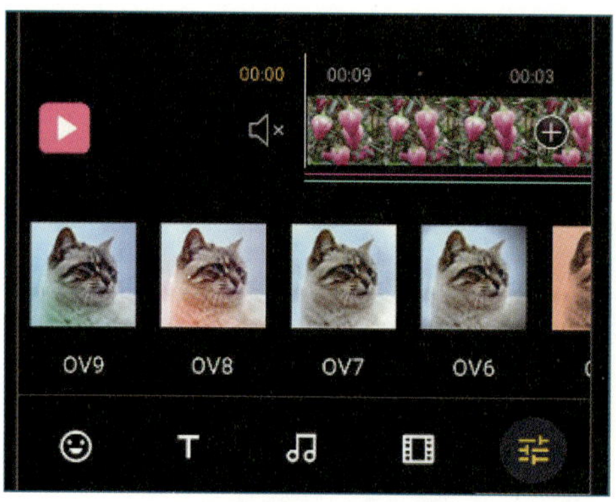

[그림263] 스타일 선택

[그림264] 스타일 적용

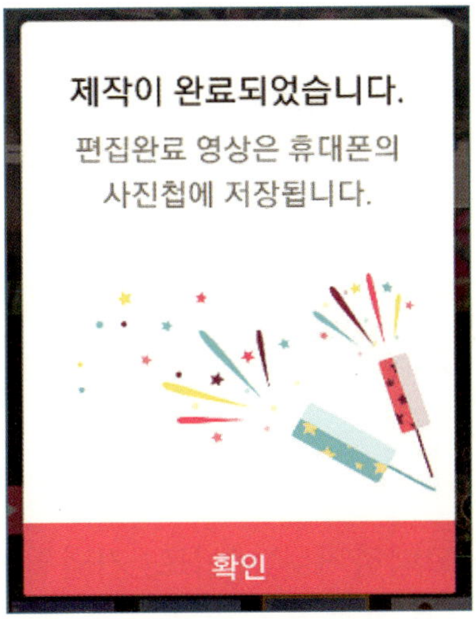

[그림265] 제작완료

(4) 구 버전

멸치는 2021년에 안드로이드폰에 대한 서비스가 많이 바뀌었지만 아이폰은 여전히 구 버전이어서 구 버전도 소개한다. 공통적인 사항도 있고 다른 부분도 있다.

멸치는 쇼트영상 편집에 아주 뛰어난 애플리케이션이다. 작업은 스마트폰 갤러리에 몇 장의 사진만 있다면 얼마든지 가능하다.

먼저 멸치에 계정을 만들어보자. 메일주소만 있다면 무료가입이 가능하다. 멸치는 로그인하면 멸치에서 작업한 내용이 멸치의 내 보관함에 자동 저장 된다. 물론 영상 제작 도중에 그만둬야 한다면 임시저장 기능도 있고, 영상이 마음에 들지만 다음에 작업해야 할 상황이라면 찜 기능도 사용해보라.

그리고 랜덤이지만 워터마크가 있는 영상이 제작되기도 한다. 이럴 때는 공유를 통해 워터마크가 제거 된 깔끔한 영상을 즐길 수 있다. 멸치는 4개의 카테고리가 있는데 초대장, 연애, 광고, SNS가 있다.

SNS 카테고리에서 멋진 유튜브 썸네일과 채널아트를 만들 수도 있고 오프닝 영상과 클로징 영상을 제작할 수도 있다. 그리고 강력한 느낌의 인싸가 되는 범퍼영상도 제공한다. 요즘은 유투버들도 범퍼영상을 많이 활용하는 추세이다.

광고 카테고리는 기업의 혁신, 브랜드, 제품, 서비스, 자시PR, 구인구직, 매장 등의 홍보 영상을 제작할 수 있다. 몇 장의 사진만으로 전문가 수준의 홍보영상이 무료로 제작된다.

연애 카테고리는 사랑을 고백하거나 데이트, 기념일 등 영상을 제작할 수도 있다. 실제 있었던 일인데 결혼을 앞두고 연인이 크게 다퉜다고 한다. 이에 남친이 멸치 영상제작을 배워 연인에게 공유하니 바로 화해할 수 있었다고 한다. 이처럼 연인과 꼭 화해할 때가 아니더라도 감동영상을 만들어 공유하면 더욱 더 돈독하고 핫한 연인 관계가 되지 않을까 싶다.

다시 말하자면 멸치는 쉽고 빠르게 기념일, 행사, 광고 영상제작, 영상편집, 사진편집 등을 할 수 있는 전문 앱이다. 앱 안에서 강력한 검색 기능을 지원하며 사용자가 원하는 형태의 영상이나 사진을 쉽고 빠르게 찾을 수 있다. 간단한 작업만으로 전문 업체에 의뢰한 수준의 기념일이나 행사 또는 업체 홍보영상을 빠르고 쉽게 제작할 수 있다. 템플릿은 약 1,000개 이상 제공된다.

[그림266]처럼 회원가입하고 로그인한다. 로그인하고 [그림267]은 회원정보 화면이다. [그림268]에서 ① 설정을 선택하면 나의 정보가 나온다. ② 멸치에서 작업했던 영상은 사이트에 자동 저장이 되고 찜이나 임시저장도 가능하다. ③ 제작한 영상 수도 알 수 있다.

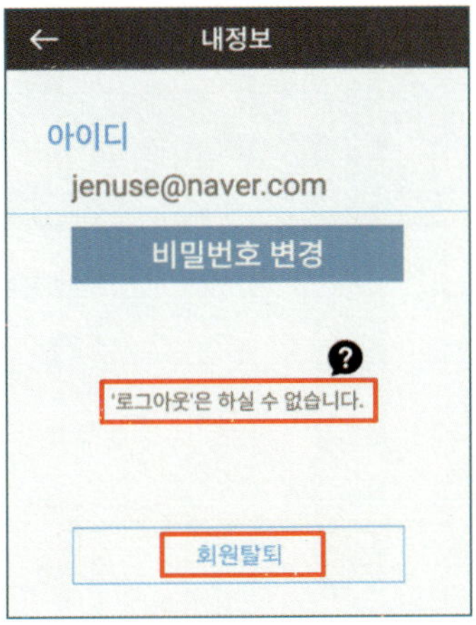

[그림266] 회원 가입

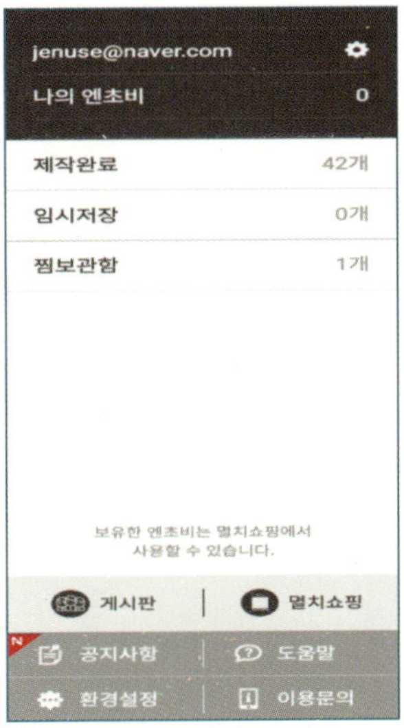

[그림267] 회원정보

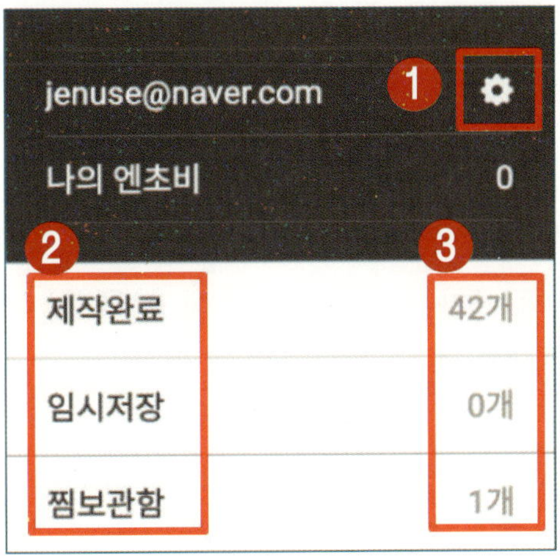

[그림268] 내 정보

사용자가 원하는 영상 템플릿은 [그림269]와 같이 검색 창에서 주제별로 찾아도 되고 영상 또는 이미지 중에서 선택해 찾는다. 필자는 [그림270]과 같이 메인화면의 4가지 주제 가운데 하나인 연애를 선택했다.

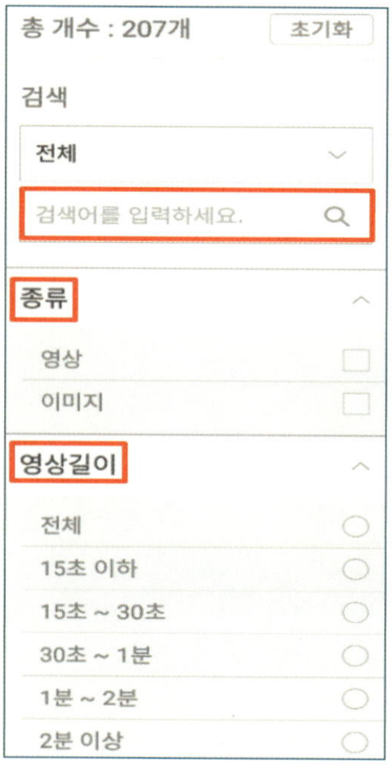

[그림269] 편집 설정

[그림270] 카테고리 선택

[그림271]은 편집정보로 ① 선택한 영상의 재생 길이를 뜻한다. ② 영상의 제목과 주제이다. ③ 제작에 들어가는 사진은 3장이고 문구는 16개이다. ④ 만들기 버튼을 선택해 영상을 만들어보자.

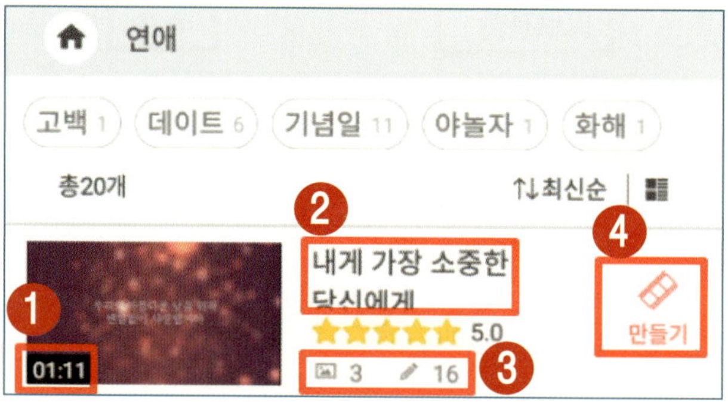

[그림271] 편집 정보

문구편집은 [그림272]의 ① 사진 아이콘을 선택하면 갤러리의 사진을 불러올 수 있다. ② 연필 아이콘을 선택하면 문구를 삽입하도록 하단에 키보드가 나온다. ③ 사진은 필수로 넣어야하지만 문구는 간혹 생략해도 된다. 사진과 문구를 다 넣어보자. 작업이 끝났으면 하단의 완료를 선택한다.

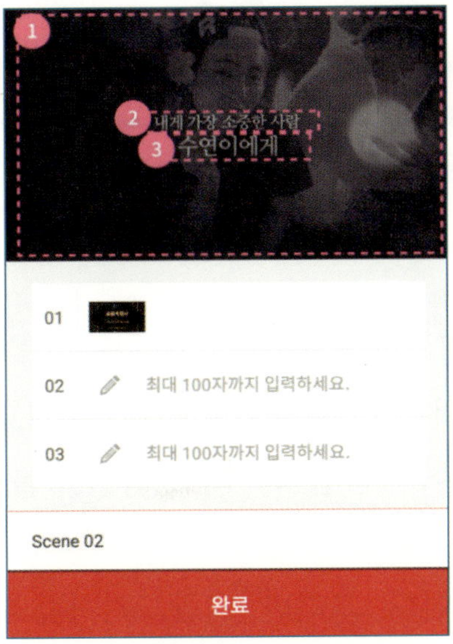

[그림272] 문구 편집

워터마크는 랜덤이지만 영상제작 완료버튼을 누르고 난 뒤 간혹 [그림273]처럼 공유하기 화면이 나올 수 있다. 이럴 때는 당황하지 말고 공유버튼을 선택하자. 공유버튼을 터치하면 [그림274]처럼 공유할 게시판을 선택할 수 있다.

[그림273] 공유하기

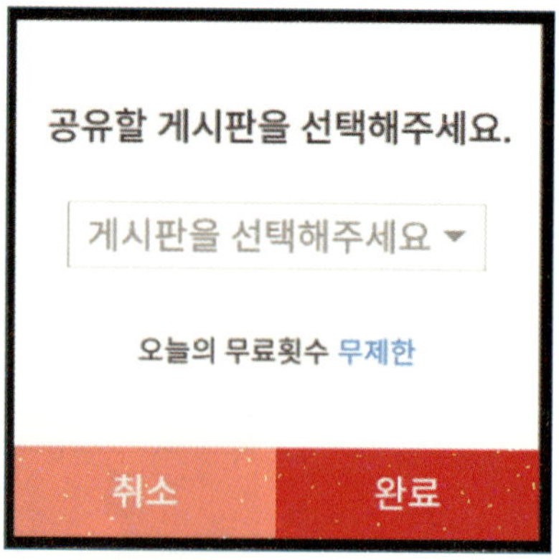

[그림274] 게시판 공유하기

여기서 [그림275]처럼 게시판의 항목 중 하나를 고를 수 있으며 이 중에서 하나를 선택하면 [그림276]처럼 선택한 게시판을 볼 수 있으며 하단의 완료를 터치하면 [그림277]처럼 '곧 영상이 제작됩니다'라는 화면을 볼 수 있다.

하단의 확인버튼을 터치한다. 그러면 [그림277]처럼 내 보관함으로 이동하며 워터마크 제거 버튼이 보이고 제작완료 예상시간과 제작중이라는 화면이 보인다. 이제 기다리는 일만 남았다. [그림278]의 내 보관함으로 가서 제작 완료한 영상을 확인해보면 된다.

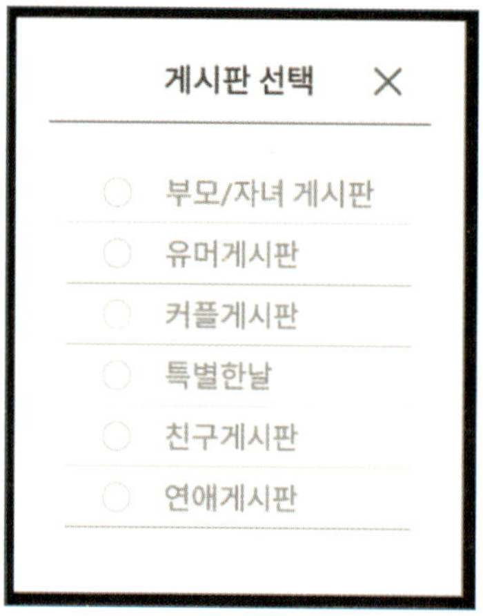

[그림275] 게시판

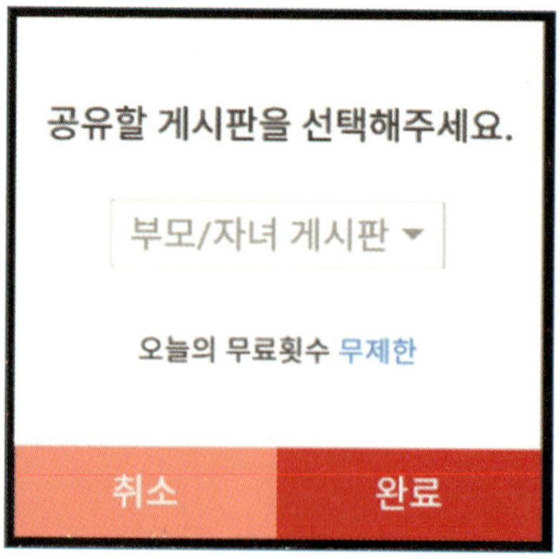

[그림276] 게시판 선택 완료

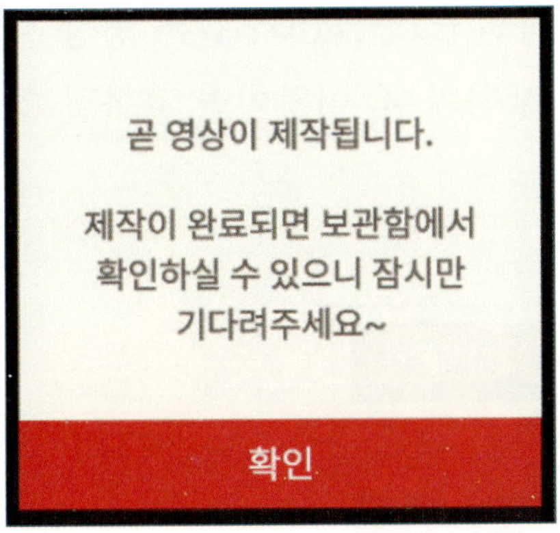

[그림277] 확인

[그림278] 제작 중

[그림279]와 같이 설정에 들어가면 새로 제작 완료됐다는 빨간색 N 단추가 나온다. 제작완료를 선택하면 영상은 내 보관함에 저장되고 해당영상을 다운로드하면 사용자의 갤러리에 들어간다.

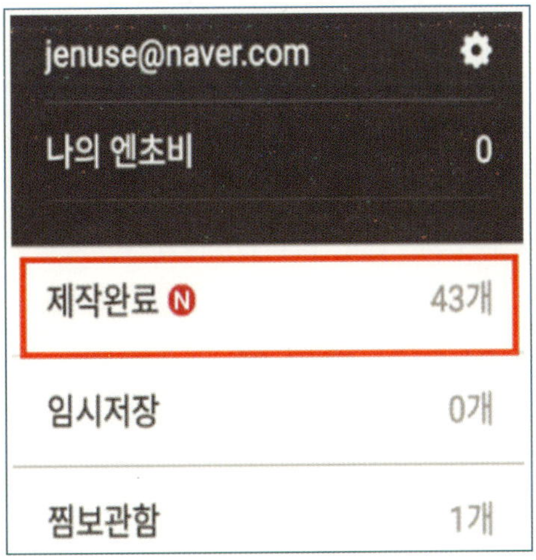

[그림279] 제작완료

영상관리는 [그림279]에서 제작된 영상을 선택하면 [그림280]과 같은 영상 관리 화면이 나타난다. ① 삭제하기 ② 수정하기 ③ 재생하기 ④ 이왕이면 고화질로 다운로드 받아야 한다. ⑤ 공유하기이다.

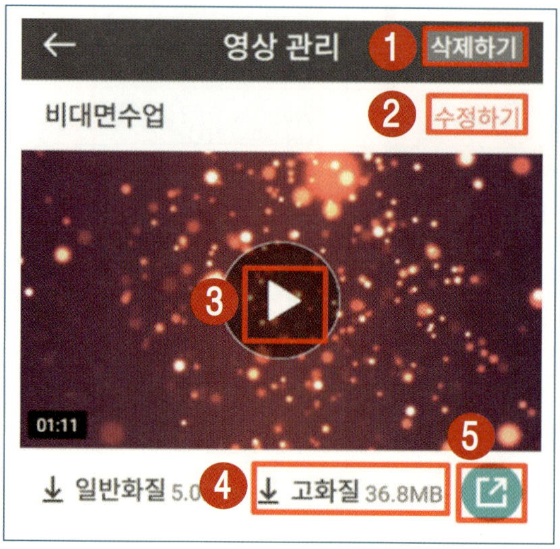

[그림280] 영상 다운로드

그 외 편집 프로그램으로는 문서서식에 특화된 예스폼, 프레젠테이션에 강한 클립아트코리아, 기업보고서의 해피캔버스 등이 있다.

6) 다양한 온라인 소통 및 협업 도구 툴

(1) 랜선으로 돌아보는 세계여행

구글 어스

(2) 문화 예술의 정보를 3D로 즐길 수 있는 툴

구글 아트 앤 컬처

(3) 새로운 시대를 여는 비대면 협업

비캔버스, 미로, 뮤럴

(4) 재미있게 게임으로 즐기며 수업의 질을 높이기

워드월(WardWall), 퀴즈앤

(5) 내 컴퓨터의 자료를 한 번에 쉽게 1초 만에 찾아준다

Everything

(6) 강의 포인트를 잡아주는 판서 프로그램

판서펜

(7) 쉽게 이야기 나눌 수 있는 온라인 포스트잇

온라인 롤링페이퍼

(8) 쉽고 빠른 퀄리티 있는 영상제작소

Boosted, VITA

(9) 참여자들의 참여를 이끄는 도구

m.naver.com – 네이버 여러 게임 도구 (네이버사다리게임, 제비뽑기, 룰렛게임)

(10) 그 외 수업 도구 앱

네이버 그린 닷, 텍스트 스캐너 –서류인식 (아이폰 – 서류 및 번역)

이외 다수 웹과 앱 프로그램을 활용하면 퀄리티 있고 만족도가 높은 비대면 수업이 될 것이다.

비대면 저서 구매 특전 쿠폰

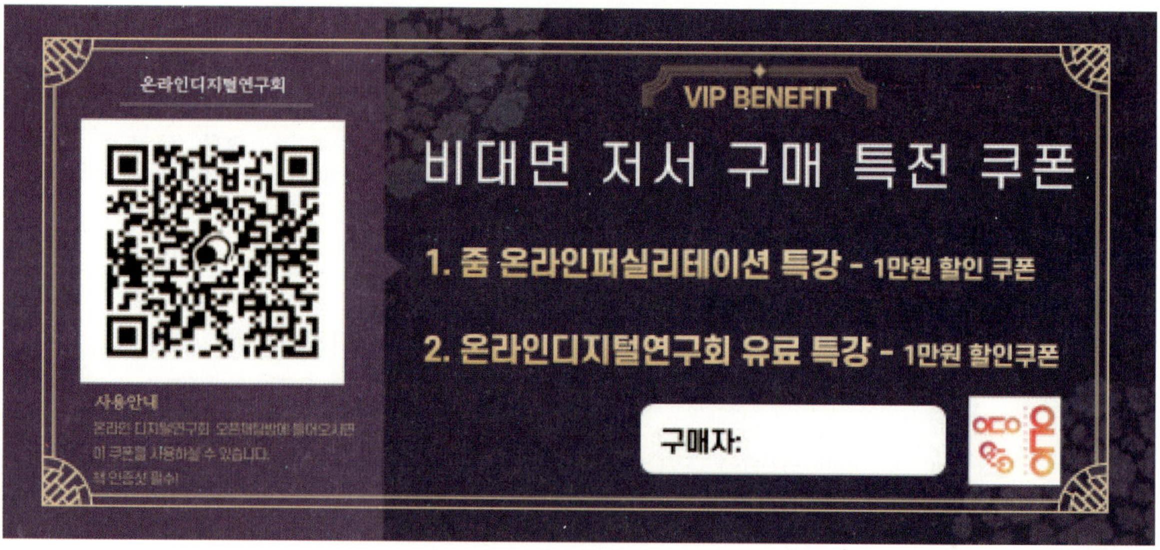

※본인 이름을 쓰고 이 쿠폰을 인증샷 찍어 오픈채팅방에 올려주세요.